Key
Gram.

어법 요점만 콕

Guy Whang 지음

박영사

KeyGram.

영어를 아는 것은 즐거운 일이다. 손에 쥔 스마트폰 하나로 매 순간 세계와 연결되는 오늘날, 영어와 친해지면 social media를 통해 무한정 제공되는 흥미롭고 유익한 각종 영어뉴스, 강의, 토론, 드라마, 영화, 스포츠 등 및 영미문학작품을 즐길 수 있을 뿐만 아니라 세계인들과 공통의 관심사를 나누고 지식을 공유할 수 있어 우리의 생활은 더욱 풍요로워진다.

영어는 또한 모든 분야의 지식과 정보를 흡수하고 전달하는 세계적인 수단으로 자리 잡으면서 영어 능력은 현대인이 갖춰야 하는 필수요소가 되었으며, 이는 많은 입학, 입사 및 진급시험 등에서 영어 능력을 요구하는 현실을 통해 알 수 있다. 수능 영어에서부터 TOEIC, TOEFL, IELTS, 각종 공무원 시험 등에 이르기까지 모든 수험생이 공통으로 갖춰야 하는 핵심 능력은 신속하게 문장의 내용을 읽거나 듣고 파악하는 것이며, 이 능력은 올바른 문법 지식을 바탕으로 많은 문장을 꾸준하게 접해야만 길러진다.

읽기는 영어학습의 기본이며, 이 읽기 능력을 바탕으로 말하기, 쓰기, 듣기능력이 길러진다. CNN, NBC, BBC 등 주요 뉴스 미디어 앵커들은 1분에 150단어 이상의 속도로 말하며 이는 double space로 타자한 A4용지 반 장이 넘는 분량을 1분 내로 정확히 파악하는 능력이 있어야 영어 뉴스를 이해할 수 있는 기본적 요건이 갖춰지는 것을 뜻하며, 이 능력은 그들이 말하는 문장의 구조를 정확하게 파악하는 문법 지식을 기본으로 하여 어휘력, 발음식별 능력 등이 더해져 길러진다. 즉, 영어가 모국어가 아닌 우리의 모든 영어학습의 길은 문법으로 통한다는 말이다.

이 책과 함께하는 모든 학습자가 영어와 좋은 친구가 되어 보다 흥미로운 삶을 만들고 각자의 목표에 도달하기를 바라며, 마지막으로 이 책의 발간을 위해 배려해주신 박영사의 안상준 대표님, 임재무 이사님, 이후근 님과 편집팀, 디자인팀 여러분들과 필자보다 더 열심히 교정작업을 해주신 김윤정 님께 감사드린다.

이 책의 특징 💡

* 핵심 문법을 간단명료하게 정리하였다.
* 다양한 분야의 영미권 예문들을 엄선하여 사용하였다.
* 1700여 개의 중요 단어, 숙어, 구문들을 정리하였다.
* 영미권에서 자주 사용되는 비격식 표현들을 소개하였다.
* Further Study를 통한 반복 학습을 유도하였다.

CONTENTS

Unit

01

동사

Unit 01 동사

동사(verb)는 be동사, 조동사, 일반동사로 나누며, be동사의 현재형(am, are, is), 과거형(was, were)은 알아도 현재분사는 being, 과거분사는 been이며, 이 모든 형태의 원형은 'be'인 것을 모르는 사람들이 의외로 많다.

일반동사는 다시 완전자동사, 불완전자동사, 완전타동사, 불완전타동사 및 타동사이면서 두 개의 목적어를 가지는 욕심 많은 수여동사로 나누어지는데, 이들을 잘 구분해야 정확한 문장의 이해와 표현을 할 수 있다. 예를 들어 "그는 자리에서 일어나서 한 손을 들었다."를 표현하려면 '일어나다'는 뜻의 완전자동사 rise의 과거형 rose와 '~를 올리다'는 완전타동사 'raise'의 과거형 'raised'를 알아야 'He rose from his seat and raised a hand.'의 문장을 정확하게 만들 수 있다. 자동사 타동사가 헷갈려 "(x) He raised from his seat and rose a hand."라고 하면 그릇된 표현이 되며, 방긋방긋 웃는 조카를 보고 "(x) She looks happily."라고 말해놓고 지적받자 왜 틀리는지 몰라 어리둥절한 표정 지으면 답답하기만 하다. 그 이유를 이 장에서 살펴보자.

1 자동사와 연결동사

---

1. The ship **rolled**.
2. The boys **are** rambunctious.
3. Her voice **sounded** strained.
4. The alarm **sounded** loudly.
5. They **fought** valiantly.

1 *roll: (배, 비행기가) 좌우로 흔들리다. 2 *rambunctious[ræmbʌ́ŋkʃəs]: 다루기 어려운, 제멋대로의, 떠들썩한 3 *strained[streind]: 긴장한, 불안한, 팽팽한 5 *valiant(ly)[vǽljənt(li)]: 용감한(하게)

---

*1의 문장은 주어(the ship)와 동사(rolled)만으로 문장이 만들어지며(1형식), 목적어나 보어의 도움 없이 문장을 만드는 이러한 동사를 완전자동사라고 한다.

*2의 동사 are는 주어 the boys를 보충 설명해주는 주격보어 rambunctious가 있어야 문장이 완성되며(2형식), 이와 같이 주어와 보어를 연결해 주어의 상태, 성질 등을 서술하는 동사를 연결동사(linking verb)라고 하며, 이 연결동사(또는 불완전자동사)에는 be동사 외에도 sound(~처럼 들리다), feel(기분이 ~하다), look(~해 보이다) seem/appear(~인 것 같다), taste(맛이 ~하다), smell(냄새가 ~하다), become(~해지다), remain(계속 ~이다) 등이 있다.

*이 연결동사들 다음에는 부사가 아닌 형용사가 와서 보어로 쓰이는 것에 유의해야 하며, 이 동사들이 연결동사가 아닌 완전자동사로 쓰일 때는 다음에 부사가 올 수 있다. 예를 들어 3의 sounded는 '~처럼 들렸다'는 연결동사로서 다음에는 형용사(strained)가 오지만 4의 sounded는 '소리가 났다, 울렸다'는 뜻의 완전자동사로서 뒤에는 이 동사를 꾸미는 부사 loudly가 왔으며, 5의 fought 또한 완전자동사이며, valiantly는 이 동사를 꾸미는 부사로서 2와 3의 연결동사+형용사 구조와는 구분된다.

해석 1. 배가 좌우로 흔들렸다. 2. 그 소년들은 다루기 힘들다. 3. 그녀의 목소리는 긴장되게 들렸다. 4. 알람이 크게 울렸다. 5. 그들은 용감하게 싸웠다.

🔍 Further Study

1. They remained <u>silent</u>.
2. The soup smells <u>delicious</u>.
3. The dog howled <u>loudly</u>.
4. The music sounds <u>sweet</u>.
5. The smoked mackerel tasted <u>awful</u>.
6. Don't think <u>badly</u> of me.
7. It became <u>clear</u> that math and the physical sciences were her forte.
8. The painter <u>died poor and obscure</u> in 1901.

📖 **Guide** 3 *howl은 완전자동사, loudly는 howl을 수식하는 부사 *howl[haul]: (개 등이) 긴소리로 짓다, 울다 *loudly[láudli]: 소리높이, 큰소리로 6 think badly of: ~를 나쁘게 생각하다 7 *the physical sciences: 자연과학 *forte[fɔːrt]: 강점, 장점 *8은 'The painter died'까지 완전한 문장이 되지만 형용사 'poor and obscure'가 와서 주어를 보충 설명하고 있으며, 이런 표현은 보어가 아니지만, 보어와 유사한 역할을 하므로 '유사(의사)보어'라고 한다.

해석 1. 그들은 침묵을 지켰다. 2. 수프에서 맛있는 냄새가 난다. 3. 개는 길게 큰소리로 울부짖었다. 4. 그 음악은 감미롭게 들린다. 5. 훈제 고등어는 맛이 형편없었다. 6. 나를 나쁘게 생각하지 마라. 7. 수학과 자연과학이 그녀의 강점이라는 것이 명백해졌다. 8. 그 화가는 1901년에 가난한 무명인으로 죽었다.

⊘ hat trick

스포츠에서 자주 접하는 hat trick의 유래는 여러 설이 있는데, 그중 하나는 캐나다의 Hockey Hall of Fame(하키 명예의 전당)에 의하면 Alex Kaleta라는 아이스하키선수가 어느 날 한 모자가게에서 페도라(fedora)를 사고 싶어 하지만 돈이 모자란 것을 보고 Sammy Taft라는 토론토의 한 사업가가 그에게 그날 밤 게임에서 세 골을 득점하면 그 모자를 선물하겠다고 제안했고, Kaleta는 놀랍게도 그 경기에서 4골을 득점하여 "Alex Kaleta's hat trick"이라는 표현을 만든 데서 유래했다는 위 표현은 축구, 하키 등의 경기에서 한 선수가 3골을 득점하는 것을 뜻한다. 예 He scored a hat trick in the game. (그는 그 게임에서 3골을 득점했다.)

2 타동사

1. The landlord **raised** the rent.
2. Jeb **narrowed his eyes**.
3. The trade surplus **narrowed** last month.

2 *narrow: (vt.:타동사) ~를 좁히다 *narrow one's eyes: 눈을 가늘게 뜨다 3 *trade surplus[sə́:rplʌs]: 무역흑자 3 *narrow[nǽrou]: (vi.: 자동사) 좁아지다, 작아(적어)지다, 줄어들다

*1의 문장이 raised에서 끝난다면 집주인이 무엇을 올렸는지 모르는 불완전한 문장이 되며, the rent라는 목적어가 있어야 문장이 완성된다(목적어 부분은 '~을, 를, 에게' 등으로 해석). 목적어만 있으면 문장이 완성되는 raise, 2의 narrow(~를 찌푸리다, 좁히다) 같은 동사를 완전타동사라고 한다(주어+동사+목적어의 구조를 문장의 3형식이라고 함).

*3의 narrow(좁아지다, 작아지다)는 목적어가 필요 없는 자동사로서 narrowed에서 끝나도 문장이 완성되며, 뒤의 last month는 자동사 narrow를 수식하는 부사구이다. 많은 동사는 이와 같이 자동사, 타동사로 함께 쓰인다.

[해석] 1. 집주인이 세를 올렸다. 2. Jeb은 눈을 가늘게 떴다. 3. 무역흑자가 지난달 줄어들었다.

⊘ have a finger in every pie
모든 파이에 손가락을 찍어보면서 이러쿵저러쿵하면 이를 반길 사람은 없다. 위 표현은 '온갖 일에 간섭하다, 참여하다'의 뜻으로 "She wants to have a finger in every pie."는 그녀는 모든 일에 간섭하고 싶어 한다는 뜻이 된다.

🔍 Further Study

1. The adults <u>drank</u> beer and <u>swapped</u> stories.
2. She <u>married</u> her high school sweetheart.
3. They <u>discussed</u> options to enhance airport screening.
4. The resolution <u>declared</u> that they should be taxed only by their own representatives.
5. He <u>explained</u> his idea to us.
6. She <u>died a peaceful death</u> surrounded by her family.

📓 **Guide** 1 *swap[swɑːp]: vt. ~를 교환하다, (이야기 등을) 나누다 3 *discuss[diskʌs]: vt. ~에 대해서 논의(토론)하다 *option[ɑpʃən]: 선택, 옵션 *enhance[inhǽns]: vt. ~를 향상시키다, 높이다 *screening[skríːniŋ]: 검사, 심사 4 *resolution[rèzəlúːʃən]: 결의(안) *declare[diklέ ər]: vt. ~를 선언하다, (과세품 등을 세관에) 신고하다 *that 이하 문장 끝까지는 declare의 목적절 5 *explain something to somebody: ~를 ~에게 설명하다 6 die: vt. (동족 목적어와 함께) ~한 죽음을 맞다 *타동사(die)와 어원이 같거나 비슷한 목적어(death)를 '동족목적어'라 함.

[해석] 1. 어른들은 맥주를 마시고 이야기를 나누었다. 2. 그녀는 고교 시절 연인과 결혼했다. 3. 그들은 공항심사를 강화하기 위한 옵션들에 대해서 논의했다. 4. 결의안은 그들이 그들 자신의 대표자들에 의해서만 과세 되어야 한다고 선언했다. 5. 그는 자신의 생각을 우리에게 설명했다. 6. 그녀는 가족에게 둘러싸여 평화롭게 죽었다.

3 수여동사와 불완전 타동사

1. They **offered** me a deal.
2. The teacher **read** us King Rear.
3. His blunder **cost** him a fortune.
4. I **envied** him his artistic gift.
5. The scene **made** me blush.

3 *blunder[blʌ́ndər]: (어리석은) 실수 4 *artistic gift: 예술적 재능 5 *blush[blʌʃ]: 얼굴을 붉히다, 얼굴이 빨개지다

*1이 they offered me에서 끝난다면 무엇을 제공했는지 알 수 없는 불완전한 문장이며, a deal이라는 목적어가 하나 더 있어야 문장이 완성된다. 이와 같이 '~에게' 뜻의 간접목적어(me)와 '~를' 뜻의 직접목적어(a deal)가 있어야 문장이 완성되는 동사를 수여동사(= 여격동사)라고 하며 4형식 문장(주어 + 동사 + 간.목. + 직.목.)을 만든다.

*2의 read 및 give, bring, send, show, lend, teach, sell, owe, pass 등의 수여동사는 직.목. + to + 간.목.으로 전환할 수 있고(예 The teacher read us King Rear. ⇨ The teacher read King Rear to us.) buy, cook, get, make, find 등의 수여동사는 직.목. + for + 간.목.으로(예 buy you a phone ⇨ buy a phone for you) 바꿀 수 있다.

*cost(~에게 ~의 비용, 수고 등이 들게 하다), envy(~의 ~를 부러워하다), wish(~에게 ~를 기원하다, 바라다: wish him success), forgive(~의 ~를 용서하다: forgive people their wrongdoing)등은 + somebody + something의 순서를 바꾸지 않는다(예문 3,4).

*5의 'made'는 목적어 'me'와 이 목적어를 설명해주는 목적격 보어 'blush'가 있어야 문장이 완성되며, 목적어와 목적격 보어를 필요로 하는 이와 같은 동사를 불완전 타동사라고 하며 5형식 문장(주어 + 동사 + 목적어 + 목적격 보어)을 만든다. (목적어 = 목적격 보어의 관계이지만, 간접목적어 = 직접목적어 관계가 아님.)

해석 1. 그들은 나에게 거래를 제안했다. 2. 선생님은 우리에게 리어왕을 읽어주셨다. 3. 그는 실수로 큰 손해를 입었다 4. 나는 그의 예술적 재능이 부러웠다. 5. 그 장면은 나의 얼굴을 붉혔다.

🔍 Further Study

1. He <u>gave Jack a mean look</u>.
2. She <u>blew him a kiss.</u>
3. She <u>gave me permission</u> to take a day off.
4. They will <u>charge you a late fee</u>.
5. We sent <u>an apology letter to the French embassy</u>.
6. You have to <u>show your passport to the gate agent</u>.
7. I'll <u>buy you a drink.</u>
8. Gambling <u>cost him his home and marriage.</u>
9. She <u>poured her son a glass of milk.</u>
10. The plumber <u>charged me $2,000</u> for the work.
11. I <u>envy him his lifestyle.</u>
12. He <u>showed me his wisdom teeth.</u>
13. I lent <u>$100 to him.</u>
14. They <u>begrudged him a meal.</u>

Guide 1 *mean[miːn]: 비열한, 심술 궂은 *look: 눈길, 보기 2 *blow ~ a kiss: (손바닥이나 손 끝에 키스를 해서) ~에게 키스를 (불어) 보내다 3 *give permission to: ~하도록 허가하다 *take a day off: 하루 쉬다 4 *late fee: 연체료 5 *apology[əpάlədʒi]: 사과 *embassy[émbəsi]: 대사관 6 *gate agent: 공항의 게이트직원 9 *pour[pɔːr]: 따르다, 붓다 *pour somebody ~: somebody에게 ~를 따라 주다 12 *wisdom tooth: 사랑니 14 *begrudge[bigrʌ́dʒ] somebody ~: somebody에게 ~ 주기를 아까워하다 (못 마땅해하다, 꺼리다), somebody의 ~를 시기하다

해석 1. 그는 Jack에게 비열한 눈길을 보냈다. 2. 그녀는 그에게 키스를 불어 보냈다. 3. 그녀는 나에게 하루 쉬도록 허락했다. 4. 연체료를 부과할 것입니다. 5. 우리는 프랑스대사관에 사과편지를 보냈다. 6. 게이트 직원에게 여권을 제시해야 합니다. 7. 제가 한 잔 사겠습니다. 8. 도박으로 그는 집과 결혼생활을 희생시켰다. 9. 그녀는 아들에게 우유 한 잔을 부어 주었다. 10. 배관공은 그 작업비용으로 $2,000를 나에게 청구했다. 11. 그의 생활방식이 부럽다. 12 그는 나에게 자신의 사랑니들을 보여 주었다. 13. 나는 그에게 100달러를 빌려주었다. 14. 그들은 그에게 식사제공 하는 것을 못마땅해하였다.

① 동사/명사 다음에 (e)s 붙이는 법

일반적으로 s를 붙인다.	sizzles, tickles, roots, knots, grapes,
s, z, ch, sh, x, o로 끝나는 단어들은 es를 붙인다.	reach/reaches, hiss/hisses, fix/fixes, wash/washes, hush/hushes, brush/brushes, go/goes, buzz/buzzes, munch/munches, fish/fishes, teach/teaches, hero/heroes, potato/potatoes, bus/buses, bench/benches, box/boxes, church/churches (예외: pianos, photos, radios등)
자음+y로 끝나는 단어는 y가 ies 로 변화된다.	carry/carries, fly/flies, rally/rallies, cry/cries, bury/buries, hurry/hurries, baby/babies, city/cities, lady/ladies, flurry/flurries, mummy/mummies, berry/berries
모음+y는 s만 붙인다.	buy/buys, pay/pays, enjoy/enjoys, stay/stays, boy/boys, fray/frays, buoy/buoys, toy/toys, monkey/monkeys, alloy/alloys,
f(e)로 끝나는 명사는 f(e)를 ves로 변화시킨다.	leaf(나뭇잎)/leaves, scarf/scarves(또는 scarfs), hoof/hooves(또는 hoofs), dwarf/dwarves(또는 dwarfs) wharf/wharves (또는 wharfs), wife/wives, knife/knives, shelf/shelves, calf/calves 등 (예외: beliefs, chiefs, proofs, cliffs, roofs, safes 등)

⊘ jump the gun

여기서 jump는 '신호 전에 시작하다, 행동하다'라는 뜻으로, 위 표현은 달리기에서 출발신호를 알리는 총(= starting pistol)소리가 나기 전에 성급하게 뛰어나간 데서 유래한 것으로, '성급하게(섣불리) 행동하다, 말하다'는 뜻으로 쓰이게 되었다. 예 Don't jump the gun. (성급하게 행동하지 말아라.)

4 사역동사

1. We **had** them **build** us a dining table.
2. He **made** me **do** push-ups.
3. These two big men **made** the furnishings in the tiny office **look** like toys.
4. They seldom **let** their kids **play** with toys.
5. Marketers **get** people **to buy** things they don't want.
6. The gospel singer **had** them **dancing** in the aisles.
7. Books **helped** him **endure** hardship.
8. Hearing the sound of your chewing and chomping can **help** you **to eat** less.

1 *build us a dining table: 우리에게 식탁을 하나 만들어주다 2 *do push-ups: 팔굽혀펴기를 하다 3 *furnishings[fə́ːrniʃinz]: (집, 방의) 가구, 비품 4 *kids: (informal) children/어린이들 5 *marketer[mάːrkitər]: 마케팅담당자 6 *gospel[gάspəl]: 복음(성가) *aisle[ail]: 통로, 복도 8 *chew[tʃuː]: (음식을) 씹다 *chomp[tʃamp]: (음식을)쩝쩝 먹다, 우적우적 씹다

*아래의 사역동사(causative verb)들 다음에는 동사원형, to 부정사, 현재분사가 목적격 보어로 온다.

예문1	have + o(목적어) + 동사원형	*(대가를 지불하고) o에게~시키다, o가 ~하게 하다
2,3	make + o + 동사원형	*o가(에게) ~하도록 강제로 시키다(2), o가~하게 만들다(3)
4	let + o + 동사원형	*o가(에게) ~하도록 허락하다
5	get + o + to 부정사	*o가(에게) ~하도록 (설득) 시키다
6	have + o + ing	*o에게(가) ~하게하다'의 뜻으로 동사원형이 올 때와 같은 뜻이며 진행의 의미를 포함할 수 있다.
7,8	help + o + (to) 동사원형	*help는 o 다음에 동사원형이나(7) to 부정사가 올 수 있으며(8), 'o가 ~하는 것을 도우다'는 뜻.

해석 1. 우리는 그들을 시켜 식탁을 하나 만들게 했다. 2. 그는 나에게 팔굽혀펴기를 시켰다. 3. 이 두 명의 거대한 남자는 조그만 사무실의 가구들을 장난감같이 보이게 했다. 4. 그들이 자

신의 아이들에게 장난감을 가지고 놀게 하는 경우가 거의 없다. 5. 마케터들은 사람들이 원하지 않는 물건을 사게 한다. 6. 복음가수는 그들이 복도에서 춤추게 했다. 7. 책은 그가 고난을 견디는 데 도움이 되었다. 8. 자신의 음식 씹는 소리를 듣는 것이 덜 먹도록 하는 데 도움이 될 수 있다.

🔍 Further Study

1. Her words <u>made him melt.</u>
2. His struggles with anxiety almost <u>made him give up his entire life.</u>
3. They <u>let him see the documents.</u>
4. I <u>had the exterminator spray</u> the whole building.
5. If a wound seems infected, <u>let the victim rest.</u>
6. The president wanted to <u>get Mexico to pay for the expenses.</u>
7. Cookie Monster <u>had them all laughing.</u>
8. I <u>had her doing</u> household chores for me.

Guide 2 *anxiety[æŋzáiəti]: 불안, 염려, 근심 4 *exterminator[ikstə́:rmənèitər]: 해충 구제업자, 근절자 8 *household chores: 집안일

[해석] 1. 그녀의 말은 그를 녹였다. 2. 근심과 걱정 때문에 그는 전 인생을 포기할 뻔했다. 3. 그들은 그가 그 서류들을 보게 했다. 4. 나는 해충 구제업자에게 건물 전체에 살충제를 뿌리게 했다. 5. 상처가 감염된 것 같으면 피해자를 쉬게 하십시오. 6. 대통령은 멕시코가 비용을 지불하도록 만들기를 원했다. 7. 쿠키몬스터는 그들 모두를 웃게 했다. 8. 그녀가 나를 위해 집안일을 하게 시켰다.

5 지각동사

1. I **saw** him **draw** the weapon.
2. I **saw** Tom **waggling** his eyebrows.
3. I **felt** the baby **move** quite a few times yesterday.
4. I **watched** my team **win**.
5. Becky **noticed** him **winking** at her.

2 *waggle[wǽgl] (상하좌우로) 움직이다(= wiggle[wígl])

*지각동사(verbs of perception: see, hear, feel, watch, smell, notice 등)는 목적어 다음에 동사원형이나(예문1) -ing(2)가 목적격 보어로 오며, 1과 같이 동사원형이 오면 그가 무기를 뽑는 전체 동작을 처음부터 끝까지 봤다는 의미이며, 2처럼 -ing가 오면 내가 Tom을 보았을 때 눈썹을 움직이고 있었다는 뜻으로 전체 동작보다는 진행 중인 전체 동작의 일부분을 나타낸다.

해석 1. 나는 그가 무기를 뽑아 드는 것을 보았다. 2. 나는 톰이 눈썹을 움직이는 것을 보았다. 3. 어제는 아기가 꽤 많이 움직이는 것을 느꼈다. 4. 나는 우리 팀이 이기는 것을 보았다. 5. Becky는 그가 그녀에게 윙크하는 것을 보았다.

🔍 Further Study

1. The women didn't want anybody to <u>see them getting</u> their hair done.
2. He <u>saw somebody knock</u> on the doors.
3. She started to <u>smell something burning</u>.
4. He <u>noticed a bruise forming</u>.
5. She <u>felt someone pulling</u> her hair.
6. She <u>watched them touching</u> the fabric of his tracksuit.

Guide 1 *get one's hair done: 머리(를 손질)하다 6 fabric[fǽbrik]: 천, 직물 *tracksuit: 운동복

해석 1. 여자들은 자신들의 머리하고 있는 모습을 누가 보는 것을 원치 않았다. 2. 그는 누군가가 문들을 두드리는 것을 보았다. 3. 그녀는 뭔가 타는 냄새를 맡기 시작했다. 4. 그는 멍이 생기는 것을 알아차렸다. 5. 그녀는 누군가가 그녀의 머리를 잡아당기는 것을 느꼈다. 6. 그녀는 그들이 그의 운동복의 천을 만지는 것을 보았다.

6 명령문

---

1. **Mix** flour, baking powder, baking soda and salt in a bowl.
2. **Please read** this before you post comments on social media.
3. **Don't be** bashful about seeking assistance.
4. **Never say** never.
5. **Just hear** me out before you jump to any conclusions.

1 *bowl[boul]: (우묵한)그릇 2 *comment[kάment]: 논평, 의견, 비판 3 *bashful[bǽʃfəl]: 부끄러워하는 *seek assistance: 도움을 청하다 5 *hear ~ out: ~의 이야기를 끝까지 듣다 *jump to a conclusion: 속단하다

---

*명령문(imperative sentence)은 상대방(you)에게 명령, 지시하는 말로서 특별히 you를 강조하지 않는 한 생략하고 동사원형으로 시작되며(예문1), 동사 앞에 please를 쓰면 공손한 부탁이 된다(2).

*부정명령문은 don't/never 등+동사원형이며(3,4), 예문 5와 같이 동사를 수식하는 부사가 앞에 올 수도 있다.

해석 1. 그릇에 밀가루, 베이킹파우더, 베이킹소다와 소금을 넣고 섞으십시오. 2. 소셜미디어에 댓글을 게시하기 전에 이것을 읽어 보십시오. 3. 도움을 청하는 것에 대해 부끄러워하지 마십시오. 4. 절대 안 된다는(안 한다는) 말을 절대로 하지 마십시오. 5. 속단하지 말고 내 말을 끝까지 들으십시오.

⊘ slush fund

옛날 선상 주방장들은 육류 저장통에서 나오는 비계 찌꺼기(slush)를 모아 두었다가 배가 항구에 정박하면 그것을 팔아 용돈으로 썼다는 데서 유래된 표현으로, 정치, 선거운동 등에서 매수용으로 쓰는 돈 등 회계에 적절하게 잡히지 않는 비자금을 뜻한다.

🔍 Further Study

1. <u>Carry out</u> my order to the letter.
2. <u>Turn out</u> your pants pockets.
3. <u>Be</u> crystal clear about what you hope to get out of a conversation before you start it.
4. <u>Honk</u> so they know we're waiting.
5. <u>Don't let</u> your negative beliefs stand in the way of your own improvements.
6. <u>Just don't</u> call it "Darwinism"!

📖 **Guide** 1 *carry out: 실행하다, 수행하다 *to the letter: 정확히 그대로 2 *turn out pockets: (안에 든 것을 모두 꺼내어) 주머니를 비우다 3 *crystal clear: 아주 분명한, 명백한 5 *stand in the way of: ~를 훼방 놓다

> 해석 1. 나의 명령을 정확히 수행하시오. 2. 바지 주머니를 비워라. 3. 대화를 시작하기 전에 그 대화에서 얻고자 하는 것이 무엇인지를 명확하게 하십시오. 4. 경적을 울려서 우리가 기다리는 것을 그들에게 알려라. 5. 부정적인 생각들이 자신의 발전을 방해하지 않도록 하십시오. 6. 그것을 "다윈설"이라고 부르지 마십시오!

⊘ 'hang by a thread

한 가닥의 실(thread)에 매달린 칼 아래에 앉아있으면 매우 위험한 상황에 처한 것이 분명하다. 위 표현은 '위기에 처해 있다'의 뜻으로, "The terminal patient's life is hanging by a thread."는 말기 환자의 생명이 위태롭다는 뜻이다.

7 동사의 변화(-ing/ed 변화)

동사의 규칙변화는 일반적으로 아래의 rule에 따른다.

e로 끝나는 동사	cope-coping-coped dupe-duping-duped injure-injuring-injured reduce-reducing-reduced		e를 없애고 -ing를 붙임. 과거(분사)는 -d를 붙인다.
두 개의 자음으로 끝나는 동사	scalp-scalping-scalped govern-governing-governed learn-learning-learned		-ing/-ed를 더한다.
두 개의 모음+ 하나의 자음으로 끝나는 동사	coat-coating-coated reap-reaping-reaped		-ing/-ed를 더한다.
모음하나+ 자음하나로 끝나는 동사	1음절어	hop-hopping-hopped rub-rubbing-rubbed stop-stopped-stopping	자음을 하나 더하고 -ing/ -ed를 붙인다. (fix 등은 예외 fixing-fixed)
	2음절어	suffer-suffering-suffered differ-differing-differed reckon-reckoning-reckoned	첫음절에 강세가 있는 2음 절 단어는 -ing, -ed만 붙인다.
		abet-abetting-abetted patrol-patrolling-patrolled permit-permitting-permitted admit-admitting-admitted refer-referring-referred	2음절에 강세가 있으면 마 지막 자음을 더하고 -ing/ ed를 붙인다.
-y로 끝나는 단어	relay-relaying-relayed delay-delaying-delayed deploy-deploying-deployed 예외) lay-laying-laid		모음+y는 y를 그대로 두 고 -ing/ed
	deny-denying-denied cry-crying-cried reply-replying-replied supply-supplying-supplied		자음+y 다음에 -ing는 그 대로 붙이고 -ed는 y를 i 로 바꾸고 더한다.
-ie로 끝나는 단어	tie-tying-tied die-dying-died vie-vying-vied lie-lying-lied		ie를 y로 바꾸고 -ing 과거(분사)는 -d만 더한다.

8 주어와 동사의 일치(subject-verb agreement)

1. **Might makes** right.
2. **His influence** over the last ten years **has** grown considerably.
3. Over the fireplace **hang** several small **paintings**.
4. **One** of the major fields of study that he is considering **is** economics.
5. There **is evidence** that the mountain is still rising.
6. **The number of** billionaires in the world **has** doubled since the financial crisis.
7. There **remain** in the textbooks **a number of** biases that should be corrected.
8. **A million dollars is** nothing to sneeze at.
9. **10 pounds is** equal to 4.54 kilograms.

1 *might[mait]: 힘 2 *considerably[kənsídərəbli]: 상당히 5 *there is: ~가 있다 6 *billionaire[biljənέər]: 억만장자(10억 불 이상을 가진 부자) *financial crisis: 금융위기 7 *there remain: ~가 (여전히)남아 있다 *bias[báiəs]: 편견 8 *nothing to sneeze at: (spoken) 무시할 수 없는, 가볍게 볼 수 없는, 만만치 않은

*문장의 동사는 주어에 일치시킨다. 1의 주어는 3인칭 단수 'Might' 이기 때문에 동사 뒤에 s가 붙었으며 2에서 주어는 3인칭 단수인 'His influence'이기 때문에 has가 왔고(over the last ten years는 주어 influence를 꾸미는 형용사구) 3은 도치문으로 주어는 3인칭 복수 'paintings'이기 때문에 동사 hang에 s가 붙지 않았으며, 4는 one of + 복수명사(the major fields) + 단수동사가 오기 때문에 is가 쓰였다(주어는 one임).

*5의 there 다음의 동사(is)는 뒤에 따르는 주어(evidence)에 일치시킨다(there is + 단수명사, there are + 복수명사).

⊘ "I'm coming!"

동사 come은 말하는 사람 쪽으로 '오다' 뿐만 아니라 상대방 쪽으로 '가다'는 의미로 많이 쓰인다. 강아지를 보고 "이리와!"는 "Come here!"로 말하지만, 현관에서 기다리는 엄마가 딸을 향해 "Hurry up! We're late."(서둘러라! 늦었다.)라는데 딸이 계단을 내려오면서 "I'm coming!"이라면 "(엄마 쪽으로)가요!"의 뜻이다.

*a number of billionaires are와 the number of billionaires is 구분

a number of billionaires에서 a number of(얼마간의, 다수의 *아래 참조)는 뒤의 명사 billionaires를 수식하는 형용사구이고 주어는 복수명사 billionaires이기 때문에 다음의 동사는 are 같은 복수형이 따르고, the number of billionaires(억만장자들의 수)에서 the와 of billionaires는 number를 꾸미는 수식어이며 주어는 3인칭 단수인 number이므로 뒤의 동사는 당연히 is 같은 단수형이 따른다. (헷갈리면 a number~are, 또는 '이놈 봐라'로 암기하고 - a number~are와 비슷한 발음 - 나머지 the number of~는 is로 기억하도록) 6의 the number of(~의 수)는 + 복수명사(billionaires) + 단수동사(has)가 따랐고, 7의 a number of는 + 복수명사(biases) + 복수동사(remain)가 따랐다(remain의 주어는 뒤의 복수명사 'biases'이므로 remain에 s가 없으며, that should be corrected는 biases를 수식, in the textbooks는 remain을 수식하는 부사구). 8,9의 금액이나 무게, 거리 등은 단수 취급을 한다.

해석 1. 힘이 정의를 만든다. 2. 지난 10년 동안에 그의 영향력은 상당히 커졌다. 3. 벽난로 위에 작은 그림들이 몇 점 걸려 있다. 4. 그가 고려 중인 전공 분야 중의 하나가 경제학이다. 5. 그 산이 아직도 상승하고 있다는 증거가 있다. 6. 세계의 억만장자 수가 금융위기 이후 두 배로 늘어났다. 7. 교과서들에는 수정되어야 하는 여러 편견이 남아있다. 8. 백만 달러는 가볍게 볼 금액이 아니다. 9. 10 파운드는 4.54kg과 같다.

⊘ **a number of**

a number of는 다수의 영영사전이 'more than a few but not many', 'several' 같이 '두셋'과 '많은'의 중간의미로 정의하는 반면에 'many'를 정의에 포함 시키는 사전도 있으며, native speakers 사이에도 정의가 다르다. 의도적으로 숫자를 애매하게 표현할 목적이 아니면 명확한 의미 전달을 위해 a few, several, a couple of(둘의, 두셋의), many, a lot of (많은) 등의 표현으로 구분하여 사용하는 것이 바람직하다.

10. Nine of the cards are blue and **the rest are** red.
11. **All are** entitled to equal protection of the law.
12. **Some** of them **are** socialists.
13. **Some** of the information **has** not been verified.
14. **A new rec center** as well as more parks **has** to be built in our city.

11 *be entitled to: ~할 권리가 있는 13 *verify[vérəfài]: ~가 사실임을 확인하다, 증명하다 14 rec center: recreation center

*10의 the rest는 the rest cards를 뜻해 복수형 동사가 따르며, all, some 등은 가산명사의 복수를 뜻할 때는 복수 동사(11,12), 불가산명사(13)를 뜻할 때는 단수 동사가 따른다. 14의 B as well as A(A뿐만 아니라 B하다)는 B에 동사를 일치시킨다.

해석 10. 카드의 9장은 푸른색이고 나머지는 붉은색이다. 11. 모든 사람은 법의 동등한 보호를 받을 권리가 있다. 12. 그들 중 일부는 사회주의자들이다. 13. 그 정보의 일부는 확인되지 않았다. 14. 더 많은 공원뿐만 아니라 새로운 레크리에이션 센터가 우리 시에 만들어져야 한다.

🔍 Further Study

1. The <u>number</u> of school days <u>has</u> been shortened.
2. A <u>study</u> of all possible causes of pancreatic cancer <u>is</u> being done.
3. One-cent <u>coins</u> issued in the country since 1982 <u>are</u> 96 percent zinc.
4. The <u>shipment</u> of supplies for our experiments <u>was</u> delayed.
5. <u>Three hours is</u> enough to finish the work.
6. A long <u>line</u> of flags <u>was</u> seen moving toward the palace.
7. <u>One</u> of the five executioners <u>fires</u> a blank.
8. There <u>remain</u> many <u>reasons</u> for the animosity that exists between the two countries.
9. There <u>are</u> a large number of <u>emails</u> that need to be deleted.
10. A number of <u>people</u> <u>were</u> captured.
11. <u>Screening</u> as well as vaccinations <u>is</u> essential in the fight against cancer.

해석 1. 수업일수가 단축되었다. 2. 췌장암의 모든 가능한 원인에 관한 연구가 진행 중이다. 3. 1982년 이후 그 나라에서 발행된 1센트 동전은 96%가 아연이다. 4. 실험에 필요한 물품의 배송이 지연되었다. 5. 세 시간이면 충분히 그 일을 끝낼 수 있다. 6. 깃발들의 긴 줄이 궁전 쪽으로 움직이는 것이 보였다. 7. 5명의 사형집행인 중 한 명은 공포탄을 발사한다. 8. 두 나라 사이에 존재하는 적대감에는 많은 이유들이 있다. 9. 삭제할 이메일이 많이 있다. 10. 여러 사람들이 붙잡혔다. 11. 예방 접종뿐만 아니라 검진은 암과의 싸움에서 필수적이다.

⊘ 'bottom of the ninth

야구에서 9회 말(bottom of the ninth)은 경기를 역전 시킬 수 있는 마지막 기회인 데서 유래한 이 표현은 '마지막 중요한 순간, 기회, 절박한 상황'을 뜻한다. 예 It's the bottom of the ninth inning. (성공/승리할 마지막 기회다, 9회 말이다.)

Unit

02

시제

시제

동사는 문장구성의 필수요소이며 아래의 12 시제(tense = time)로 나누어져 사용된다. 국어에는 모든 과거를 '~했다, ~이었다'로 표현하지만, 영어에서는 이에 해당하는 표현이 (단순)과거, 현재완료, 과거완료가 있으며, '~일(할) 것이다'는 미래 표현도 단순미래와 미래완료로 나누어지기 때문에 아래의 시제들을 잘 이해해야 한다.

(단순)현재	현재형 동사	He works.
(단순)과거	과거형 동사	He worked.
(단순)미래	will/shall + 동사원형	He will work.
현재진행	am/are/is -ing	He is working.
과거진행	was/were -ing	He was working.
미래진행	will be -ing	He will be working.
현재완료	have/has pp	He has worked.
과거완료	had pp	He had worked~
미래완료	will have pp	He will have worked~
현재완료진행	have/has been -ing	He has been working~
과거완료진행	had been -ing	He had been working~
미래완료진행	will have been -ing	He will have been working~

1 (단순)현재와 현재진행

1. He **watches** CNN and Fox News every morning.
2. She **is** dumbfounded.
3. Some working women **wear** sneakers to work.
4. She **is lazing** the morning away in bed.
5. Environmentalists **are fighting** against a forestry company.
6. The patient **is constantly complaining** about everything.
7. The World Trade Organization **is meeting** in November.

2 *dumbfounded[dʌmfáundid]: 몹시 놀란, 놀라서 말이 안 나오는 4 *laze ~ away: ~를 느긋하게(빈둥거리며) 보내다 6 *constantly[kɑ́nstəntli]: 끊임없이

*(단순)현재(simple present)시제는 현재형 동사로 표시되며(1~3) 현재의 습관, 상태, 진리나 일반적인 사실을 나타내며, 주어가 3인칭 단수에서는 동사 뒤에 -(e)s를 붙인다.

*현재진행(present progressive) 시제(am/are/is + -ing)는 현재에 진행되는 동작이나(예문 4) 이번 주, 이번 달, 이번 학기 등 최근에 지속해서 진행되는 일, 행동을 나타내며(5), constantly, frequently, always 같은 부사와 함께 쓰여 다른 사람의 반복되는 거슬리는 행동에 대한 불만을 나타내기도 한다. 예문 6은 환자가 끊임없이 모든 것에 대해 불평해서 불만이라는 뜻으로 쓰일 수 있다.
*현재진행은 미래의 표현(7의 in November)과 함께 미래에 계획된 일이나 명백한 미래의 의도를 나타내기도 한다.

해석 1. 그는 매일 아침 CNN과 Fox News를 본다. 2. 그녀는 어안이 벙벙하다. 3. 일부 직장여성들은 운동화를 신고 출근한다. 4. 그녀는 아침 시간을 침대에서 느긋하게 보내고 있다. 5. 환경보호주의자들은 임업회사와 싸우고 있다. 6. 그 환자는 끊임없이 모든 것에 대해 불평한다. 7. 세계무역기구는 11월에 회합할 것이다.

Further Study

1. He <u>is climbing</u> the vertical cliff.
2. He <u>stamps</u> his feet when he doesn't get his way.
3. She always <u>wears</u> knee-length skirts.
4. She <u>is constantly calling</u> me while I am at work.
5. My baby <u>cries</u> when I cry, and <u>stops</u> crying when I <u>stop</u>.
6. He <u>is always bragging</u> about himself.
7. How many courses <u>are</u> you <u>taking</u> this semester?
8. Sometimes she <u>lies</u> awake at night.

Guide 2 *stamp one's feet: 발을 구르다 *get one's (own) way: 생각대로, 제 멋대로 하다 6 *brag about oneself: 잘난척하다 *4와 6은 speaker의 불만을 표시 *7번의 현재진행 시제는 최근에 일반적으로 진행되는 일을 물어보며, 24시간 매일 쉬지 않고 수강한다는 뜻이 아님. 8 *awake[əwéik]:(아직) 잠들지 않은, 깨어있는 *lie awake: 잠들지 않고(잠이 깬 채) 누워있다.

> 해석 1. 그는 그 수직 절벽을 오르고 있다. 2. 그는 뜻대로 안 될 때는 발을 구른다. 3. 그녀는 항상 무릎까지 오는 치마를 입는다. 4. 그녀는 내가 일하는 동안 계속해서 나에게 전화한다. 5. 나의 아기는 내가 울면 울고, 내가 멈추면 울음을 멈춘다. 6. 그는 항상 잘난척한다. 7. 이번 학기에 몇 과목을 수강합니까? 8. 때때로 그녀는 밤에 잠들지 않고 누워있다.

a catch-22 situation

Joseph Heller의 유명한 소설 Catch-22 에서 유래한 표현으로 모순되는 규칙이나 상황에 갇혀 빠져나가지 못하는 상태, 딜레마를 뜻한다. 예를 들어, 직장을 구하기 위해서는 경험이 필요하고 경험을 얻기 위해서는 직장을 가져야 하는 상황에서 "It's a catch-22 situation." 또는 "I'm in a catch-22 situation."이라며 고개를 떨구거나 주먹을 불끈 쥘 수 있다.

2 상태 동사(stative verbs)

1. I don't **believe** in ghosts.
2. As a writer he **is** too experienced to mind what the critics say.
3. Parent talks **appear** to help curb risky drinking at the university.
4. A rift **is appearing** between the president and his advisors.
5. She **was tasting** a small red berry called miracle fruit.
6. He felt that he **was being foolish** to let his son raise the puppy.

1 *believe in: ~가 존재하는 것을 믿다 3 *risky drinking: 위험한 음주 4 *rift[rɪft]: 금, 균열 *advisor = adviser(고문, 조언자) 5 *called miracle fruit(기적의 과일로 불리는)는 berry를 수식

*fly, walk 등의 동작을 나타내는 동사들과는 달리 감정 등의 상태, 생각, 소유 등을 나타내는 다음의 동사들은 일반적으로 진행형으로 쓰지 않는다: believe(예문1), be(2), exist, know, want, realize, need, understand, suppose, recognize, love, desire, adore, detest, hate, mind, astonish, (dis)like, amaze, sound, envy, surprise, prefer, possess, own, owe, belong, seem, resemble, agree, matter, wish, deserve, remember 등
*3의 appear(~인 것 같다)나 think, have, see, taste(맛이 ~하다), smell(냄새가 ~하다), feel(기분이 ~하다), look(~해 보이다), weigh(무게가 ~이다), be 등의 동사들은 진행형을 취하지 않지만, 다음과 같은 의미로 쓰이면 진행형에서 쓰일 수 있다: appear(나타나다), think about/of(~에 대해서 생각하다), taste(맛보다), have(경험하다, 즐기다: Are you having a good time?), be seeing(데이트하다, 교제 중이다), weigh on(~를 짓누르다, 압박하다), *look at(~를 보다) 등(예문 4,5)

⊘ can't hold a candle to
도제(apprentice)가 스승(master) 곁에서 촛불을 밝혀 주며 기술을 익히던 시절, 숙련되지 않은 도제는 초를 잡아줄 위치에 서지 못 한데서 유래했다는 이 표현은 '~보다 훨씬 못하다, ~와는 비교도 안 된다'는 뜻이다. 예 He is an extremely knowledgeable man, but as a salesperson, he can't hold a candle to Mr. Goldrich. (그는 매우 박식한 사람이지만 영업사원으로서는 골드리치 씨와 비교가 안 된다.)

*be동사가 진행형을 만드는 경우: 6번 예문은 be동사가 foolish와 함께 진행형 (was being)을 만들어 주어(he)의 일시적인 행동이나 상태를 말해 준다. 즉 'He is foolish.'는 그가 평소에 어리석은 사람인 반면에 'He is being foolish.'는 그가 지금 이 순간에 어리석은 짓을 하고 있다는 뜻으로 예문 6은 그가 아들에게 강아지를 기르도록 허락하면서 어리석은 짓을 하고 있다고 느꼈다는 뜻이다. 다음 형용사들은 이런 용법에서 쓰인다: (im)polite, careful, cruel, fair, foolish, funny, (un)fair, generous, rude, (ir)responsible, (il)logical, stupid, discreet, lazy, loud, nice, quiet, serious, silly, (un)kind, (un)reasonable 등

해석 1. 나는 귀신의 존재를 믿지 않는다. 2. 작가로서 그는 경험이 너무 풍부해서 비평가들의 말에 개의치 않는다. 3. 학부모들의 대화가 대학에서의 위험한 음주를 억제하는 데 도움이 되는 것 같다. 4. 대통령과 그의 고문들 사이에 균열이 나타나고 있다. 5. 그녀는 기적의 과일로 불리는 작은 붉은색 열매를 맛보고 있었다.

🔍 Further Study

1. Allen <u>has</u> a chest like a barrel.
2. He <u>owes</u> back taxes to the tax office.
3. It <u>weighs</u> about as much as a fat strawberry.
4. Ammonia <u>smells</u> awful.
5. She <u>remembers</u> calling in sick a couple of times.
6. She <u>is seeing</u> somebody lately.
7. He <u>is being</u> irresponsible.
8. She <u>is appearing</u> on BBC at 9:00 p.m. tonight.
9. He <u>appears</u> to be elated.
10. This blueberry pie <u>tastes</u> good.

📖 Guide 2 *owe[ou]: 빚지다 *back taxes: 체납세금 5 *call in sick: 전화를 걸어 병결을 알리다 6 *be seeing~: ~와 사귀다, 데이트하는 관계이다 9 *elated [iléitid]: 기뻐하는, 신이 난

해석 1. Allen은 배럴과 같은 가슴을 가지고 있다. 2. 그는 체납세금이 있다. 3. 그것은 통통한 딸기 하나 정도의 무게이다. 4. 암모니아는 냄새가 지독하다. 5. 그녀는 몇 번 전화로 병결을 알렸던 것을 기억한다. 6. 그녀는 최근에 누군가와 데이트(교제) 중이다. 7. 그는 지금 무책임하게 행동하고 있다. 8. 그녀는 오늘 밤 9시에 BBC에 출연한다. 9. 그는 기뻐하는 것 같다. 10. 이 블루베리 파이는 맛있다.

3 (단순)과거와 과거진행

> 1. He **kept** her at arm's length.
> 2. The Soviet Union **collapsed** in 1991.
> 3. My heart **was** still **thumping** hard in my chest.
> 4. The singer's fans **were graying** along with him.
> 5. I **was working** hard on the project **when** the manager **called** me.
>
> 1 *keep ~ at arm's length: ~와 거리를 두다 3 *thump[θʌmp]: 쿵쿵거리다 4
> *gray[gréi]: v. 백발이 되다 n. 회색

*(단순)과거(simple past: ~었다, 였다, 했다)시제는 과거형 동사로 표현하며, 과거의 한때에 시작했다가 끝난 행동이나 상황 등을 나타내며(예문 1,2), 과거진행(past progressive: was/were -ing: ~하고 있었다, 하는 중이었다)은 과거에 진행 중이었던 일을 나타낸다(예문 3,4).

*과거진행과 (단순)과거가 함께 쓰이는 문장은(예문 5) '~하는 중이었는데 ~했다'는 뜻으로, 과거진행(I was working)이 먼저 시작된 동시동작을 나타낸다. 예문 5는 '프로젝트를 열심히 하고 있는데 매니저가 나를 불렀다'는 뜻.

해석 1. 그는 그녀와 거리를 두었다. 2. 소비에트 연방은 1991년에 붕괴되었다. 3. 나의 심장은 여전히 가슴속에서 몹시 뛰고 있었다. 4. 그 가수의 팬들은 그와 함께 늙어가고 있었다.

⊘ wait for the other shoe to drop
위층에서 한쪽 신발이 떨어지는 소리가 나면 다른 쪽 신발이 곧 떨어질 것을 불안한 마음으로 기다리는 데서 유래한 이 표현은 '(좋지 않은 일이) 일어나기를 기다리다'는 뜻이다. 예 My mom scolded me for driving her car and my dad will scold me too when he gets home, so I'm waiting for the other shoe to drop. (엄마가 자기 차를 운전한다고 나를 꾸짖었고 아빠도 집에 오면 야단칠 거라서 야단맞기를 기다리고 있다.)

🔍 Further Study

1. An airliner <u>was descending</u> toward the airport at night.
2. A man <u>was driving</u> down the road <u>when</u> he spotted a flock of ducklings.
3. The first Dutch ships <u>arrived</u> in what is now Indonesia in the late 16th century, searching for nutmeg and cloves.

📖 **Guide** 1 airliner[ɛ́ərlàinər]: 여객기 ∗descend[disénd]: 내려오다, 하강하다 2 ∗duckling [dʌ́kliŋ]: 오리새끼 3 ∗nutmeg[nʌ́tmeg]: 너트맥(향료) ∗clove[klouv]: 정향(향료)

[해석] 1. 여객기 한 대가 밤에 공항 쪽으로 하강하고 있었다. 2. 한 남자가 길을 따라 운전하던 중 새끼오리 떼를 발견했다. 3. 최초의 네덜란드 선박들이 16세기 말 너트맥과 정향을 찾아 지금의 인도네시아에 도착했다.

✅ don't hold your breath

'hold one's breath'는 '숨을 죽이다'는 뜻으로 어떤 일이 일어날 것으로 기대하면서 숨을 죽이고 있는 사람에게 "Don't hold your breath."라면 "기대하지 마라."는 뜻이다.
예 If you're expecting me to thank you, don't hold your breath. (내가 너에게 감사할 것으로 기대한다면 꿈 깨라.)

✅ rule of thumb

'(과학적인 방법보다) 경험에 바탕을 둔 방법, 경험법칙'의 뜻으로, "As a rule of thumb, fast-growing trees produce weaker branches."는 일반적으로 빠르게 자라는 나무는 약한 가지를 만든다는 뜻이다. ∗as a rule of thumb: 일반적으로, 경험상으로

4 (단순)미래와 미래진행

1. He **will** be 18 next week.
2. Janet **will** get a job after she graduates from college.
3. I **will** never marry.
4. **I'm going to** visit Australia next month.
5. "You say I'm a monkey? **I'll** kill you!"
6. She **was about to** get on a plane when he called to tell her not to come.
7. Spare a thought for those who **will be working** on New Year's Day.
8. She**'ll be stepping** down after completing her second term.

7 *spare a thought for: (자신보다 못한 처지에 있는 사람들을) 생각하다, 배려하다
8 *step down: 물러나다, 사임하다

*(단순)미래(simple future: will/shall + 동사원형)시제의 will은 미래에 있을 일(예문1)이나 미래에 대한 예측(2)을 나타내거나(~일 것이다), 3과 같이 주어의 의지(will never: 결코 ~하지 않을 것이다)를 나타내며, 미국영어에서는 will을 일반적으로 사용한다. 예문 1의 'He will'은 'He is going to' 2의 'Janet will'은 'Janet is going to'와 같은 뜻이다. 즉, will과 be going to는 미래에 있을 일이나 미래의 예측에 사용된다.

*will과 be going to가 구분되는 경우: 미리 계획된 일은 be going to(= be planning to, intend to)로 표현하는 반면에(예문 4), speaker의 순간적, 즉흥적 결정은 will로 표현한다(예문5는 친구로부터 원숭이라는 말을 듣는 순간 "내가 원숭이라고? 죽여버린다!"라고 농담을 받아치는 상황으로 will을 사용). 6의 be about to(막 ~하려는 참이다)는 be going to보다 가까운 미래의 일을 표현한다.

*미래진행(future progressive: will be -ing)시제는 '~하고 있을 것이다'는 미래에 진행 중일 일(예문7), 또는 사전에 예정되어 일어날 일에 대해서도 사용하며 이 경우는 will(~할 것이다)과 같은 의미다. 예문 8은 she'll step down과 같은 뜻이다.

해석 1. 그는 다음 주에 18세가 된다. 2. Janet은 대학 졸업 후 직장을 구할 것이다. 3. 나는 절대로 결혼하지 않을 것이다. 4. 나는 다음 달에 호주를 방문할 것이다. 5. "내가 원숭이라고? 죽여버린다!" 6. 그녀가 비행기를 타려고 하는데 그가 그녀에게 전화하여 오지 말라고 하였다. 7. 설날에 근무하고 있을 사람들을 생각해 보십시오. 8. 그녀는 두 번째 임기를 마친 후에 사임할 것이다.

Further Study

1. I'm going to send you the document you asked for.
2. Astronauts will be performing experiments on the space station.
3. He is about to make his first foray into the music business.
4. Mrs. Green will come over to the house to water the plants.
5. How long will you be staying in London?
6. The president will be making an announcement on national security tonight.
7. Don't pick up the phone! I'll get it.
8. We'll be working when we're 70.
9. The children will be sleeping when you get home.

Guide 3 *foray[fɔ́ːrei]: (익숙지 않은 일의) 시도, 약탈, 급습(하다) *foray into: ~에의 (일시적) 진출 4 *come over to: ~에 오다

> 해석 1. 당신이 요구한 서류를 보내드리겠습니다. 2. 우주비행사들은 우주정거장에서 실험을 할 것이다. 3. 그는 음악 사업에 첫 진출을 시도할 참이다. 4. Green 부인이 식물에 물을 주기 위해 집에 올 것이다. 5. London에 얼마나 머무실 건가요? 6. 대통령은 오늘 밤 국가 안보에 관한 발표를 할 것이다. 7. 전화 받지 마세요! 제가 받겠습니다. 8. 우리는 70세가 되면 일하고 있을 것이다. 9. 네가 집에 오면 애들은 자고 있을 것이다.

✓ reverse psychology(반심리학)

대학진학 공부하라는 부모님의 잔소리를 들을수록 반발심리에 진학 안 한다며 딴짓을 하는 아들에게 이번에는 작전을 바꾸어 "그래 너의 생각을 존중하마. 진학한다고 행복이 보장되는 것이 아니긴 하다. 고등학교 졸업하면 너의 인생 방향을 잘 잡아서 개척해 나가라."라고 한 후 방관하는 척하고 일주일 정도 지나니 아들이 서서히 공부에 관심을 보이더니 드디어 본격적으로 책과 씨름하기 시작한다. 아빠의 반심리학(reverse psychology)작전이 적중한 것이다. 반심리학은 상대방(아들)이 내가 원하는 것에 동의하지 않거나 반대되는 행동을 할 것을 예상하고 내가 원하는 것과는 반대되는 것을 상대방(아들)에게 요구하여 원하는 것을 이루게 하는 방법으로, 이는 사람이 설득당하는 것에 대한 부정적인 반응을 보인다는 심리학적 현상을 바탕에 두고 있다. **예** He might be trying to use reverse psychology. (그가 반심리학을 사용하려는 것일 수도 있어.)

5 현재시제가 미래를 뜻하는 경우

---

1. Spring **arrives** tomorrow.
2. When Gary **goes** to State University, he will be a teaching assistant.
3. If everything **goes** as planned, the antique store could open in May.
4. He has not yet decided if he **will** race at the Olympic Games.

3 *antique[æntíːk]: 골동품

---

*arrive, start, depart, come, leave, return 등의 왕래 발착 동사와 finish, open, close, begin, end 등의 동사는 미래의 일정이나 계획의 표현과 함께 현재시제로 미래를 나타낼 수 있다(예문 1).

*때의 접속사(when, before, after, as soon as 등)나 if로 시작하는 부사절에서는 현재시제로 미래를 표현한다. 예문 2에서 Gary가 주립대학에 가는 것은 미래이지만 when이 이끄는 부사절이기 때문에 현재(goes)로 표현했으며, 3의 if 절은 동사 open을 꾸미는 부사절이므로 미래의 뜻을 현재시제(goes)로 표현하지만, 4의 if 절은 명사절(타동사 decided의 목적절)이므로 미래는 미래시제를 사용한다.

[해석] 1. 내일이면 봄이다. 2. Gary가 주립대학에 가면 조교가 될 것이다. 3. 모든 것이 계획대로 되면 골동품 가게는 5월에 오픈할 수 있다. 4. 그는 아직 올림픽 출전 여부를 결정하지 않았다.

⊘ **smell fishy**
상하거나 오래된 생선은 멀쩡해 보여도 악취가 나는 데서 유래한 이 표현은 '수상쩍다, 의심이 간다'는 뜻이다. 예 Something smells a little fishy to me but I can't put my finger on it. (뭔가가 약간 수상쩍은데 딱 꼬집지를 못하겠다.)

🔍 Further Study

1. The plastic container will melt if you <u>put</u> it in a microwave.
2. A new emergency shelter <u>opens</u> next week.
3. She'll be furious when she <u>learns</u> what I've done.
4. I don't know if he <u>will</u> be my coach next year.
5. The ambassador will return to his duties as soon as he <u>recovers</u>.

Guide 1 melt[melt]: 녹(이)다 *if 절은 동사 melt를 꾸미는 부사절 *microwave: microwave oven 3 *furious[fjúəriəs]: 격노한 4 if절은 명사절(타동사 know의 목적절) 5 as soon as he recovers는 return을 수식하는 부사절

> 해석 1. 그 플라스틱 용기는 전자레인지에 넣으면 녹을 것이다. 2. 새로운 비상대피소가 다음 주에 오픈한다. 3. 그녀는 내가 한 일을 알게 되면 격노할 것이다. 4. 그가 내년에 나의 코치가 될지는 모르겠다. 5. 대사는 회복하면 바로 직무에 복귀할 것이다.

✅ gaslighting

영국희곡 Gaslight에서 Bella가 집의 가스등이 희미해지는 것을 느끼고 이를 불평하자, 남편 Jack이 평소와 같이 밝은데 Bella에게 이상이 있다는 거짓말을 되풀이하여 아내가 자신의 현실 감각과 정신상태를 의심하게 만든 다음 아내를 조종하려 드는데, 이런 종류의 감정적 학대(emotional abuse)를 gaslighting이라 한다. 예 He had been gaslighting his wife for years, and this made her doubt her own sanity. (그는 수년 동안 아내를 가스라이팅 해왔는데, 이것이 그녀가 제정신을 의심하게 만들었다.)

6 현재완료 I

1. I've met him before.
2. Have you ever tried Hungarian goulash?
3. The Prime Minister has died at the age of 89.
4. I have always told my children not to talk to strangers.
5. Have you lost your mind?
6. The package has just arrived.

1 *I've met: I have met(essay writing 등 formal 한 영어에서는 축약형을 쓰지 말 것.)

*불명확한 과거에 일어난 일이나 경험은 현재완료(present perfect: have/has pp) 시제로 표현한다. 예문 1은 그를 만났던 정확한 때는 모르거나 중요하지 않기 때문에 현재완료로 표현했으며, 2는 불특정한 과거의 경험을 물어보기 때문에 현재완료를 사용했고, 3과 같이 유명인들의 최근 사망 사실을 알리는 뉴스 보도에서도 현재완료를 사용하는 것을 볼 수 있다. 예문 1, 3에서 때를 아는 것이 중요하면, "I met him last month.", "The Prime Minister died last night at his home."과 같이 단순과거시제로 변화된다.

*불특정한 과거의 순간들에 반복된 일은 예문 4와 같이 현재완료로 표현하며, 과거에 있었던 일의 결과가 현재까지 미칠 때도 현재완료를 사용한다. 5번은 과거의 한순간에 정신이 나가 지금도 그 상태인지를 물어보는 표현이다.

*방금 완료된 일 또한 just와 함께 have just pp 구조로 표현한다(6). (informal 한 미국영어에서는 6을 "The package just arrived."와 같이 현재완료 대신 단순과거를 많이 쓰기도 하며, 특정한 과거의 시간이 표시되지 않는데도 단순과거시제를 쓰는 경우는 의미상 과거의 때를 나타내는 표현이 생략되었다고 보면 된다. 예를 들어 어제 Daniel의 생일 파티에 참석했던 Eric을 오늘 만나 "How was the party? Did you see Luke at the party?"라면 어제 있었던 파티를 말하는 것을 서로 알기 때문에 과거시제로 표현한다.)

해석 1. 전에 그를 만난 적이 있다. 2. 헝가리 굴라쉬를 먹어본 적이 있습니까? 3. 수상은 89세의 나이로 사망했다. 4. 나는 내 아이들에게 낯선 사람들과 이야기하지 말라고 항상 말했다. 5. 너 정신 나갔니? 6. 패키지가 방금 도착했다.

🔍 Further Study

1. Scientists <u>have discovered</u> fourteen kinds of vitamins.
2. In 1820, the whaleship Essex <u>was rammed</u> and sunk by an angry whale.
3. Can you name all the countries you <u>have been to</u>?
4. <u>Have you ever quit</u> a job without having a new one lined up?
5. <u>I've seen</u> people like you before.
6. <u>I have already eaten</u> dinner.
7. <u>I've lost</u> my money, <u>I've lost</u> my home, and now <u>I've lost</u> my friends.
8. Thousands of companies <u>have gone</u> belly up so far this year.

Guide 2 *명백한 과거(1820)의 일은 단순과거로 표현 *ram[ræm]: ~를 큰 힘으로 치다, 부딪치다 3 *have been to: ~에 가본 적이 있다, 갔다 왔다(*have gone to: ~에 가고 없다) 4 have you ever pp?: ~한 적이 있습니까? *have a new job lined up: 새 일자리를 준비하다 6 *informal 한 표현에서는 'I already ate dinner.'로도 말함. 8 *go belly up: (informal) 도산하다(= go bankrupt)

[해석] 1. 과학자들은 14가지 종류의 비타민을 발견했다. 2. 1820년 포경선 에식스호는 화난 고래에게 부딪혀 침몰했다. 3. 당신이 가봤던 모든 나라의 이름을 말할 수 있습니까? 4. 새 직장을 구하지 않고 직장을 그만둔 적이 있습니까? 5. 당신과 같은 사람들을 전에 본 적이 있습니다. 6. 나는 이미 저녁을 먹었다. 7. 돈도 잃었고 집도 잃었고 이제 친구도 잃었다 (결과 어느 것도 지금 가진 것이 없음). 8. 올해에 지금까지 수천 개의 회사가 도산했다.

⊘ walk the walk

'(~가 사실인 것을) 말보다 행동으로 보여주다'는 뜻으로 "I can do 50 pull-ups without breaking a sweat."(턱걸이 50개는 가뿐하게 할 수 있어.)라고 하는데, "Walk the walk!"라면 말로만 그러지 말고 해보라는 뜻이다. *without breaking a sweat: 쉽게

1. **For** 24 years, I **have been** married to a man who snores.
2. Truth be told, **I've always been** afraid of cats **since** childhood.
3. International talks to regulate aviation emissions **have been going** on fruitlessly for almost 15 years.
4. Olivia **has worked/has been working** as a supermarket cashier for 5 years.

1 *be married to: ~와 결혼하다 2 *truth be told: 사실을 말하자면(= to tell the truth) 3 *aviation[èiviéiʃən]: 항공, 비행(술) *fruitless[frúːtlis]: 결실 없는 4 *cashier [kæʃíər]: 계산원, 캐셔

*과거에서 현재까지 계속되는 상태나 동작은 현재완료로 표현하며, 이와 함께 쓰이는 for는 '~ 동안'(1)의 뜻으로 다음에는 24 years, three months 등 기간을 알리는 표현이 오며, since는 '~이후 쭉(2)'의 뜻으로, 다음에는 childhood, last year, 2015등 과거의 시작된 때를 알리는 표현이 온다.

*3의 현재완료진행(present perfect progressive: have/has been -ing) 시제는 과거에서 현재까지 계속 진행되고 있는 일을 나타내며, live, work, teach, study, collect, smoke 등의 동사들은 현재완료나 현재완료진행에서 since나 for와 함께 쓰여 계속을 나타낸다. (예문 4의 has worked와 has been working은 같은 뜻.)

해석 1. 24년 동안 나는 코골이 남편과 살고 있다. 2. 사실을 말하자면, 나는 어릴 때부터 고양이를 항상 두려워했다. 3. 항공배출을 규제하기 위한 국제회담은 거의 15년 동안 결실 없이 진행되어왔다. 4. 올리비아는 슈퍼마켓 캐셔로 5년 동안 일하고 있다.

1. I <u>have practiced</u> dentistry for 13 years.
2. I've <u>been running</u> my business for almost half my life.
3. Since Bob retired last year, he <u>has been traveling</u> around the world.
4. Life-insurance premiums <u>have dropped</u> dramatically since the 1990s.

Guide 1 *dentistry[déntistri]: 치과학, 치과 진료 4 *premium[prí:miəm]: 보험료, 구하기 힘든 물건이나 권리의 취득에 붙는 웃돈, 권리금 *dramatically[drəmǽtikəli]: 극적으로, 급격하게, 많이

> 해석 1. 나는 13년 동안 치과 진료를 해 왔다. 2. 나는 거의 반평생을 나의 사업을 운영해 왔다. 3. Bob은 작년에 퇴직 이후로 전 세계를 여행하고 있다. 4. 생명 보험료는 1990년대 이후 급격히 떨어졌다.

⊘ **give someone the cold shoulder**
'~에게 냉담한 태도를 보이다, 쌀쌀맞게 대하다'는 뜻의 이 표현은 반갑지 않은 손님에게 먹다 남은 차가운 어깨살 고기를 대접하는 여주인의 모습을 상상하면 된다. 예 She gave him the cold shoulder when he came to see her. (그가 그녀를 만나러 왔을 때 그녀는 냉담하게 대했다.)

⊘ **cut to the chase**
'본론으로 들어가다'는 뜻의 이 구어체 표현은 사람들 앞에서 제한된 시간 내에 준비한 모든 것을 다 말할 수 없는 상황에서 "I'm going to cut to the chase."라면 '본론을(가장 중요한 부분을) 말하겠습니다.'의 뜻이 되며, 알맹이도 없는 설명을 장황하게 늘어놓는 친구를 보고 "Cut to the chase."라면 "본론을 말해라."의 뜻이 된다.

8 과거완료(진행)와 미래완료(진행)

1. She unravelled the sweater she **had knitted**.
2. The mother lost custody **after** she **left** her child alone at home.
3. They **had been dating** for less than six months when he realized he wanted to spend the rest of his life with her.
4. By May, they **will have moved** back to England.
5. When I retire next year, I **will have been teaching** for 38 years.
6. I **had hoped** that he would come back, but he didn't.
7. They **had not gone** twenty yards **when** they stopped short.

1 *unravel[ʌnrǽvl]: (실타래 등) 풀다 2 *custody[kʌ́stədi]: 양육권 7 *stop short: 갑자기 멈추다

*과거완료(past perfect: had pp) 시제는 과거를 기준으로 그 이전에 일어났던 일을 나타낸다. 예문 1에서 그녀가 스웨터를 풀었던 과거(unravelled) 이전에 그 스웨터를 짰기 때문에 과거완료(had knitted)를 사용했다.

*after, before 등의 접속사절은 시간적인 전후 관계를 명확히 해 주기 때문에 예문 2와 같이 단순과거(left)로 과거완료(had left)를 대신할 수 있다.

*과거완료진행(past perfect progressive: had been -ing) 시제는 과거(예문 3의 when he realized: 그가 깨달았던 때)를 기준으로 그 이전의 과거(대과거)에서 과거까지 계속되었던 일(깨달았던 때까지 데이트를 했던 것)을 나타낸다.

*미래완료(future perfect: will have pp) 시제는 미래의 한 특정한 때(예문 4의 by May: 5월까지)를 기준으로 그전까지 완료될 일(영국으로 돌아가는 것)이나 경험 등을 나타내며, 미래의 특정한 때는 by May, by the time~(~할 때쯤), by 2045, before 등으로 표시된다.

*5의 미래완료진행(future perfect progressive: will have been -ing)은 미래(next year)를 기준으로 그때까지 계속 진행될 일(가르칠 것)을 나타내며 여기서 will have been teaching은 will have taught와 같은 뜻이다.

*6의 had hoped(wanted, expected, intended 등) ~but은 ~할 것을 바랬지만(원했지만/기대했지만/의도했지만) 그러지 못했다는 뜻이며, 7의 had not pp ~ when/before...는 '~하지 않아 ...했다'는 뜻이다.

1. 그녀는 자신이 짰던 스웨터를 풀었다. 2. 그 어머니는 자신의 아이를 혼자 집에 남겨둔 후 양육권을 잃었다. 3. 그들이 데이트한지 6개월도 안되어 그는 나머지 인생을 그녀와 함께 보내고 싶다는 것을 알았다. 4. 5월까지는 그들은 영국으로 돌아갈 것이다. 5. 내년에 퇴직하면 나는 38년 동안 교직 생활을 하게 된다. 6. 나는 그가 돌아오길 바랐지만 오지 않았다. 7. 그들은 20야드도 못 가서 갑자기 멈추었다.

🔍 Further Study

1. Peter, who <u>had been waiting</u> for an hour, was very angry with his sister when she eventually turned up.
2. I <u>will have been</u> unemployed for six months by next month.
3. By the time he returned home two years ago, his father <u>had died</u> of pneumonia and the family financial situation <u>had grown</u> worse.
4. Maybe by then you <u>will have changed</u> your mind.
5. We recently hired someone who <u>will have been working</u> for only six weeks before the invitations go out.

Guide 1 *turn up: 나타나다 3 *pneumonia[njumóunjə]: 폐렴

해석 1. 한 시간을 기다리고 있었던 피터는 여동생이 마침내 나타났을 때 몹시 화가 났었다. 2. 다음 달이면 나는 실직한 지 6개월이 된다. 3. 2년 전 그가 집으로 돌아왔을 때는 그의 아버지는 폐렴으로 사망했고 가족의 재정 상태는 더욱 악화해 있었다. 4. 그 때쯤이면 아마도 너의 마음이 바뀌었을 것이다. 5. 우리는 초대장들이 발송되기 전에 6주 동안만 일할 사람을 최근에 고용했다.

✅ water under the bridge
다리 아래로 흘러간 강물은 되돌아오지 않는 데서 유래한 위 표현은 '지나간 일, 어쩔 수 없는 일'의 뜻으로, "Our love is not water under the bridge."는 우리의 사랑이 끝나지 않았다는 의미다.

수동태

Unit 03 수동태

수동태문장은 말 그대로 '수동'적이라 능동태보다 약하고 설득력이 적어 보여 essay writing 등에서 피해야 하지만 학술논문, 법률, 과학 등의 내용이나 사건 보도기사 또는 일상생활 등에서 어떤 생각이나 사물, 추상적인 개념 등을 주어로 할 때나 행위자가 중요하지 않거나 불분명한 경우 등에서는 수동태가 사용된다. 쉬운 예로 피자 배달이 얼마나 걸리냐고 묻는 고객에게 "피자가 30분 내로 배달될 것입니다."라고 하지 "저희 배달원 ○○○가 피자를 30분 내로 배달할 것입니다."라고 하지는 않는다, 즉 중요한 것은 '피자'이고, 중요하니 당연히 주어로 하여 "Your pizza will be delivered within 30 minutes."의 수동태를 사용하게 된다.

수동태는 다음의 시제로 나누어지며, 아래 문장구조들을 잘 익혀서 수동태문장을 능동으로 해석하거나 "I have sold…"를 "I have been sold…"로 말하여 자신을 팔아먹는 사람이 되지 않도록 주의해야 한다.

현재	am/are/is pp
과거	was/were pp
미래	will/shall be pp
현재진행	am/are/is being pp
과거진행	was/were being pp
미래진행	will be being pp
현재완료	have/has been pp
과거완료	had been pp
미래완료	will have been pp
현재완료진행	have been being pp
과거완료진행	had been being pp

*미래완료 진행형 수동태(will have been being pp)는 극히 드물게 쓰임.

1 ## 현재/과거/미래형 수동태와 by

1. A grizzly **is surrounded by** a pack of wolves.
2. This Camembert cheese **is made** in France.
3. Two trash bins in the rear of the building **were damaged**.
4. The city **was engulfed** in a blizzard.
5. The whale blubber **will be rendered** into oil.
6. I **got injured** a little bit for the first time in my athletic career.
7. The photo **was released by** the Ocean Conservancy.
8. The lawyer **was retained by him**.

1 *grizzly[grízli]: grizzly bear(회색곰) 4 *engulf[ingʌ́lf]: 완전히 에워싸다, 휩싸다 (강한 감정 등이) 사로잡다 *blizzard[blízərd]: 눈보라 5 *whale blubber: 고래 지방 *render[réndər]: ~를 만들다, 되게하다(render him unconscious: 그의 의식을 잃게하다) be rendered into~: ~로 만들어지다 7 *Ocean Conservancy: 해양관리단

*능동태(active voice)는 주어가 동작을 하는(주는) 반면에 수동태(passive voice)는 주어가 동작을 받는 것을 말한다. **예** give: 주다(능동) be given: 받다(수동)

예문1,2	am/are/is + pp (현재형 수동태)	~하여(되어)지다
3,4	was/were + pp (과거형)	~하여(되어)졌다
5	will be pp (미래형)	~하여질(되어질) 것이다
6	get + pp	구어체에서 많이 쓰이는 표현으로 '~하여(되어)지다'는 수동, 또는 '~하다'는 의미로 쓰인다. *get injured(부상을 입다), *get promoted (승진되다) *get paid(지불받다), get married(결혼하다 = marry), get dressed(옷을 입다 = dress), get divorced(이혼하다 = divorce) *get worried(걱정하다 = worry) *get lost(길을 잃다) 등.
by의 생략 여부	예문 2의 까망베르 치즈는 당연히 낙농업자들에 의해 만들어진 것을 알 수 있고 3은 쓰레기통이 누구에 의해 파손되었는지는 중요하지 않거나 모르기 때문에 by 이하를 생략한다. 반면에 누구에 의해서 ~되었는지 행위자를 아는 것이 중요할 때는 예문 1,7,8과 같이 by로 표시하며, 다음의 인칭대명사는 목적격을 취한다(8).

해석 1. 회색곰이 한 무리의 늑대에게 둘러싸여 있다. 2. 이 까망베르 치즈는 프랑스산이다. 3. 건물 뒤의 쓰레기통 2개가 파손되었다. 4. 도시는 눈보라에 휩싸였다. 5. 고래지방은 기름으로 만들어질 것이다. 6. 나의 선수 생활에서 처음으로 약간의 부상을 입었다. 7. 그 사진은 해

양관리단에 의하여 공개되었다. 8. 변호사는 그에 의해 고용되었다.

🔍 Further Study

1. This plane <u>is designed</u> to fly with just one engine in an emergency.
2. He <u>will be airlifted</u> to the Royal London Hospital tomorrow morning.
3. South Africa <u>was banned</u> from the 1964 Summer Olympics in Tokyo due to the apartheid policies.
4. It is an elective course. No students <u>are required</u> to take it.
5. The game <u>will be broadcast</u> on CBS tomorrow evening.

📓 **Guide** 2 *airlift: 공수(하다) 3 apartheid[əpάːrtheit]: 인종차별정책 4 *be required to: ~하도록 요구 되다 5 *broadcast[brɔ́ːdkæst]: 방송(방영)하다 -broadcast-broadcast

> 해석 1. 이 비행기는 비상시에 하나의 엔진만으로 비행토록 설계되어 있다. 2. 그는 내일 아침 Royal London Hospital로 공수될 것이다. 3. 남아프리카는 인종차별정책으로 인해 1964년 동경 하계올림픽 출전이 금지되었다. 4. 그것은 선택과목이다. 어떤 학생도 그 과목을 수강할 필요는 없다. 5. 그 게임은 내일 저녁 CBS에서 방영될 것이다.

⊘ throw caution to the wind

조심하는 마음을 바람에 날려버릴 수 있다면 대담해진다. 이 표현은 '대담한 행동을 취하다, 과감하게 행동하다'의 뜻이다. 📳 The retirees threw caution to the wind and started spending their savings. (퇴직자들은 과감하게 저축한 돈을 쓰기 시작했다.)

⊘ play dumb

'모르는 척 하다, 시치미 떼다'는 의미로, "Don't play dumb with me. I know you're hiding something."은 "모르는 척하지 마라. 네가 뭔가를 감추고 있는 것을 알고 있어."의 뜻이다.

2 현재/과거/미래 완료(진행)형 수동태

1. Nothing **has been proved**, but nothing **has been disproved**, either.
2. A student told security that the medical laboratory **had been vandalized.**
3. The residence **will have been renovated** by the time they get back from their vacation.
4. For years, those private companies **have been being fined** tens of thousands of dollars for minor transgressions.
5. The email revealed that she **had been being paid** substantially less than her male co-workers.

2 *vandalize[vǽndəlàiz]: (공공시설, 기물)을 파손하다 3 *residence[rézədəns]: 주택, 거주지 4 *transgression[trænsgréʃən]: 위반 5 *substantially[səbstǽnʃəli]: 상당히, 실질적으로

* 완료(진행)형의 수동태에는 been이 사용된다.

have/has been pp	현재완료 수동태	~하여(되어)졌다
had been pp	과거완료 수동태	~하여(되어)졌다
will have been pp	미래완료 수동태	~하여(되어)질 것이다
have been being pp	현재완료진행 수동태	~하여(되어)지고 있었다
had been being pp	과거완료진행 수동태	~하여(되어)지고 있었다

해석 1. 입증된 것이 없지만 반증 된 것도 없다. 2. 한 학생이 경비에게 의료실험실이 파손되었다고 말했다. 3. 그들이 휴가에서 돌아올 때쯤이면 집은 보수되어 졌을 것이다. 4. 수년 동안, 그 민간 회사들은 경미한 위반으로 수만 달러의 벌금을 부과받아 왔다. 5. 그 이메일은 그녀가 남자 동료들보다 훨씬 적은 임금을 받아왔다는 사실을 밝혔다.

🔍 Further Study

1. Hundreds of radio stations <u>have recently been established</u> through the country.
2. All my degree requirements <u>will have been completed</u> at the end of this semester.
3. Their youngest boy <u>has been diagnosed</u> with autism.
4. A student reported that her car <u>had been broken into</u>.
5. The company revealed a small number of its computers <u>had been hacked</u>.
6. Since 1932, the country <u>has been ruled</u> by the King's family.
7. He <u>had been being cared</u> for full-time by staff at a nursing home before he died last year.

📖 **Guide** 2 *degree requirements: 학위취득 필요조건 3 be diagnosed with: ~의 진단을 받다 4 *break into: 침입하다, (자동차 문 등을) 억지로 열다 *신고했던 과거 (reported) 이전에 차에 도둑이 들었기 때문에 과거완료의 수동태를 쓴다. 5 *revealed 다음 접속사 that 생략

> 해석 1. 최근 수백 개의 라디오방송국이 전국에 설립되었다. 2. 나의 모든 학위요건이 이번 학기 말에 충족된다. 3. 그들의 막내아들이 자폐증 진단을 받았다. 4. 한 학생이 그녀의 차에 누군가가 침입했다고 신고했다. 5. 회사는 소수의 컴퓨터가 해킹당했다고 밝혔다. 6. 1932년부터 그 나라는 왕가의 통치를 받아왔다. 7. 그는 지난해 사망하기 전까지 요양원에서 직원의 전일제 보살핌을 받아왔다.

✅ OK sign

우리가 OK 사인으로 엄지손가락(thumb)과 집게손가락(index finger)을 모아 만드는 O자는 남은 세 손가락이 W자를 만들고 동그라미 부분은 아래의 팔목(wrist) 부분과 합쳐 P자를 만들어 white power라는 백인우월주의자(white supremacist)들이 나누는 사인이 되기 때문에 서양에서는 사용을 조심해야 한다.

3 현재/과거/미래진행형 수동태

---

1. Their religion **is being slighted** under the current administration.
2. They behaved differently because they knew they **were being watched**.
3. Get to the area where your baggage **will be being unloaded**.

1 *slight[slaɪt]: v. 무시(경시)하다 adj. 약간의 3 *unload[ʌnlóud]: (짐, 승객을) 내리다

---

*진행형의 수동태는 be동사와 pp 사이에 being이 놓인다.

am/are/is being pp	현재진행 수동태	~하여(되어)지는 중이다
was/were being pp	과거진행 수동태	~하여(되어)지는 중이었다
will be being pp	미래진행 수동태	~하는(되는) 중일 것이다

해석 1. 그들의 종교는 현 정부에서 경시되고 있다. 2. 그들은 감시당하고 있다는 것을 알았기 때문에 다르게 행동했다. 3. 당신의 짐이 내려지고 있을 장소로 가십시오.

🔍 Further Study

1. Over the next one year your work <u>will be being inspected</u>.
2. Many farmers <u>are being threatened</u> by them.
3. The assistance <u>was being offered</u> by a young man.
4. A crocodile that <u>was being smuggled</u> onto an airplane escaped.
5. Deer <u>are</u> again <u>being spotted</u> in town.

Guide 4 *smuggle[smʌgl]: 밀수, 밀반입(출)하다 *that was ~ airplane까지는 crocodile 수식 5 *spot[spɑːt]: 발견하다

해석 1. 다음 1년 동안 당신의 작업이 점검될 것입니다. 2. 많은 농부가 그들의 위협을 받고 있다. 3. 도움은 한 젊은이에 의해서 제공되고 있었다. 4. 비행기에 밀반입되던 악어가 달아났다. 5. 사슴이 다시 마을에서 발견되고 있다.

4 조동사의 수동태/by 이외의 전치사가 따르는 수동태 구조

1. Some students **can be exempted** from taking language courses.
2. The organization **should have been disbanded** long ago.
3. She was engaged to **be married to** a player named Lucas.

1 *exempt[igzémpt]: 면제하다 *be exempted from: ~에서 면제되다 2 *should have been pp: ~ 되었어야 했다('Unit 4 조동사 9 should have pp' 참고) *disband[disbǽnd]: 해체 (해산)하다 3 *engaged: 약혼한, be engaged to: ~와 약혼한

*조동사+ be pp(예문 1)와 조동사+ have been pp(예문 2)는 조동사의 수동태이며, 3의 be married to는 수동태 구조지만 by 이외의 전치사가 따르는 표현으로 다음의 것들이 있다.

be devoted to	~에 전념하다	be opposed to	~에 반대하다
be worried about	~에 대해 걱정하다	be done with	~를 끝내다, 절교하다
be satisfied with	~에 만족하다	be fed up with	~에 진저리가 나다
be tired of	~에 싫증나다	be tired from	~로 피곤하다
be involved in	~에 관련되다	be made of/from	~로 만들어지다 (재료의 형태가 있으면 of, 없으면 from)
be acquainted with	~와 친분(안면) 있다	be disappointed in/with somebody	~에 실망하다
be covered with	~로 덮여있다	be located in/at	~에 위치하다
be loaded with	~로 가득 차 있다	be crowded with	~로 붐비다
be interested in	~에 관심이 있다	be known to	~에게 알려지다
be composed of	~로 구성되어 있다	be convinced of	~를 확신하다

해석 1. 일부 학생들은 어학 코스 수강을 면제받을 수 있다. 2. 그 조직은 오래전에 해체되었어야 했다. 3. 그녀는 루카스라는 선수와 결혼하기 위해 약혼했다.

Further Study

1. Matt <u>wasn't acquainted with</u> the ins and outs of the tech industry.
2. Non-smokers <u>were fed up with</u> breathing other people's smoke in public places.
3. The trash can <u>was loaded with</u> soda bottles.
4. Chicle gum <u>was made from</u> the sap of the Sapodilla tree.
5. I <u>was disappointed in</u> him.
6. <u>Are</u> you <u>done with</u> your meal?
7. Doctors <u>can be held</u> liable if their patients commit suicide.

Guide 1 *ins and outs of: ~의 상세한 사정, 내용 7 *liable[láiəbl]: 법적 책임이 있는, ~하기 쉬운 *be held liable for~: ~에 대한 (법적) 책임을 지다

> 해석 1. Matt는 기술 산업에 대한 상세한 사정은 잘 모르고 있었다. 2. 비흡연자들은 공공장소에서 다른 사람들의 담배 연기를 마시는데 진저리가 났었다. 3. 쓰레기통은 소다수 병으로 가득 차 있었다. 4. 치클 껌은 사포딜라 나무의 수액으로 만들어졌다. 5. 그에게 실망했다. 6. 식사가 끝났습니까? 7. 의사는 자신의 환자가 자살하면 법적 책임을 질 수도 있다.

⊘ my bad
자신의 잘못이나 실수를 인정할 때 북미에서 많이 사용하는 구어체 표현이다.

⊘ where the rubber meets the road
타이어는 고무(rubber)로 만들어지며, 이 고무가 도로를 만나는 곳은 그 고무의 진가를 알 수 있는 중요한 지점이 된다. 위 표현은 '~의 가장 중요한 지점(때), 실력(이론, 진가 등)이 시험 되는 장'을 뜻한다. 예 This is where the rubber meets the road. (여기서 진가가 시험 된다.)

5 능동태를 수동태로 바꾸는 법

1. She adored him.
   He **was adored by** her.
2. Many people are criticizing the policy.
   The policy **is being criticized by** many people.
3. They decommissioned the Navy Hospital last year.
   The Navy Hospital **was decommissioned** last year.
4. They should have grounded the flight.
   The flight **should have been grounded**.

1 *adore[ədɔ́ːr]: 흠모하다, 아주 좋아하다 3 *decommission[dìːkəmíʃən]: 사용을 중지하다, (함선 등) 퇴역시키다 4 *ground: 이륙을 못하게 하다

*예문 1,2에서 1. 능동태의 목적어(him, the policy)를 수동태의 주어(He, The policy)로 앞세운다. 2. 동사의 시제는 능동태와 일치하는 수동형으로 바꾼다(1의 'adored'의 과거형 수동태는 was adored, 2의 'are criticizing'의 현재진행형 수동태는 is being criticized). 3. by를 적은 다음 능동태의 주어(1의 She, 2의 many people)를 수동태의 목적어로 바꾸면(by her와 by many people) 위 예문 1,2의 수동태가 만들어진다.

*예문 3도 같은 요령으로 위와 같이 변화시키면서 불필요한 by them을 생략시켰다. 4) *조동사가 있는 문장은 조동사의 수동태로 변화시킨다. (*목적어가 없는 'It does not exist in reality.' 같은 문장은 수동태 불가)

해석 1. 그녀는 그를 흠모했다./그는 그녀의 흠모를 받았다. 2. 많은 사람이 그 정책을 비판하고 있다./그 정책은 많은 사람의 비판을 받고 있다. 3. 작년에 해군병원을 폐원시켰다./해군병원은 작년에 폐원되었다. 4. 그 항공기를 이륙시키지 말았어야 했다./그 항공기는 이륙 되지 말았어야 했다.

🔍 Further Study

1. She has never loved him.
   He <u>has never been loved</u> by her.
2. You will have to pay utility bills.
   Utility bills <u>will have to be paid</u> by you.
3. They trapped him in a cul-de-sac.
   He <u>was trapped</u> in a cul-de-sac.
4. We shouldn't have regarded the country as our ally.
   The country <u>shouldn't have been regarded</u> as our ally.
5. The hospital will readmit the patient.
   The patient <u>will be readmitted</u>.
6. They are containing and controlling the Ebola epidemic.
   The Ebola epidemic <u>is being contained and controlled</u>.

📖 **Guide** 2 *utility[juːtíləti]: (수도, 전기, 가스 같은) 공공시설 *utility bill: 공공(시설사용)요금 3 *cul-de-sac[kʌ́ldəsǽk]: 막다른 골목 5 *readmit[rìːədmít]: 재입원(재입학)시키다 6 *contain[kəntéin]: 억제(방지)하다, 포함하다 *epidemic[èpədémik]: 유행병, 유행성(전염병), (나쁜 것의) 급속한 확산

[해석] (수동) 1. 그는 그녀의 사랑을 받은 적이 없다. 2. 공공요금은 귀하가 지불해야 할 것입니다. 3. 그는 막다른 골목에 갇혔다. 4. 그 나라는 우리의 동맹국으로 간주 되지 말았어야 했다. 5. 그 환자는 재입원 될 것이다. 6. 에볼라 전염병은 억제 및 통제되고 있다.

6 be pp from/to 구조

1. A court order **prohibited** the man **from driving**.
   The man **was prohibited from driving** by a court order.
2. He **was prevented from** manually **deploying** his parachute by his disability.
   His disability **prevented** him **from** manually **deploying** his parachute.
3. His professors **encouraged** him **to stay** on as a graduate student.
   He **was encouraged** by his professors **to stay** on as a graduate student.

1 *be prohibited from: ~가 금지되다 2 *disability[dìsəbíləti]: 신체장애 *manually [mǽnjuəli]: 수동으로 *deploy[diplɔ́i]: 배치하다, 사용하다 3 *stay on: 계속하다(남아있다)

*1의 prohibit, keep, prevent, stop, ban, bar, discourage, preclude, deter, dissuade 등의 동사들은 + A + from -ing 구조를 취하여 'A가 ~를 못하게 하다, 막다, 금지하다, 방해하다, 단념시키다' 등의 뜻을 지니며, 이 구조의 수동태는 A is prohibited(kept, prevented, stopped, banned, barred, discouraged 등) + from -ing 로 변화되며, 'A is prohibited from~'는 'A가 ~를 못하도록 금지되다' 등의 뜻이 된다.

*2의 수동태의 문장을 능동태로 바꾸려면 역순으로 by의 목적어(his disability)를 능동태의 주어로 하고, 시제를 수동태의 시제와 일치시키고(과거형 prevented), 수동태의 주어(he)를 능동태의 목적어 him으로 바꾼 다음, 남은 부분을 그대로 연결시킨다.

*3의 encourage, ask, allow, order, warn, permit, urge, entitle 등 + A + to 부정사 구조('Unit 12 부정사 11 타동사 + 목적어 + to 부정사' 참고)의 수동태는 A is encouraged(asked, allowed, ordered, warned 등) + to 부정사로 변화되며 'A is encouraged/asked to~'는 A가 ~하도록 격려, 권유/요청받다'의 뜻이 된다.

[해석] 1. 법원 명령은 그 남자의 운전을 금지했다./그 남자는 법원 명령에 의해 운전이 금지되었다. 2. 그는 신체장애 때문에 낙하산을 수동으로 펼칠 수 없었다./그의 신체장애는 그가 수동으로 낙하산을 펼칠 수 없게 했다. 3. 그의 교수들은 그가 대학원생으로 남기를 권했다./그는 교수들로부터 대학원생으로 남도록 권유받았다.

🔍 Further Study

1. They <u>were strictly forbidden from entering</u> the park.
2. He <u>is not allowed to drive</u> buses.
3. Drivers <u>are being warned to avoid</u> Highway 1 eastbound.
4. He <u>was barred from leaving</u> the country.
5. Sponsors of single-day events <u>are asked to pay</u> the Park Commission a fee.
6. I <u>was urged to run</u> for the student body president.
7. She <u>was banned from competing</u> in the women's 400m race.
8. The buyer <u>was entitled to withhold</u> payment.
9. I <u>have never been asked</u> by a patient <u>to help</u> them die.

📖 **Guide** 3 *are being warned to: ~하도록 경고를 받고 있다 *eastbound: 동쪽으로 향하는 6 *be urged to: ~하도록 권고(재촉)받다 8 *be entitled to: ~할 자격(권리)이 있다 *withhold[wiðhóuld]: 보류하다

> 해석 1. 그들은 공원에 들어가는 것이 엄격히 금지되었다. 2. 그에게는 버스운전이 허락되지 않는다. 3. 운전자들은 동쪽행 Highway 1을 피하라는 경고를 받고 있다. 4. 그는 출국이 금지되었다. 5. 일일 행사의 스폰서들은 공원위원회에 요금을 지불하도록 요청받는다. 6. 나는 학생회장에 출마하라는 권유를 받았다. 7. 그녀는 여자 400m 경주에서 출전이 금지되었다. 8. 그 구매자는 지불을 보류할 권리가 있었다. 9. 나는 환자로부터 죽도록 도와달라는 요청을 받은 적이 없다.

✅ **get the better of**(~를 이기다, 능가하다)

Her curiosity got the better of her and she peeked inside. (그녀는 호기심에 못 이겨 안을 들여다보았다.)

7 be pp with/of 구조

1. They **supplied** the freezing town **with** gas and heating.
   The freezing town **was supplied with** gas and heating.
2. They **relieved** him **of** his duties as the team's head coach.
   He **was relieve of** his duties as the team's head coach.

1 *freezing[frí:zin]: 얼어붙은, 몹시 추운 *be supplied with: ~를 공급받다 2 *be relieved of: (직위, 책임, 임무 등에서) 해제되다, 벗어나다

*1의 furnish(supply, provide) A with B(A에게 B를 제공, 공급하다), compare A with B(A와 B를 비교하다), substitute A with B(A를 B로 대체하다), share A with B(A를 B와 함께 쓰다), present A with B(A에게 B를 증정하다), confuse A with B(A와 B를 혼동하다), replace A with B(A를 B로 대신, 교체, 대체하다) 등의 수동태는 'A is furnished(provided, supplied, substituted, compared, shared, presented, confused, replaced 등) + with~'로 변화되며, 'A is furnished/ compared with~'는 'A가 ~를 공급받다/~와 비교되다'의 뜻이 된다.

*2의 relieve A of B: A의 B(고통, 부담 등)를 덜어주다, A를 B(직위, 책임, 임무 등에서) 해제하다, rob A of B(A에게서 B를 앗아가다, 박탈하다), clear A of B(A에서 B를 치우다), inform A of B(A에게 B를 알리다), accuse A of B(A를 B 때문에 비난, 고발하다), strip A of B: A로부터 B(재산, 명예 등)를 박탈하다, cure A of B(A의 B를 낫게 하다), remind A of B: A에게 B를 상기시키다, deprive A of B: A로 부터 B를 빼앗다, 박탈하다, convince A of B: A에게 B를 납득, 확신시키다, assure A of B: A에게 B를 장담, 확약하다, notify A of B: A에게 B를 알리다, rid A of B: A에게서 B를 제거하다 등의 구조의 수동태는⇨ A is relieved (robbed, cleared, informed, accused, stripped, cured, reminded, deprived, convinced, notified, advised 등) + of B의 구조를 취하여, 'A is relieved/ robbed of~'는 'A가 ~(근심, 부담 등)에서 벗어나다, ~에서 해직되다/~를 강탈당하다'의 뜻이 된다.

[해석] 1. 그들은 얼어붙은 그 도시에 가스와 난방을 공급했다./얼어붙은 그 도시는 가스와 난방을 공급받았다. 2. 그들은 그를 그 팀의 헤드 코치직에서 물러나게 했다./그는 그 팀의 헤드 코치직에서 물러났다.

🔍 Further Study

1. A slave was considered by law as property and <u>was deprived of</u> most of the rights ordinarily held by free persons.
2. Our refineries <u>are supplied with</u> crude oil by the pipeline system.
3. The hostile language toward immigration <u>was substituted with</u> a tribute to the role of new immigrants.
4. He <u>was assured of</u> at least a bronze medal.
5. The roads <u>are cleared of</u> snow.
6. The giant neon sign <u>was replaced with</u> an LED sign.

📙 **Guide** 1 *property[prάpərti]: 재산 *be deprived of: ~를 빼앗기다, 박탈당하다 *ordinarily [ɔ́ːrdənɛ́ərəli]: 보통, 대개, 정상적으로 2 *refinery[rifáinəri]: 정유(정제, 제련)소 *crude oil: 원유 3 *hostile[hάstl]: 적의가 있는, 반감을 가진 *be substituted with~: ~로 대체되다 *a tribute to: ~에 대한 찬사 4 *be assured of: ~를 확신하다 5 *be cleared of:~가 제거되다 6 *be replaced with: ~로 교체되다

> 해석 1. 노예는 법으로 재산으로 간주 되었으며, 자유인들이 일반적으로 가지던 대부분의 권리를 박탈당했다. 2. 우리의 정유소들은 그 파이프라인 시스템을 통해 원유를 공급받는다. 3. 이민에 대한 적대적인 언어는 새로운 이민자의 역할에 대한 찬사로 대체되었다. 4. 그는 적어도 동메달 하나는 확신했다. 5. 도로에 눈이 제거되었다. 6. 거대한 네온사인이 LED 사인으로 교체되었다.

✅ take it on the chin

권투에서 '그의 턱을 쳤다.'는 'I punched him on the chin.'으로 표현하며, upppercut이나 straight punch를 턱에 맞고도 쓰러지지 않고 참아야 했던 상대편 boxer는 'I took a punch on the chin.' (턱에 한 방 맞았지.) 라고 말할 수 있다. 권투에서 유래한 take it on the chin은 '(신체적 정신적 어려움, 고통을) 감내하다, 참다'는 뜻이다. 예 He has/lacks the ability to take it on the chin. (그는 참을 수 있는 능력이 있다/부족하다.)

8 be pp 전치사 to/for 구조

1. They **introduced** the bill **to** the House of Commons.
   The bill **was introduced to** the House of Commons.
2. People **blame** them **for** the destruction of the cultural heritage.
   They **are blamed for** the destruction of the cultural heritage.

1 *House of Commons: 하원 2 *cultural heritage: 문화유산

1의 introduce A to B(A를 B에게 소개하다), suggest A to B(A를 B에게 제안하다), add A to B(A를 B에 더하다), attribute A to B(A를 B의 탓/덕분으로 돌리다) 등의 수동태는 A is introduced(suggested, added, attributed 등) + to B로 변화되며, 'A is introduced/suggested to B'는 'A가 B에게 소개/제안되다'의 뜻이 된다.

2의 blame A for B: A를 B 때문에 나무라다, exchange A for B: A를 B와 교환하다, thank A for B: A에게 B에 대해 감사하다, mistake A for B: A를 B로 착각하다, compensate A for B: A에게 B에 대해서 보상하다, punish A for B: A를 B 때문에 벌주다, criticize A for B: A를 B 때문에 비난하다, substitute A for B: A를 B대신 쓰다(*substitute A with B: 'A를 B로 대체하다'와 혼동하지 말 것) 등의 수동태는 A is blamed(exchanged, thanked, mistaken, compensated, punished, criticized, substituted 등) + for B로 변화되며, 'A is blamed/exchanged for B'는 'A가 B 때문에 비난받다/B와 교환되다'의 뜻이 된다.

해석 1. 그들은 그 법안을 하원에 제출했다. 그 법안은 하원에 제출되었다. 2. 사람들은 그들을 문화유산 파괴로 비난한다. 그들은 문화유산의 파괴에 대한 비난을 받는다.

Further Study

1. Witnesses <u>were compensated for</u> testifying in court proceedings.
2. My broken phone <u>was exchanged for</u> a new one.
3. Garlic powder can <u>be substituted for</u> fresh garlic.
4. His death <u>was attributed to</u> hypothermia.
5. The high school wrestler <u>was mistaken for</u> a college senior.
6. He <u>was criticized for</u> staging self-aggrandizing press conferences.
7. It <u>was explained to her</u> that her father had procured a pair of tickets.

Guide 1 *witness[wítnis]: 목격자, 증인 *be compensated for: ~에 대한 보상을 받다 *proceeding[prəsí:diŋ]: (소송) 절차, 소송, 진행 2 *be exchanged for: ~로 교환되다 3 *garlic[gɑ́:rlik]: 마늘 *be substituted for~: ~대신 사용되다 *3의 능동태는 'You can substitute garlic powder for fresh garlic.' 4 *be attributed to: ~에 기인하다 *hypothermia[hàipəθə́:rmiə]: 저체온 5 *be mistaken for: ~로 오인(착각)되다 *college senior: 대학 4학년, 졸업반 6 *stage: (행사 등) 개최(준비, 계획)하다 *aggrandize[əgrǽndaiz]: ~를 증대(확대, 과장)하다 7 *procure [proukjúər]: 손에 넣다, 구하다

> 해석 1. 증인들은 법정소송에서 증언한 것에 대해 보상을 받았다. 2. 나의 고장 난 전화기는 새것으로 교환되었다. 3. 마늘가루를 신선한 마늘 대신 사용해도 된다. 4. 그의 죽음은 저체온증으로 인한 것이었다. 5. 그 고등학생 레슬러는 대학졸업반으로 오인되었다. 6. 그는 자기 과장된 기자 회견을 준비했다는 비판을 받았다. 7. 그녀의 아버지가 티켓 두 장을 구했다고 그녀에게 설명되어 졌다.

serve bread with oliver oil & sorry for butter

많은 사람이 건강상 버터 대신에 올리브유를 사용하는 사실을 전제로 하고 다음과 같이 암기하자. substitute butter with oliver oil(버터를 올리브유로 대체하다)은 'serve(= substitute) bread(= butter) with oliver oil'(올리브유와 함께 빵을 서브하다)로 기억하고, substitute oliver oil for butter(올리브유를 버터 대신 쓰다)는 'sorry(s: substitute, o: oliver oil) for butter'로 익히면 헷갈리지 않는다.

9 be pp on/as 구조

---

1. Harvard University **conferred** an honorary doctorate **on** him.
   An honorary doctorate **was conferred on** him **by** Harvard University.
2. They **adopted** the regulatory system **as** part of the Clean Air Act.
   The regulatory system **was adopted as** part of the Clean Air Act.

1 *doctorate[dɑ́:ktərət]: 박사학위 2 *regulatory[régjulətɔ̀:ri] 규제의, 단속의 *as part of: ~의 일환으로 *Clean Air Act: 대기오염방지법

---

*1의 confer/bestow A on B: A를 B에게 수여(부여)하다, inflict A on B: (괴로움 등) A를 B에게 가하다(안기다), impose A on B: (새로운 법률, 세금, 의견 등) A를 B에 부과(도입, 시행, 강요)하다 등은 'A is conferred(bestowed, inflicted, imposed 등)+on B'로 변화되며 'A is conferred/inflicted on B'는 'A가 B에게 수여되다/가해지다'의 뜻이 된다.

*2의 adopt A as B: A를 B로 채택(선택)하다, regard(consider, think of, look upon) A as B: A를 B로 여기다, 간주하다, dismiss A as B: A를 B로 묵살(일축, 기각)하다, value A as B: A를 B로서 소중하게 생각하다(여기다), use A as B: A를 B로 사용하다 등의 수동태는 A is adopted(regarded, considered, thought of, looked upon, used 등)+as B로 변화되며, 'A is adopted/regarded as B'는 'A가 B로 채택되다/간주되다'의 뜻이 된다.

해석 1. Harvard대학은 그에게 명예박사학위를 수여했다./명예박사학위가 Harvard 대학에서 그에게 수여되었다. 2. 그들은 그 규제시스템을 대기오염방지법의 일환으로 채택했다./그 규제시스템은 대기오염방지법의 일환으로 채택되었다.

Further Study

1. Violence <u>was often inflicted on</u> the vulnerable.
2. Duty <u>was imposed on</u> imported dairy products.
3. The Medal of Honor is the highest military honor that can <u>be bestowed upon</u> any American.
4. Relevant experience in an organization <u>is considered as</u> an asset.
5. The association's bankruptcy petition <u>was dismissed as</u> filed in bad faith.

Guide 1 *be inflicted on:~에게 가해지다 *vulnerable[vʌ́lnərəbl]: 취약한, 연약한 *the vulnerable: 약자들 3 *Medal of Honor: 명예훈장 4 *be considered as~: ~로 여겨지다 5 *association[əsòusiéiʃən]: 협회 *be dismissed as~: ~로 묵살(기각, 무시) 되다 *in bad faith: 악의로, 정직하지 못하게

해석 1. 폭력은 종종 취약한 사람들에게 가해졌다. 2. 수입 유제품에 관세가 부과되었다. 3. 명예 훈장은 모든 미국인에게 수여될 수 있는 최고의 군의 명예이다. 4. 한 조직에서의 관련된 경험은 자산으로 간주된다. 5. 그 협회의 파산 신청은 불성실하게 제기된 것으로 기각되었다.

⊘ You can't have your cake and eat it (too).

맛있고 예쁜 케이크는 먹고도, 두고도 싶지만 두 가지를 다 선택할 수는 없다. 위 표현은 하나의 득을 위해서는 다른 득을 포기해야 한다는 뜻이다. 예 You want the government to do a lot of things for you and your family without raising taxes, but you can't have your cake and eat it too. (여러분들은 정부가 세금을 올리지 않고 여러분들과 가족들을 위해 많은 것을 하기를 원하지만, 두 가지를 다 취할 수는 없습니다.)

10 사역/지각동사의 수동태

1. She **had her hair dyed** auburn.
2. You should **get your car checked** on a regular basis.
3. I **got my wallet stolen**.
4. The boys **were made to** learn the poem by heart.
5. They **saw** the burst **last** for 10 seconds.
   The burst **was seen to** last for 10 seconds.
6. People **saw** him **dragging** his dog.
   He **was seen dragging** his dog.
7. You may **hear the condition called** consumption.

1 *auburn[ɔ́:bərn]: 적갈색 2 *on a regular basis: 정기적으로(= regularly) 5 *burst[bə:rst]: 폭발, 파열 7 *condition: 병, 질환 *consumption[kənsʌ́mpʃən]: (구식) 폐결핵(= tuberculosis), 소비, 소모

*have/get + o + pp는 'o가 ~되게 하다, o를 ~당하다'의 뜻으로, 예문 1은 미용사에게 시켜 자신의 머리가 적갈색으로 염색되게 했다는 뜻이며, auburn 다음에 by a hairdresser가 생략된 표현이다. 2는 (정비공에게 부탁하여) 차가 정기적으로 점검되게 해야, 즉 차를 정기적으로 점검시켜야 한다는 뜻이며, 예문 3은 지갑을 도난당했다는 뜻이고, 4의 be made to(~하도록 강요당하다)는 사역동사 make의 수동태이다.

*지각동사 + o + 동사원형의 수동태는 be pp + to 부정사(예문5), 지각동사 + o + -ing의 수동태는 be pp -ing 이다(예문 6).

*7의 지각동사 + o + ~pp는 'o가 ~되는 것을 ~하다'는 뜻의 수동구조로서 'hear the condition called consumption'은 '그 병이 consumption으로 불리는 것을 듣다'는 뜻이다.

[해석] 4. 소년들은 그 시를 암기하도록 강요당했다. 5. 그들은 폭발이 10초 동안 지속되는 것을 보았다./폭발이 10초 동안 지속 되는 것이 보였다. 6. 사람들은 그가 자신의 개를 끌고 가는 것을 보았다./그가 자신을 개를 끌고 가는 모습이 보였다. 7. 그 병이 consumption으로 불리는 것을 들을 수 있다.

🔍 Further Study

1. You'll have to <u>get your cell phone fixed</u> right away.
2. He <u>had his father cremated</u>.
3. I was born left-handed, but I <u>was made to use</u> my other hand.
4. "Stop," <u>he was heard shouting</u>, as he blocked the bus from moving.
5. He <u>was seen to enter</u> the house.
6. Several teens <u>were seen entering</u> the storm water drain.
7. He <u>was heard to shout</u> "I can't swim."
8. He sprang to his feet when he <u>heard his name called</u>.

📖 **Guide** 8 *spring to one's feet: 벌떡 일어나다

> [해석] 1. 너의 휴대폰을 즉시 수리시켜야 한다. 2. 그는 아버지를 화장시켰다. 3. 나는 왼손잡이로 태어났지만 다른 손을 사용해야 했다. 4. "멈춰요."하고 버스가 출발하지 못하게 막으면서 외치는 그의 목소리가 들렸다. 5. 그가 집에 들어가는 것이 보였다. 6. 몇 명의 십대 청소년들이 폭우배수구 속으로 들어가는 모습이 보였다. 7. "수영을 못해요." 하고 외치는 그의 목소리가 들렸다. 8. 그는 자신의 이름을 부르는 소리를 듣고 벌떡 일어났다.

✅ more holes than Swiss cheese

스위스 치즈 하면 구멍이 숭숭 뚫린 노르스름한 치즈가 연상된다. 이 치즈는 스위스의 에멘탈 지방에서 난다고 하여 에멘탈 치즈(Emmental cheese)라고도 하는데, 어떤 논쟁이나 이야기 등에서 이 치즈처럼 많은 구멍이 발견되면 그것은 '불완전하거나 많은 결점이나 흠을 가지고 있는'을 뜻한다. 예 There were more holes in that plan than in a piece of Swiss cheese. (그 계획은 스위스 치즈 조각보다 많은 구멍이 있었다. 즉 계획에 결함이 많았다는 뜻이다.)

Unit

04

조동사

조동사

    조동사(can, could, will, shall, should, would, may, might, must, have to, had better, ought to, used to 등)는 동사 앞에 놓여 그 동사의 의미를 도우며, 조동사 다음의 본동사는 동사원형을 취한다. 조동사의 부정은 다음에 not을 사용하여 조동사 + not + 동사원형이 되지만(should not, must not 등), have to, used to, ought to 등은 don't have to, didn't use to, ought not to + 동사원형으로 변화된다.

    참고로 조동사는 영어로 primary auxiliary verbs, modal auxiliary verbs, semi(또는 quasi)-modal auxiliary verbs로 나누어지는데 primary auxiliaries인 be와 have, do는 조동사로도 쓰이며, have와 do는 일반동사로도 쓰인다. 예를 들어 be동사는 '~이다, 있다'는 뜻으로 쓰이지만(예 He **is** my friend.), 다음에 현재분사가 오면 그 현재분사를 돕는 조동사가 되어 진행형을 만들고(예 She **is** cooking.), 과거분사가 따르면 그 과거분사를 도와 수동태를 만든다(예 He **was** respected.). have 동사는 '가지다'는 뜻일 때는 일반동사이지만(예 I **have** an electric car.) 과거분사 앞에서는 그 과거분사를 도와 완료시제를 만든다(예 I **have** finished the work.). 이와 같이 be, have가 조동사로 쓰일 때는 다른 조동사들과는 달리 동사원형이 아닌 현재분사나 과거분사가 따른다(do는 다음 페이지 참고).

    '조동사'라면 일반적으로 modal auxiliaries(shall, should, can, could, will, would, may, must, might)를 말하며 이들 다음에는 바로 동사원형이 따르지만, have to, ought to, used to의 have, ought, used는 to + 동사원형이 따르기 때문에 이들을 'semi(quasi)-modal auxiliaries'라는 이름을 붙여 따로 분류도 하지만, 이런 용어들이 학습자들을 질리게 하므로 have to, ought to, used to, had better도 modal auxiliaries와 함께 하나의 조동사(auxiliary verb)로 취급하고 다음에는 동사원형이 오는 것으로 익히면 된다.

*성질이 좀 괴팍하여 다루기 힘든 dare, need는 일반동사, 조동사로 함께 쓰이므로 이들도 quasi-modal auxiliaries로 분류하기도 한다. 예를 들어 긍정문 'She **dares to** defy him.'(그녀는 감히 그를 거역한다.)에서 dare는 일반동사로서

주어가 3인칭 단수라 뒤에 s가 붙고 to 부정사가 따르지만, 'She **dare not** say more.'(그녀는 감히 말을 더 못한다.) 또는 'How **dare** he lie to me?'(그가 어떻게 감히 나에게 거짓말을 하느냐?)와 같은 부정, 의문문에서는 조동사 취급을 받아 뒤에 s가 안 붙고 dare 다음에는 동사원형(say, lie)이 온다.

*need는 "5 need" 참고.

 ## do

---

1. The account **does not charge** overdraft fees.
2. **Did she get** a high score on the test?
3. **What did** the Olympic medalist **do** there?
4. Leadership requires as much courage as it **does** insight.
5. He **does** comb his hair in a very creative way.

1 *overdraft[óuvərdræft]: 초과인출, 당좌대월 4 *insight[ínsàit]: 통찰력
5 *creative[kriéitiv]:창의(창조, 독창)적인

---

*do가 조동사로 쓰이면 일반 동사의 부정, 의문문을 만든다. 부정은 do/does/did not + 동사원형이 오며, 주어가 3인칭 단수 현재는 does(예문 1), 3인칭 복수와 1,2인칭의 현재는 do, 모든 과거는 did를 사용한다. 의문문은 do/does/did + 주어 + 동사원형(예문2), 의문사 + do/does/did + 주어 + 동사원형(3)의 구조를 이룬다.

*3의 첫 번째 did는 의문문을 만들기 위해 쓰인 조동사, 두 번째 do는 '하다'는 뜻의 본동사이다. 4의 does는 동사(requires)의 반복을 피하기 위한 대동사로 쓰였으며, 5의 does는 강하게 발음하여 뒤따르는 동사 comb을 강조한다.

해석 1. 그 계좌는 초과인출수수료를 부과하지 않는다. 2. 그녀는 시험에서 높은 점수를 받았습니까? 3. 그 올림픽 메달리스트는 거기서 무엇을 했습니까? 4. 지도력은 통찰력만큼이나 많은 용기를 필요로 한다. 5. 그는 머리를 매우 창의적인 방법으로 빗는다.

🔍 Further Study

1. How <u>did</u> the solar system form?
2. How <u>do</u> whales and dolphins sleep without drowning?
3. I <u>don't</u> remember ever meeting him, but those who <u>did</u> had only good things to say about the man.
4. When it rains as much as it <u>does</u> in Scotland, people spend a lot of time indoors.
5. I must confess that I love him better than I <u>do</u> Cedric.
6. I <u>did try</u> to feed the hungry.

📖 **Guide** 1 *form[fɔːrm]: 형성되다 3 did: met 4 does: rains

해석 1. 태양계는 어떻게 형성되었습니까? 2. 고래와 돌고래는 어떻게 익사하지 않고 잠을 자나요? 3. 나는 그를 만난 기억은 없지만, 그를 만났던 사람들은 그에 대해 좋은 말만 했다. 4. 스코틀랜드 만큼 비가 많이 오면 사람들은 실내에서 많은 시간을 보낸다. 5. 나는 Cedric보다 그를 더 사랑한다고 고백해야겠습니다. 6. 나는 배고픈 자들을 먹이려고 정말로 노력했습니다.

✅ vote with your feet

마음에 안 드는 곳은 걸어 나가버리는 행동으로 불만을 표시하는 경우가 있다. 위 표현은 '(단체, 조직 등의 결정이나 정책 등에 대한 반대표시, 불만 등을 그곳을 떠나거나 불매운동 등의) 행동으로 표시하다'의 뜻이다. 📋 Consumers shocked by rising food prices are voting with their feet and eating less meat. *Consumers <u>shocked by rising food prices</u>의 줄 친 부분은 consumers를 수식(오르는 식품 가격에 충격을 받은 소비자들은 행동으로 불만을 표시하여 고기를 덜 먹는다.)

2 can/could

1. The games that seem the easiest **can** wind up being the toughest.
2. You **can** stay here for up to six months per calendar year.
3. **Can** you give me a hand?
4. We **can't** change the direction of the wind.
5. The entertainment **could** be withdrawn if there is a lack of demand.
6. Maybe we **could** meet for coffee sometime next week?

1 *wind up: (~로) 끝맺다, 결말짓다 2 *up to: ~까지 *calendar year: 역년(1월 1일부터 12월 31일까지의 기간), 만 1년 5 *withdraw[wiðdrɔ́:]: (제공 등을) 취소(철회, 철수)하다, 인출하다 *be withdrawn: 취소되다

*1의 can은 가능(1), 허가(2), 부탁(3), 능력(4) 등을 나타내며, 부정은 cannot이나 can't이다.
*can의 과거 could는 5와 같이 가능(~일 수 있다) 또는 6과 같이 should보다 약한 제안을 나타낼 수 있다.

해석 1. 가장 쉬워 보이는 게임이 가장 힘들게 끝날 수 있다. 2. 1년에 최대 6개월까지 여기에 체류할 수 있습니다. 3. 좀 도와주시겠습니까? 4. 우리는 바람의 방향을 바꿀 수는 없다. 5. 엔터테인먼트는 수요가 부족하면 취소될 수 있습니다. 6. 다음 주 언젠가 만나서 커피 마시는 건 어떨까요?

⊘ **have one's head in the clouds**
구름 속에 파묻힌 머리는 세상을 보지 못하고 엉뚱한 생각을 할 것이다. 위 표현은 '비현실적이다, 엉뚱한 생각을 하다'는 뜻으로 "He had his head in the clouds and lacked confidence."라면 그는 비현실적이고 자신감이 부족했다는 의미다.

1. It <u>can't be</u> easy caring for young children who are not your own.
2. Evola virus in body fluids <u>can</u> survive up to several days at room temperature.
3. Your dreams <u>can</u> reveal your deepest desire.
4. Before the 1800s, when William Young made different shoes for right and left feet, shoes <u>could</u> be worn on either foot.
5. The eruption <u>could</u> happen anytime.
6. We <u>could</u> do some leisure activities together.
7. He <u>can't be trusted</u>.
8. He <u>was able to</u> help her find the house.

📔 **Guide** 2 *fluid[flúːid]: 유체, 액체 *body fluid: 체액 *room temperature: 상온 7 can't be pp는 조동사의 수동태 8 *can의 미래는 will be able to(할 수 있을 것이다), 과거는 could/was able to(할 수 있었다)이지만 '그는 그녀를 도울 수 있었다.'를 'He could help her.'로 말하면 '그가 그녀를 도울 수도 있다/있을 텐데.'의 의미로 전달될 수 있으므로 이런 경우 '도울 수 있었다'는 'He was able to help her.'로 표현하면 의미가 명확해진다. 특정한 과거의 한때에 할 수 있었던 일은 'She was able to do 100 pushups yesterday.'와 같이 was able to를 쓰며, 부정문에서는 'She couldn't/was not able to ~.'와 같이 구분 없이 쓴다. can은 미래의 표현과 함께 쓰이면 미래를 뜻할 수 있다. (예 I can help you with your essay tomorrow afternoon.)

[해석] 1. 자신의 아이가 아닌 어린이들을 돌보는 것이 쉬울 수가 없다. 2. 체액 속의 에볼라바이러스는 상온에서 며칠까지 생존할 수 있다. 3. 꿈은 당신의 가장 깊은 욕망을 드러낼 수 있다. 4. 윌리엄 영이 오른발과 왼발용의 다른 신발을 만들었던 1800년대 이전에는 신발은 양쪽 발에 신을 수 있었다. 5. 화산폭발은 언제든지 일어날 수 있다. 6. 우리가 레저활동을 함께하는 것은 어떨까. 7. 그는 믿을 수 없다. 8. 그는 그녀가 그 집을 찾는 것을 도울 수 있었다.

✔️ **in dire straits**
과거 영국의 록 밴드 Dire Straits 때문에 더 알려지게 된 이 표현은 '곤경에 빠진'의 뜻이다. '몹시 나쁜, 지독한, 불길한' 뜻의 'dire[daiər]'와 'strait'(해협)이 결합된 이 표현은 선원들이 항해하기에 몹시 위험한 지브롤터해협(the Strait of Gibraltar)이나 베링해협(the Bering Strait) 등을 통과할 때는 곤경에 빠진 상태였던 데서 유래되었다. 예 The economy was in dire straits. (경제는 곤경에 처해 있었다.)

3 공손한 부탁에 쓰이는 may/could/would

1. **May I** bring a friend with me to the meeting?
2. **Could you please** recommend the best salad dressing you can buy in a store?
3. **Would you please** elaborate on that a bit more?
4. **Would you mind giving** us a hand?
5. **Would you mind if I recommended** a book?

3 *elaborate[ilǽbərèit] on: ~에 대해 상세히 말하다

1	May/Could I ~?	'제가 ~해도 되겠습니까?' 뜻의 공손한 표현.
2,3	Could/Would you (please) ~?	'~해 주시겠습니까?'의 뜻으로, Can/Will you~? 보다 공손한 부탁이며, 이 경우 May you~?는 쓰지 않는다.
4	Would you mind -ing	'~해주시겠습니까?'의 공손한 부탁.
5	Would you mind if I + 과거동사	'제가 ~해도 되겠습니까?'의 뜻으로, 자신이 할 행동에 대해서 상대방에게 정중하게 허가를 구하는 표현임.

주의 동사 mind는 부정, 의문문에서 '싫어하다, 꺼리다'는 뜻이 있기 때문에 "Would you mind~?"에 대한 답을 "yes"로 하면 싫다는 부정의 답이 되며, 싫어하지(개의치) 않는다는 긍정의 답은 "No, I don't mind."나 "Of course not." 또는 "Certainly not." "Not at all." 등으로 하는 것에 주의해야 한다.

해석 1. 모임에 친구를 데리고 와도 되겠습니까? 2. 가게에서 살 수 있는 최고의 샐러드 드레싱을 추천해 주시겠습니까? 3. 그것에 관해서 좀 더 상세히 설명해주시겠습니까? 4. 우리를 좀 도와주시겠습니까? 5. 제가 책을 한 권 추천해도 될까요?

⊘ **live on borrowed time**
빌린(borrowed) 시간으로 더 살고 있으니 '(죽을 때를 넘기고) 의외로 오래 살다, 여분의 인생을 살다'는 뜻이다. 예 He's living on borrowed time. (그는 의외로 오래 살고 있다.)

🔍 Further Study

1. <u>Would you mind not talking</u> during the movie?
2. <u>Would you mind if I called</u> you back in a minute?
3. <u>Would you mind texting</u> me your mailing address?
4. <u>May I</u> have your attention please?
5. <u>Could you</u> do me a favor?
6. <u>Would you mind if I sit</u> here and wait for you to leave?
7. <u>May I</u> have three?
8. <u>Could you</u> please delete it?

Guide 6* informal 한 표현에서는 would you mind if I 다음에 현재형 동사를 쓰기도 함.

[해석] 1. 영화 보는 동안 말을 하지 말아 주시겠습니까? 2. 잠시 후 다시 전화 드려도 될까요? 3. 주소를 문자로 보내주시겠습니까? 4. 주목해 주시겠습니까? 5. 부탁 하나 들어주시겠습니까? 6. 내가 여기 앉아서 당신이 떠날 때까지 기다려도 될까요? 7. 세 개를 가져도 될까요? 8. 그것을 삭제해 주시겠습니까?

✅ upper hand

도시 공터에서 아이들이 즐기는 야구를 sandlot baseball이라고 하며, 이 야구에서 선수를 먼저 고르는 순서를 정하기 위하여 한쪽 팀의 주장이 야구 방망이의 낮은 쪽을 잡으면 상대편 주장이 바로 그 위를 잡는 것을 서로 번갈아 하여 맨 나중에 윗부분을 잡는 주장이 첫 번째 선수를 고르도록 정한 데서 유래했다는 upper hand는 '우세, 우위, 유리한 상황'의 뜻으로 쓰이게 되었다. 📧 We've gained the upper hand against this virus. (우리는 이 바이러스에 대해 우위를 점하게 되었다.)

4 의무를 뜻하는 **must/have to**

---

1. Test takers **must** arrive by 9 a.m.
2. I **have to** go to school.
3. I **had to** turn the business around quite rapidly.
4. They **will have to** dump contaminated water into the ocean.
5. When do you **have to** wear a face shield?
6. Do you **have to** be a lawyer to be a Supreme Court Justice?
7. You**'ve got to** do it.

3 *turn around: 호전시키다(되다) 6 *Supreme Court Justice: 대법관

---

*must와 have to는 '~해야 한다'는 의무의 뜻으로 함께 쓰이지만, 1인칭에서 must는 자의에 의한 주관적인 결정, 즉 나 자신에게 ~해야 한다고 내리는 내적인 의무(internal obligation)에 쓰고, have to는 남이 만들어 놓은 규정이나 명령 등의 외적인 의무(external obligation)에 쓰이는 미묘한 차이가 있다. 예를 들어 학생이 학교에 가야 하는 것은 자의적이라기보다는 사회가 만들어 놓은 규정에 따르기 위해서이므로 2의 "I have to go to school."이 적절하고, 체중이 늘고 있는 사람이 "헬스장에 가입해야 한다."라면 이것은 자의에 의한 주관적인 결정이므로 "I must join a gym."이 적절하다.

*일상 대화에서는 have to가 많이 쓰이며 must는 정부, 병원, 경찰 등 권위를 가진 사람, 기관 등에서 '~해야 한다'고 통보하는 formal한 영어에서 많이 쓰인다.

*의무를 뜻하는 must/have to의 과거형은 had to(3), 미래형은 will have to(4), 의문문은 예문 5,6과 같이 (의문사) do/does/did + 주어 + have to로 표현할 수 있다. *must는 주어와 동사의 어순을 바꿔 "Must I ~?"(내가 ~해야 합니까?)의 의문문을 만들 수 있지만, 이 경우 예문 5, 6과 같이 "Do I have to ~?" 구조가 보다 일반적으로 쓰인다. 7의 have got to는 have to의 구어체 표현으로 대화에서는 got to, gotta(가라) 등으로 발음된다.

해석 1. 수험자들은 오전 9시까지 도착해야 한다. 2. 학교에 가야 한다. 3. 나는 사업을 급하게 호전시켜야 했다. 4. 그들은 오염수를 바다에 버려야 할 것이다. 5. 언제 얼굴 가리개를 써야 합니까? 6. 대법관이 되려면 변호사가 되어야 합니까? 7. 너는 그것을 해야만 한다.

🔍 Further Study

1. He <u>had to</u> get there early to attach the balloons to the ceiling.
2. Journalists <u>must</u> stand firm.
3. We <u>must not</u> let the dark forces win.
4. You<u>'ve got to</u> be kidding!
5. The professor said, "You <u>must</u> hand in your essay by next Monday," so I <u>have to</u> hand it in by then.
6. You <u>have to</u> be strong to get what you want.
7. We <u>will have to</u> deal with these issues.

📖 **Guide** 2 *stand firm: 꿋꿋이 서다, 완강히 버티다

[해석] 1. 그는 천장에 풍선을 달기 위해 그곳에 일찍 도착해야 했다. 2. 언론인들은 굳게 서야 한다. 3. 우리는 어둠의 세력에 굴복해서는 안 된다. 4. 농담이겠지! 5. 교수님이 "다음 주 월요일까지 에세이를 제출해야 한다."라고 하셔서 나는 그때까지 에세이를 제출해야 한다. 6. 원하는 것을 얻기 위해서는 강해야 한다. 7. 우리는 이 문제들을 다뤄야 할 것이다.

✅ be in it for the long haul

long haul은 화물, 여객 수송과 관련된 표현으로 '장거리(수송), 많은 시간과 노력이 드는 일'의 의미로 쓰이며, 위 표현은 '~를 성취하기 위해 많은 시간과 노력을 들이다'는 뜻이다. 예 In order to learn a language, you need to be in it for the long haul. (한 언어를 배우려면 많은 시간과 노력을 들여야 한다.)

5 need

1. Brian **needs to** rent a two-bedroom apartment.
2. **Does** she **need to** let off some steam?
3. He **need not sit** the examination.
4. You **don't need to** bother memorizing them.
5. You **don't have to** file a tax return.

2 *let off steam: 울분(열기 등)을 발산하다. 3 sit an examination(영): 시험을 보다(sit for/take an examination) 4 *bother -ing: (부정문에서) 일부러 ～하다

*need는 긍정문에서는 일반 동사로서 1과 같이 need(s) to + 동사원형(～할 필요가 있다), 의문문에서는 do/does/did + 주어 + need to(예문 2)의 구조를 취한다.
*need not(～할 필요 없다)에서는 조동사 취급을 받아 3과 같이 need not + 동사원형으로 변화되며, 주어가 he지만 need 뒤에 s가 붙지 않고, need not은 do/does not need to + 동사원형(4)이나 do/does not have to + 동사원형(5)과 같은 뜻이다. (*need not은 영국, don't need to는 북미에서 많이 쓰임.)

해석 1. Brian은 침실이 2개인 아파트를 임대해야 한다. 2. 그녀는 열기를 좀 발산해야 합니까? 3. 그는 그 시험을 볼 필요가 없다. 4. 그것들을 일부러 암기할 필요가 없다. 5. 소득신고서를 제출할 필요가 없다.

Further Study

1. She <u>needs to</u> know about anxiety disorders.
2. Elizabeth <u>need not</u> worry about her appearance.
3. You <u>don't have to</u> be a rocket scientist to learn this new computer system.
4. What do I <u>need to do</u> to make her admire me?
5. What <u>does he need to do</u> to buy it?

Guide 1 *anxiety disorder: 불안장애 3 *don't have to be a rocket scientist to: ～는 하기 쉬운 것이다 *해석은 88페이지 참고

6 should/ought to/had better
조동사의 진행형/who should ... but

1. You **should** move your child from a crib to a bed now.
2. You **ought to** make some changes in your marketing strategy.
3. The rain **should** end by Saturday, meteorologist Guy said.
4. This cake **ought to** be enough for ten people.
5. Children **shouldn't** watch cage fighting.
6. Dentists **ought not to** perform plastic surgery.
7. You'**d better** shop around for the best price.
8. You'**d better not** call her again.
9. You **shouldn't be hanging** out with them.
10. **Who should** I see, looking straight at me with a little smile, **but** Lauren!

1 *crib[krib] 유아용 침대 6 *plastic surgery: 성형수술 7 *shop around: (가격 등을 비교하기 위해) 가게를 돌아다니다 9 *hang out with: ~와 시간을 보내다(어울리다) 10 look straight at: ~를 똑바로 쳐다보다

1-4	should, ought to	'~해야 한다, 하는 것이 옳은 일이다'는 뜻으로 의무가 아닌 권유, 충고 등에 쓰이며 should가 ought to보다 일반적이다(1,2). *must나 have to가 의무가 아닌 권유, 충고의 의미로도 쓰일 수 있으며, 의미는 should보다 훨씬 강해진다(예문 1,2를 must나 have to로 바꾸면 강한 권유, 충고가 됨). 3,4의 should/ought to는 추측(~일 것이다)을 나타낸다.
5,6	shouldn't/ ought not to	should와 ought to의 부정표현으로 shouldn't가 일반적으로 쓰인다. (shouldn't: should not의 축약형)
7,8	had better	'~하는 게 낫다'는 뜻으로 하지 않으면 결과가 좋지 않다는 것을 암시하며, should/ought to보다 강한 표현이고, 부정은 had better not + 동사원형이다. you had better는 구어체에서 you'd better로 줄이고 발음은 better로 하는 경우가 많다.
9	조동사(not) + be -ing	조동사의 진행형은 조동사 + (not) be + -ing이다.
10	Who/What should ~but	Who(What) should ~ but은 특정한 사람(사물)을 보고 놀라는 것을 강조하는 표현으로 '~한 사람(것)은 다름 아닌 ~이(었)다'의 뜻이다.

1. 아이를 이제 유아용 침대에서 침대로 옮겨야 한다. 2. 마케팅전략을 약간 변경해야 한다. 3. 토요일까지 비가 멈출 것이라고 기상학자 Guy가 말했다. 4. 이 케이크는 열 명이 충분히 먹을 수 있을 것이다. 5. 어린이들은 케이지 격투기를 보아서는 안 된다. 6. 치과 의사가 성형수술을 해서는 안 된다. 7. 최고의 가격을 위해 여러 가게를 둘러보는 것이 낫다. 8. 그녀에게 다시 전화하지 않는 게 나을 거야. 9. 그들과 어울려서는 안 된다. 10. 엷은 미소를 지으며 나를 똑바로 쳐다보는 사람은 다름 아닌 로렌이었다!

🔍 Further Study

1. You <u>shouldn't</u> use this detergent to wash your dog.
2. <u>You'd better not</u> fool around.
3. Cities of the future <u>should</u> be self-sustaining.
4. If the goods <u>should</u> arrive in a damaged condition, please inform us at once.
5. Many people are losing their time to meetings or planning when they <u>should be doing</u> actual work.
6. A section <u>ought to</u> be added detailing the basic hospital information.
7. There came another knocks at the door, and <u>who should</u> enter the room <u>but</u> William.
8. You <u>ought not to</u> be persuaded by them.

💼 **Guide** 2 *fool around: 시간을 낭비하다, 바보짓을 하다 3 *should: ~하여야 한다 *self-sustaining: 자립하는, 자급자족의 4 *goods[gudz]: 상품, 제품 *should: 조건절에서 가정(만약에 ~)

---

1. 이 세제는 개를 씻을 때 사용해서는 안 된다. 2. 시간을 낭비하지 않는 게 좋을 거다. 3. 미래의 도시는 자급자족해야 한다. 4. 상품이 파손상태로 도착하면 즉시 알려주십시오. 5. 많은 사람은 실제 업무를 수행해야 하는 시간을 미팅과 계획에 낭비하고 있다. 6. 기본 병원 정보를 자세히 설명하는 섹션이 추가되어야 한다. 7. 다시 문을 두드리는 소리가 들렸고, 방 안으로 들어온 사람은 다름 아닌 윌리엄이었다. 8. 그들에게 설득당해서는 안된다.

86페이지 해석)

1. 그녀는 불안장애에 대해서 알아야 한다. 2. 엘리자베스는 외모에 대해서 걱정할 필요가 없다. 3. 이 새로운 컴퓨터시스템은 배우기가 쉽다. 4. 그녀가 나를 존경하게 만들려면 어떻게 해야 하나요? 5. 그는 그것을 사기 위해 무엇을 해야 합니까?

7 추측을 나타내는 must/may/might/could

1. He **must** be embarrassed to be seen yelling at a girl.
2. If he can't answer the simple question, it **must** mean he is stupid.
3. The plane **may** be delayed by fog.
4. Has it occurred to you that you **might be doing** something wrong?
5. Forecasters said five to eight inches of rain **could** fall by tonight.
6. I **might not** be cut out for fatherhood.

1 *to be seen yelling: to 부정사의 수동태로 '고함치는 모습을 보이다'는 뜻 2 *mean 다음 that이 생략 4 *occur to~: ~의 머리에 떠오르다 5 *forecaster[fɔ́rkæstər]: 기상통보관 6 *be cut out for: ~에 적임이다, 적합하다 *fatherhood[fɑ́ːðərhùd]: 아버지임, 부성

*must는 '~임에 틀림없다'는 강한 추측의 뜻이 있으며, *may/might/could 는 must보다 약한 추측으로 '~일 수도 있다, 일지도 모른다'는 뜻이며, 4번은 진행, 6번은 부정형이다.

해석 1. 그는 한 소녀에게 고함치는 모습을 보여 당황한 것이 분명하다. 2. 단순한 그 질문에 답할 수 없으면 그가 어리석은 것이 분명하다. 3. 비행기가 안개로 인해 지연될 수 있다. 4. 당신이 뭔가 잘못하고 있을지도 모른다는 생각이 든 적이 있습니까? 5. 기상통보관들은 오늘 밤까지 5~8인치의 비가 내릴 수 있다고 말했다. 6. 나는 아버지가 되기에 적합하지 않을 수도 있다.

Further Study

1. She's not here. She <u>must be studying</u> at home.
2. Squid <u>may</u> live several years longer than octopuses.
3. Standing more <u>could</u> lower risk for obesity, illness and death.
4. Culinary students under age 21 <u>might</u> soon be allowed to taste alcohol, but not swallow.

Guide 2 *squid[skwid]: 오징어(들) *octopus[ɑ́ktəpəs]:문어 4 *might be allowed to~: ~하는 것이 허가될 수 있다 *culinary[kʌ́lɪneri]: 요리(음식)의

[해석] 1. 그녀는 여기에 없다. 집에서 공부하고 있는 것이 분명하다. 2. 오징어는 문어보다 몇 년 더 살 수 있다. 3. 더 오래 서 있는 것은 비만, 질병 및 사망의 위험을 낮출 수 있다. 4. 21세 미만의 요리 학생들은 곧 술을 맛보도록 허락받을 수도 있지만 삼킬 수는 없다.

---

knock on wood

서양에는 나무를 두드리면 재앙을 막는다는 미신이 있다. 이 미신의 유래에는 여러 가지 설이 있는데, 그중 흥미로운 것은 옛날 사람들은 나무에는 인간에게 재앙을 주는 악령이 존재한다고 믿었는데, 이 악령은 사람들이 좋은 이야기를 전하는 것을 들을 때마다 나타나서 일을 망치곤 했기 때문에 그 이후 사람들은 좋은 소식을 전할 때는 나무를 두드려 악령이 듣지 못하게 했다고 한다.

이와 상반되는 또 한 가지 설은 나무에는 인간에게 이로운 요정들이 살기 때문에 재앙이 닥칠 때마다 나무를 두드려 그 요정을 불러내 도움을 청했다는 것. knock on wood는 touch wood로도 표현하는데 이는 옛날의 십자가들이 나무로 만들어졌기 때문에 나무를 만지면 행운을 가져다준다는 데서 유래했다고 한다.

이런 재미난 이야기들을 담고 있는 knock on wood는 주위의 나무로 된 물건을 두드려 '행운을 빌다, 부정 타지 않기를 빌다'는 뜻으로 쓰이게 되었다. 예 He knocked on wood to prevent bad things from happening. (그는 재앙을 막기 위해 나무를 두드렸다.)

8 must/may/might have + pp

1. Firefighting foam used to extinguish a fire **may have polluted** the water.
2. They **might have been** exposed to measles.
3. He **must have been** well aware of this possible outcome.
4. He **must not have been** in his right mind.
5. The passengers **must have been wearing** their seat belts.
6. He **must have been brainwashed**.

1 used to extinguish a fire는 firefighting foam을 수식 3 *be aware of: ~를 알다
4 *be not in one's right mind: 제정신이 아닌 6 *brainwash[bréɪnwɑːʃ]: ~를 세뇌하다

예문 1,2	may/might have pp	'~ 했을(이었을) 수도 있다'는 과거 사실에 대한 추측
3-6	must have pp	'~ 했었음에(이었음에) 틀림없다'는 뜻의 과거사실에 대한 강한 추측이며(3), 부정은 must not have pp(4), 진행은 must have been -ing(5) 이며, 6의 must have been pp는 '~되었음에 틀림없다'는 뜻의 수동태이다.

해석 1. 화재진압용 소방거품이 물을 오염시켰을 수도 있다. 2. 그들은 홍역에 노출되었을 수 있다. 3. 그는 이 가능한 결과를 잘 알고 있었던 것이 분명하다. 4. 그는 제정신이 아니었던 것이 분명하다. 5. 승객들은 안전벨트를 착용하고 있었던 것이 분명하다. 6. 그는 세뇌되었던 것이 틀림없다.

⊘**square off**
'싸울 자세를 취하다, 싸우다'는 뜻이다. 권투의 boxing ring은 정사각형(square) 모양이며, 공이 울리면 선수들이 square 모양의 링 코너에서 떨어져(off) 나와 싸울 자세를 취하는 모습을 상상하면 된다. 예 Tyson squared off against Lennox Lewis. (타이슨은 레녹스 루이스와 싸웠다.)

Further Study

1. He <u>must have left</u> his wallet at home.
2. He <u>might have taken</u> too much sleeping pills without knowing it.
3. Horse meat <u>may have been served</u> to thousands of people.
4. I <u>must have been drowsing</u>.
5. His lengthy absence from work fuelled rumours that he <u>might have been sacked</u>.

Guide 2 *pill: 알약, 정제 4 drowse[drauz]: 꾸벅꾸벅 졸다 5 *lengthy[léŋkθi]: 오랜, 긴 *might have been sacked: 해고되었을지도 모른다 *sack[sæk]: 해고(하다), 자루

해석 1. 그는 지갑을 집에 두고 온 게 틀림없다. 2. 그는 자신도 모르게 수면제를 과다 복용했을 수 있다. 3 말고기가 수천 명의 사람들에게 제공되었을 수도 있다. 4. 내가 졸고 있었던 것이 틀림없다. 5. 그의 장기간 결근은 그가 해고되었을지도 모른다는 소문을 부채질했다.

---

put one's foot in one's mouth

발을 입안에 집어넣는 이상한 행동이 왜 '실언하다'는 뜻이 되었는지 연관성을 찾기가 힘들지만, 위 표현은 '(남을 당황 시키거나 화나게 하는) 실언을 하다'는 뜻으로 쓰인다. 예 He is frequently putting his foot in his mouth. (그는 종종 실언을 한다.) 사실과 다르지만, 옛날에 한 신하가 왕의 발이 평발(flat feet: feet은 foot의 복수)이라고 실언하는 것을 왕이 알아듣고 노발 하여 "Put your foot in your mouth!"라고 호통친 데서 유래했다고 기억하자.

9 should/ought to/need not/could+have pp

1. They **should have known** better than to underestimate him.
2. They **ought to have stopped** at the stop sign.
3. We **shouldn't have bowed** to their demands.
4. The former chairman **need not have resigned**.
5. He **could have done** it on purpose.
6. They **could have escaped**, but they chose to stand and fight.
7. Framers of Constitution **couldn't have known** how guns would evolve.

1 *know better than to: ~할 정도로 어리석지 않다 *underestimate[ʌndəréstimeit]: ~를 과소평가하다, 얕잡아보다 3 *bow to ~: ~를 (마지못해) 받아들이다, 인정하다 5 *on purpose: 고의로 7 *framer[fréimər]: 입안자, 액자틀 세공인 *Constitution [kὰnstətjúːʃən]: 미국 헌법(1789년 시행)

예문 1-3	should/ought to have pp	'~했어야 했다'는 뜻의 과거에 일어나지 않은 일에 대한 유감을 나타내며 부정문은 shouldn't/ought not to have pp이다(should have pp가 더 많이 쓰임).
4	need not have pp	'~할 필요 없었는데 했다'는 뜻으로, 여기서 need는 조동사이므로 주어가 3인칭 단수지만 -s가 붙지 않는 데 유의한다.
5,6	could have pp	'~했을 수도 있다'는 뜻의 과거의 불확실한 추측(= may/might have pp) 또는 '~할(일) 수도 있었을 텐데(6)'는 가정법의 뜻으로 쓰인다.
7	couldn't/can't have pp	과거의 일에 대한 부정추측(~했을 리가 없다)의 뜻이며, 일부 사람들은 과거에 can't를 쓰지 않는 경향이 있다.

1. 그들은 그를 과소평가할 정도로 어리석지 말았어야 했다. 2. 그들은 정지 신호에서 멈추었어야 했다. 3. 우리는 그들의 요구에 굴복하지 말았어야 했다. 4. 전 의장은 사임할 필요가 없었는데 하였다. 5. 그는 고의로 그랬을 수도 있다. 6. 그들은 달아날 수도 있었지만 맞서 싸우기로 했다. 7. 미국 헌법 입안자들은 총기가 어떻게 진화할지 알았을 리가 없다.

1. The 9/11 Attacks <u>could have been</u> prevented.
2. He <u>couldn't have moved</u> the piano by himself.
3. Somebody <u>ought to have told</u> him that the paint on that seat was wet.
4. Heather <u>need not have answered</u> the question, but she did.
5. We <u>should have been concentrating</u> on our defense.
6. You <u>ought not to have done</u> that.
7. She donated $100 to charity yesterday. She <u>need not have done</u> that, but she wanted to.
8. I <u>couldn't have finished</u> the work without your help.
9. He ate two hamburgers, so he <u>couldn't have been</u> hungry.
10. The train left on schedule, so it <u>should have arrived</u> there by now.

📖 **Guide** 5 *concentrate on: ~에 집중하다 8 *couldn't have pp는 '~할 수 없었을 것이다' 뜻의 가정법 과거완료의 귀결절이 될 수 있다. ('Unit 20, 2 가정법 과거완료' 참조) 10 *should have pp는 과거에 일어난 일에 대한 추측으로 '(예정대로라면) ~했을 것이다'는 의미로도 쓰이기 때문에 문맥에서 잘 판단해야 한다.

해석 1. 9/11 공격은 예방될 수도 있었다. 2. 그가 혼자서 피아노를 옮겼을 리가 없다. 3. 누군가가 그 좌석의 페인트가 마르지 않았다고 그에게 말했어야 했다. 4. 헤더는 그 질문에 답할 필요가 없었지만 했다. 5. 우리는 방어에 집중하고 있었어야 했다. 6. 너는 그러지 말았어야 했다. 7. 그녀는 어제 자선 단체에 100달러를 기부했다. 그녀는 그럴 필요는 없었지만 그러고 싶었다. 8. 당신의 도움이 없었더라면 그 일을 끝낼 수 없었을 것입니다. 9. 그는 햄버거를 두 개 먹어서 배가 고팠을 리가 없다. 10. 기차가 예정대로 출발했으니 지금쯤 거기에 도착했을 것이다.

✅ **We'll cross that bridge when we come to it.**
다리에 도착하려면 시간이 많이 남았는데도 미리부터 건널 수 있을지 걱정되어 안절부절 못하는 사람에게 위와 같이 말하면 '그때 가면 해결하자, 미리 걱정하지 마라'는 뜻으로 어떤 일이 닥치기도 전에 미리 걱정하는 사람에게 쓸 수 있는 표현이다.

10 used to/be used(accustomed) to

1. She **used to** lead tours at a sugar plantation.
2. Our alphabet **used to** have a total of 32 letters instead of the 26.
3. Every Saturday I **would** tag along with my father on his errands.
4. I **was not used** to having my opinions asked.
5. They **are accustomed** to crowded buses.
6. They soon **got used** to the traffic regulations.

1 *plantation[plæntéiʃən]: (열대지방의 대규모) 농장 3 *tag along with: ~에 붙어 다니다 *errand[érənd]: 볼일, 심부름 4 *have my opinions asked: 내 의견에 대한 질문을 받다

*1의 used to + 동사원형은 '~하고는 했다'는 과거의 습관(=would), 또는 '~이었다, ~가 있었다'는 과거의 상태를 나타내며(예문 2), 3의 would는 1과 같이 과거의 습관으로 쓰였다.

*be used/accustomed to는 '~에 익숙하다'는 뜻으로 다음에는 -ing나(4) 명사(5)가 오며, get used/accustomed to는 '~에 익숙해지다'는 뜻이다.

[해석] 1. 그녀는 설탕 농장에서 투어를 안내하곤 했다. 2. 우리의 알파벳은 총 26자가 아닌 32자였다. 3. 토요일마다 나는 볼일 보러 가는 아버지를 따라 다니곤 했다. 4. 나는 내 의견에 대한 질문을 받는 것에 익숙하지 않았다. 5. 그들은 혼잡한 버스에 익숙하다. 6. 그들은 곧 교통법규에 익숙해졌다.

⊘ **the ball is in your court**

상대방 코트로 공이 넘어갔으니 위 표현은 '~가 일을 처리해야 할 차례가 되다'의 뜻으로, "I did what I could, and now the ball is in your court." 라면 "내가 할 수 있는 것은 했으니 이제 네(가 일을 처리할) 차례다."는 뜻이다.

1. We were <u>not used to sleeping</u> in a tent.
2. The overall quality of cars is dramatically better than it <u>used to</u> be.
3. You've got to <u>get used to thinking</u> fast!
4. The photojournalist <u>was accustomed to working</u> in dangerous conditions.
5. My mom <u>would</u> iron while watching soap operas.
6. Those manufacturing jobs that we <u>used to</u> have are moving away.

📔 **Guide** 5 *soap opera: 연속극 *iron[áiərn] v. 다림질하다, n. 다리미, 철

[해석] 1. 우리는 텐트에서 자는 데 익숙하지 않았다. 2. 자동차의 전반적인 품질이 예전보다 훨씬 낫다. 3. 빨리 생각하는 데 익숙해져야 해! 4. 그 포토 저널리스트는 위험한 환경에서 일하는 데 익숙해있었다. 5. 나의 엄마는 연속극을 보면서 다림질을 하고는 했다. 6. 우리가 가졌던 제조업 일자리들은 떠나고 있다.

⊘ shotgun marriage/wedding

The Second Amendment(미국 수정 헌법 제2조)에 의해 개인의 총기 소지가 허용되는 미국에서는 누가 나의 딸을 임신시키면 당장 산탄총(shotgun) 들고 달려가 난리 치는 장면을 상상할 수 있다. '여자의 임신으로 마지못해서 하는 결혼'의 뜻인 shotgun marriage/wedding은 '필요 등에 의해 마지못해서 하는 타협'의 의미로도 쓰인다. 예 The special relationship between the two manufacturers resembled rather a shotgun marriage. (두 제조사 사이의 특별관계는 마지못해서 하는 결혼과 좀 유사했다.)

11 may well, may/might as well(have pp)

1. Physical disease **may well** result from emotional stress.
2. History **may well** conclude that the lockdowns were a dreadful mistake.
3. You **may as well** pack up and leave now; you're already through.
4. As long as you're going to do it, you **might as well** do it right.
5. His speech was so meaningless he **might as well have stayed** silent.

Guide 1 *result from: ~이 원인이다 2 *lockdown: (Covid-19시대의) 록다운, 봉쇄령 *dreadful mistake: terrible mistake(끔찍한 실수) 3 *through[θruː]: (관계가) 끝난, (~의 사용을) 끝낸 4 *as long as: ~하는 한

예문 1,2	may well	'~ 할 것 같다, 아마도 ~일 것이다'는 뜻의 가능성을 나타냄. (= be likely to)
3,4	might/may (just) as well	'~하는 편이 낫다'는 뜻의 제안으로, 더 나은 선택의 여지가 없거나 ~를 안 하는 것 보다 하는 것이 나은 경우 등에 사용하며, 강조를 위해 just를 더하기도 함. (might as well이 많이 쓰임.)
5	might/may as well have pp	'차라리~하는 것이 나을 뻔했다, (실제로 아니지만) ~나 다를 바가 없었다'의 뜻.

해석 1 신체적 질병은 정서적 스트레스로 인해 발생할 수 있다. 2. 역사는 봉쇄령이 끔찍한 실수라고 결론지을 수 있다. 3. 지금 짐을 싸서 떠나는 것이 나을 것이다; 너는 이미 끝났어. 4. 그것을 네가 하는 한 올바르게 하는 것이 낫다. 5. 그의 연설은 너무 무의미하여 차라리 침묵을 지키는 것이 나을 뻔하였다.

🔍 Further Study

1. I've got nothing to do at the moment, so I <u>might (just) as well</u> get some rest.
2. We <u>may well</u> be able to eliminate coronavirus, but we'll probably never eradicate it.
3. The two professional golfers <u>might as well have been</u> in a witness protection program for the lack of fans following them while playing.
4. We <u>may well</u> be in a recession, but there is nothing fundamentally wrong with our economy.
5. As long as you're going to show up for work, you <u>might as well</u> do your best on the job.
6. I <u>might as well have said</u> nothing. Nobody responded.
7. He <u>may well have leaked</u> the information to the press.
8. I <u>may as well have been wearing</u> something from a ubiquitous store, like Gap.

🗂 **Guide** 1 *have got은 have의 informal 한 표현(구어체에서 많이 쓰임) 2 *eliminate [ilímənèit]: ~를 제거하다, 없애다 *eradicate[irǽdəkèit]: 근절하다 4 *recession [riséʃən]: 불황, 경기침체 7 *may well have pp(아마도 ~이었을 것이다)는 may well의 과거형 *leak [liːk]: (비밀을) 유출(누설)하다, (액체가) 새다

해석 1. 지금은 할 일이 없으니 좀 쉬는 게 낫겠다. 2. 우리는 코로나 바이러스를 제거할 수는 있을지 몰라도 결코 근절하지 못할 것이다. 3. 두 프로 골퍼는 경기 중 그들을 따라오는 팬들이 없어서 증인보호프로그램에 있는 거나 다름없었다. 4. 우리는 불황에 처한 것 같지만, 우리 경제에 근본적인 문제는 없습니다. 5. 출근을 하는 한 일에 최선을 다하는 것이 낫다. 6. 나는 아무 말도 하지 않는 것이 나을 뻔했다. 아무도 응답을 하지 않았다. 7. 그가 아마도 그 정보를 언론에 유출시켰을 것이다. 8. 나는 Gap과 같은 흔한 가게에서 파는 옷을 입고 있는 것이 나을뻔했다.

12 cannot ~ too/would rather ~ (than) would rather have pp

1. Environmental standards **cannot be too high**.
2. I **would rather die than endure** the pain of treatment.
3. I'**d rather** live in a countryside **than in a city**.
4. I'**d rather not get** involved in that kind of controversy.
5. I **would rather not have had** those experiences.

1 *environmental standards: 환경기준 4 *controversy[kάntrəvə̀:rsi]: 논란, 논쟁

*1의 cannot ~ too는 '아무리~해도 지나침이 없다'는 강조표현으로 cannot 다음에는 동사원형, too 다음에는 형용사나 부사가 온다.
*would rather A than B는 'B 하느니 차라리 A 하겠다'는 뜻으로 A에는 동사원형이 오며 than 이하에도 동사원형이 오지만 중복되는 단어는 생략될 수 있으며(예문 3의 than 다음에 live 생략), 4와 같이 would rather 형태로만 쓰이기도 한다. 부정은 would rather not + 동사원형으로 '(차라리)~하지 않는 것이 낫겠다'의 뜻이며, would rather (not) have pp는 과거형으로 '(차라리) ~했던 것이(하지 않았던 것이) 나을 뻔했다'는 뜻으로 과거에 있었던 일과 반대되는 바람을 나타내는 표현이다(5).

해석 1. 환경기준은 아무리 높아도 지나치지 않다. 2. 나는 치료의 고통을 견디기보다는 차라리 죽음을 택하겠다. 3. 나는 도시보다는 시골에 살고 싶다. 4. 나는 그런 종류의 논쟁에 관여하고 싶지 않다. 5. 내가 그런 경험들을 하지 않았더라면 좋았을 것이다.

1. I'd rather be hated for what I am than be loved for what I'm not.
2. You cannot be too careful in the choice of your enemies.
3. We cannot condemn too strongly this conduct.
4. He loved gardening. He'd rather have been a gardener.
5. She said that she would rather not have been born.
6. He said he would rather have been a member of their rival group.

[해석] 1. 내가 아닌 모습으로 사랑받느니 나의 모습으로 미움을 받겠다. 2. 적을 선택할 때는 아무리 주의해도 지나치지 않다. 3. 우리는 이 행위를 아무리 강렬하게 비난해도 지나치지 않다. 4. 그는 정원 가꾸기를 좋아했다. 그는 차라리 정원사가 되는 것이 나을 뻔했다. 5. 그녀는 차라리 태어나지 않았던 것이 좋을 뻔했다고 말했다. 6. 그는 그들의 라이벌 그룹의 일원이었더라면 좋았을 것이라고 말했다.

✅ **don't mince words**

mince(고기 등을 잘게 썰다, 다지다)는 '비평 등을 완곡하게 말하다, 공손히 말하다'는 뜻도 있어, 위 표현은 '단도직입적으로/노골적으로 말하다'는 의미로 널리 쓰인다. 예 Don't mince your words. What do you really think about it? (단도직입적으로 말해봐. 그것에 대해 정말로 어떻게 생각하니?)

Unit

05

관사

Unit 05

관사

 '관'은 옛날 어른들이 머리에 쓰던 갓을 말하며 명사를 머리에 비유하면, 관사는 명사의 머리 위에 쓰는 모자라는 뜻이다. 갓에는 '정관사(the)'와 '부정관사(a, an)' 갓의 두 가지가 있으며, 각 갓은 쓰는 경우가 따로 정해져 있다. 정관사 갓을 써야 할 때 부정관사 갓을 쓴다든지, 부정관사 갓을 써야 하는 자리에 정관사 갓을 쓰고 나타나면 웃음거리가 되며, 일부 갓을 쓰지 않는 사람들도 있다. 즉 a, an, the는 명사 앞에 놓이지만, 다음 예문과 같이 일반적인 것을 가리키는 복수형 명사나 불가산명사 앞에서 관사는 쓰지 않을 수도 있다. (예 She loves reading **books**. I don't eat **meat**.) 귀찮아서 버리고 싶기도 한 관사지만 '관'이 있어야 '의관'이 갖추어지는 만큼 중요한 관사의 용법을 잘 공부해두자.

1 부정관사(indefinite article) a/an

1. We have reached **a fork** in the road.
2. Workers seeking $65 **an hour** go on strike today.
3. The autobiography had **an impact** on him.
1 *fork[fɔːrk]: (도로, 강 등의) 분기점, 갈래 2 *go on strike: 파업에 들어가다
3 *autobiography[ɔ̀ːtəbaɪɑ́ːgrəfi]: 자서전 *have an impact on: ~에 영향을 주다

*가산명사의 단수 앞에는 a를(예문 1), 모음 발음(아/애/이/에/오/어)으로 시작되는 가산명사 단수 앞에는 an을 쓴다(2, 3, an apple, an egg, an oak tree, an uncle 등).
해석 1. 우리는 도로의 갈림길에 도달했다. 2. 시간당 $65를 요구하는 근로자들이 오늘 파업에 들어간다. 3. 그 자서전은 그에게 영향을 미쳤다.

🔍 **Further Study**

1. A car must be insured.
2. He has accomplished an extraordinary feat.
3. I had a lump in my throat as I watched my son leave.
4. The school was destroyed in an arson attack.
5. The chef prepared a lavish Mother's Day breakfast.
6. We had a five-course dinner.

📖 **Guide** 2 *extraordinary[ikstrɔ́ːrdəneri]: 놀라운, 기이한 3 *have a lump in one's throat: (화나 벅찬 감정으로) 목이 메다(울컥하다) 4 *arson(방화)은 attack을 꾸미는 형용사로 쓰였고 attack이 가산명사이므로 an이 붙었음. 5 *breakfast, lunch, dinner는 불가산명사이기 때문에 앞에 a/an이 오지 않지만, 앞에 형용사의 꾸밈을 받는 특정한 식사가 될 때는 관사가 올 수 있다. *lavish[lǽviʃ]: 풍성한, 호화로운

해석 1. 자동차는 보험에 가입해야 한다. 2. 그는 놀라운 업적을 이루었다. 3. 아들이 떠나는 것을 보면서 나는 목이 울컥했다. 4. 학교는 방화공격으로 파괴되었다. 5. 주방장은 풍성한 어머니날 조식을 준비했다. 6. 우리는 5코스 저녁 식사를 했다.

2 정관사(definite article) the (I)

1. They heard **the sound** of children playing.
2. Put it back in **the refrigerator**.
3. You need to upgrade your app to **the latest** version.
4. Suddenly, **the sun** broke through the clouds.
5. I patted him on **the shoulder**.
6. You have to cross **the Atlantic** to go to **the Netherlands**.
7. **The New York Times** was founded in New York City in 1851.
8. They claim **the whale** is in danger of extinction.
9. It was **his best** season in terms of points scored.

3 *the latest version: 최신판 4 *break through: (구름 뒤에서) 나타나다, 뚫고 나아가다
6 *the Atlantic(Ocean): 대서양 9 *in terms of: ~면에서 *score[skɔ:r]: 득점(하다)

*아래의 경우에 the를 사용한다.

예문 1	(이미 언급된) 특정한 명사를 언급할 때. the sound는 뒤 형용사구 'of children playing'의 수식을 받는 특정한 소리를 말하기 때문에 the를 붙였다. *명사(sound)가 뒤따르는 형용사구(of children playing)나 절의 수식을 받으면 일반적으로 그 명사 앞에 the를 놓는다.
2	speaker나 listener 서로가 알고 있는 명사(refrigerator)를 가리킬 때
3	the + 형용사의 최상급(the latest), 서수(the first, second 등)
4	the + 유일한 것: earth, sea, sky, equator(적도), moon, sun, atmosphere(지구의 대기) 등
5	the + 신체 부위 *hit/strike ~ on the head(~의 머리를 때리다), pat ~ on the back(~의 등을 두드리다, 격려하다), look ~ in the face(~의 얼굴을 쳐다보다), kick ~ in the knee/stomach/shin(~의 무릎/배/정강이를 차다), catch ~ by the hand/wrist(~의 손/손목을 잡다), pull ~ by the sleeve(~의 소매를 당기다) 등

6,7	the+대양(the Atlantic Ocean), 강(the Thames), 군도/제도(the Arctic Archipelago/the Galapagos Islands), 산맥(the Alps), 복수형 국가(the United Kingdom, the Netherlands), 사막(the Gobi Desert, the Sahara), 지역(the Middle East), 신문(the New York Times), (대형) 선박명(the Edmund Fitzgerald), 해협(the English Channel), 만(the Gulf of Mexico) 운하(the Panama Canal), 반도(the Korean Peninsula), 전쟁(the Korean War, the Gulf War) 등
8	the+단수 명사는 종류 전체를 나타낼 수 있다.
9	소유격 다음의 최상급은 the를 붙이지 않는다.

해석 1. 그들은 아이들이 노는 소리를 들었다. 2. 냉장고 안에 그것을 다시 넣어라. 3. 앱을 최신 버전으로 업그레이드해야 한다. 4. 갑자기 태양이 구름 사이로 나타났다. 5. 나는 그의 어깨를 두드려주었다. 6. 네덜란드를 가려면 대서양을 건너야 한다. 7. 뉴욕 타임즈는 1851년에 뉴욕시에서 설립되었다. 8. 그들은 고래가 멸종위기에 처해 있다고 주장한다. 9. 득점 면에서 그의 최고의 시즌이었다.

⊘ smoking gun
연기 나는 총은 사용된 것이 명백하므로 이 표현은 '(범죄 등의) 결정적인 증거'를 뜻한다.
예 This bank transaction is the smoking gun that proves he is guilty. (이 은행 거래는 그의 유죄를 입증하는 결정적 증거다.)

1. Who was <u>the youngest</u> president of <u>the United States</u>, and <u>the fourth</u> to be assassinated?
2. A cooler ocean means less moisture in <u>the atmosphere</u>.
3. <u>The Titanic</u> sank into <u>the North Atlantic Ocean</u>.
4. He <u>grabbed me by the hair</u>.
5. The ball <u>hit John in the face</u>.
6. Vanilla is <u>the second</u> most expensive spice in the world after saffron.
7. <u>The Philippines</u> is an incredibly diverse nation in terms of language, religion, ethnicity and also geography.
8. <u>The United Nations</u> has its headquarters in New York City.
9. <u>The poverty of people in the rural areas</u> is not as visible as that of people in the city.
10. Two-thirds of <u>the few women who served in Congress in the 1920s</u> were filling <u>the shoes of their dead husband</u>.
11. Most eclipses are partial but when <u>the moon</u> is close enough to <u>the earth</u>, <u>the sun</u> is completely eclipsed by <u>the moon</u>'s shadow.

📖 **Guide** 7 *incredibly[inkrédəbli]: 믿을 수 없게, 아주 *ethnicity[eθnísiti]: 민족성, 민족적 배경 9 *that of: the poverty of 10 *Congress[káŋgres]: 의회, 국회 *step into/fill somebody's shoes: 남을 대신하다, 남의 책임을 넘겨받다 *women은 who served in Congress in the 1920s의 수식을 받는 특정한 여자들이므로 앞에 the가 위치했으며, shoes는 of their dead husbands의 수식을 받는 특정한 shoes임 11 *eclipse[iklíps]: (일식, 월식의) 식, v. 가리다

해석 1. 미국의 최연소 대통령이자 네 번째로 암살당한 대통령은 누구입니까? 2. 더 서늘한 바다는 대기 중의 습도가 덜한 것을 뜻한다. 3. 타이타닉호는 북대서양에서 침몰했다. 4. 그는 나의 머리를 움켜잡았다. 5. 공이 John의 얼굴을 쳤다. 6. 바닐라는 사프란 다음으로 세계에서 가장 비싼 향신료이다. 7. 필리핀은 언어, 종교, 민족성 및 지리적인 면에서 아주 다양한 나라이다. 8. 유엔은 본부가 뉴욕시에 있다. 9. 시골 사람들의 빈곤은 도시 사람들의 빈곤만큼 두드러지지 않는다. 10. 1920년대에 의원직을 맡았던 소수의 여성 중 2/3는 작고한 남편의 자리를 대신하고 있었다. 11. 대부분의 일식은 부분적이지만 달이 지구에 충분히 가까워지면 태양은 달그림자에 의해 완전히 가려진다.

3 정관사 the (II)

1. **The Browns** left their cabin with their children.
2. **The computer** will play an increasingly large role in our lives.
3. **The 1990s** had a large influence on how we see art today.
4. **The 21st century** began on January 1, 2001 and will end on December 31, 2100.
5. I went to **the store** to buy some candy canes.

5 *candy cane: (홍백무늬의) 지팡이 사탕

예문 1	the + 복수형 성(the Browns)은 부부 또는 가족을 뜻한다.
2	발명품/기기 앞에 the가 와서 일반적인 발명품/기기를 뜻할 수 있다.
3-4	연대, 세기 앞에 the가 온다.
5	speaker에게 친숙한 장소 앞에는 the를 붙인다. 예 the store, the dentist, the hospital, the clinic, the pharmacy(약국), the airport, the movies (= the movie theater: 영화관), the post office, the bank, the park, the gym, the library 등

해석 1. Brown씨 부부는 자녀들과 함께 그들의 오두막집을 떠났다. 2. 컴퓨터는 우리 삶에서 점점 더 큰 역할을 할 것이다. 3. 1990년대는 오늘날 우리가 예술을 보는 방식에 큰 영향을 미쳤다. 4. 21세기는 2001년 1월 1일에 시작되었고 2100년 12월 31일에 끝날 것이다. 5. 나는 지팡이 사탕을 사려고 가게에 갔다.

Further Study

1. The tractor and other farming inventions pushed millions of Americans off the farms.
2. She worked here in the early '90s.
3. The Fords had several other foster children when they took Jason into their home.
4. The pharmacy is between the bank and the post office.
5. The park was full of loafers and book-readers.

Guide 1 *push A off ~: A를 ~에서 밀어내다 3 *foster child: 위탁(수양) 자녀 5 *loafer[loufər]: 빈둥거리는 사람. 게으름뱅이

해석 1. 트랙터와 다른 농업 발명품들 때문에 수백만의 미국 농부들이 일자리를 잃었다. 2. 그녀는 90년대 초에 이곳에서 일했다. 3. Ford 부부가 Jason을 그들의 집에 받아들였을 때는 몇 명의 다른 위탁 자녀들이 있었다. 4. 약국은 은행과 우체국 사이에 있다. 5. 공원은 빈둥거리는 사람들과 책 읽는 사람들로 가득했다.

⊘ front burner & back burner

일반 가정용 오븐에는 네 개의 버너가 위에 있으며, 당장 급한 음식을 만들 때는 앞쪽 버너(front burner)를 쓰고 급하지 않은 것은 뒤쪽 버너(back burner)로 옮긴다. 여기서 유래한 'put something on the back burner'는 '~를 일시 보류하다'는 뜻이고, put something on the front burner는 '~를 최우선 사항으로 다루다'의 뜻이다. 예 *My surgery was put on the back burner due to the pandemic. (팬데믹으로 나의 수술은 보류되었다.) *They put the issue on the front burner of American politics. (그들은 그 문제를 미국정치의 최우선 사항으로 다루었다.)

명사

Unit 06 명사

명사는 셀 수 있는 가산명사(countable noun)와 없는 불가산명사(uncountable noun)로 나누어지며, 가산명사 앞에는 a(n)가 올 수 있지만, 불가산명사 앞에는 오지 않기 때문에 어떤 명사가 가산명사냐 불가산명사냐에 따라 a(n)의 운명이 결정되므로 이를 바르게 판단하는 것이 중요하다. 가산명사의 여부는 혼동되는 경우가 많아 흔히 오판으로 불가산명사 앞에 a(n)를 붙인다든지 가산명사 앞자리를 휑하게 비워두는 실수를 하며, 특히 우리와 영미인들의 사고방식의 차이로 우리가 당연시하는 (불)가산 명사가 그들에게는 반대로 여겨지는 경우가 있어 학습자들을 당황시키기도 한다.

이 장에서는 명사 앞에 a(n)를, 뒤에 (e)s를 사용할 것인지, 명사 다음의 동사는 단수형 또는 복수형을 사용할 것인지와 불가산명사 세는 방법 등을 익히도록 한다.

1 가산명사와 불가산명사

1. These **kinds** of **problems** have been known for **decades**.
2. These makeup **brushes** are cruelty-free.
3. The customs officer searched my **luggage**.
4. He went out for a stroll dressed in frayed **clothing**.
5. **Depression** came in waves.
6. The solicitor, **a Mr. Miller**, was not well known to us.
7. The experiment was **a success**.

2 *cruelty-free: (제품이) 동물 실험 없이 개발(생산)된 3 *luggage[lʌ́gidʒ]:(영) (여행용) 짐, 수하물 baggage(미) 4 *stroll[stroul]: 산책 *frayed: (천 등이) 해어진, 낡은 5 *depression[dipréʃən]: 우울, 공황 *in waves: 계속해서 밀어닥친, 파도를 이루어 6 *solicitor[səlísətər]: 사무변호사 (barrister[bǽrəstər]: 법정 변호사)

*1,2에서 가산명사의 복수는 (e)s 를 더한다.
*3~5에서 불가산명사는 앞에 a/an이나 뒤에 -s/es를 더하지 않으며 다음의 것들이 있다: ① 집합명사: luggage/baggage, clothing(의류, 옷), equipment (장비), hardware(하드웨어, 철물) 등 유사한 품목의 집합체 ② 학문: chemistry (화학), engineering, history, psychology(심리학) 등(학문이지만 economics 등은 예외로 s가 붙음, '3 단수/복수형 명사' 참고) ③ 추상명사: happiness, depression, hospitality(환대, 접대), pride, progress(진보) 등 ④ 기체: steam, oxygen(산소), pollution(오염) 등 ⑤ 입자: rice, corn, salt 등 ⑥ 액체: water, soup 등 ⑦ 언어: French, English 등 ⑧ 운동, 오락: baseball, poker, volleyball (배구), archery(궁술) 등 ⑨ 고체: bread, cheese, meat(육류) 등 ⑩ 자연현상: humidity(습도), sleet(진눈깨비), haze(연무, 실안개), hail(우박) 등 ⑪ 고유명사: New York, Volkswagen, Mr. Johnson 등

*6의 고유명사 앞에는 a/an이 오지 않지만 *a Mr. Miller(밀러 씨라는 사람)와 같이 '~라는 사람'의 뜻이거나 a BMW(BMW 자동차 1대)와 같이 고유명사가 제품을 나타내는 일반명사로 쓰일 때는 올 수 있다.

*7과 같이 많은 불가산명사는 가산명사로도 쓰인다. 예 a light(전등), red wines(적포도주들), a glass(유리잔), a life, an agreement, a decision, a hair(머리카락 한올), papers(서류), a chocolate, a democracy(민주주의국가), a beauty(미인), a fire(화재) 등.

해석 1. 이런 종류의 문제들이 수십 년 동안 알려져 왔다. 2. 이 메이크업 브러쉬들은 동물 실험 없이 만들어졌다. 3. 세관원이 내 짐을 수색했다. 4. 그는 해어진 옷을 입고 산책을 나갔다. 5. 우울증이 밀려왔다. 6. 밀러 씨라는 그 변호사는 우리에게 잘 알려지지 않았다. 7. 실험은 성공이었다.

🔍 **Further Study**

1. <u>Traffic</u> moved at a snail's pace.
2. Please forward all my <u>mail</u> to my new address.
3. <u>Severe weather</u> is approaching.
4. Most <u>wines</u> are dry.
5. The <u>footwear</u> sold here is imported from overseas.
6. He began working as <u>a butcher</u>.
7. They linked <u>genes</u> with obesity.
8. <u>Anger</u> over the country's colonial-era oppression has become more pronounced.
9. He has lived <u>a satisfying life</u>.
10. She's <u>a beauty</u>.
11. The UK is <u>a democracy</u>.

📖 **Guide** 1 *traffic, mail, weather, footwear, anger는 불가산명사 *at a snail's pace: 아주 느린 속도로 4 *dry: 단맛이 없는 5 *footwear: 신발(류) *overseas: 해외로, 해외의, 외국 6 *butcher[bútʃər]: 정육점(주인, 직원), 도살업자 7 *obesity[oubíːsəti]: 비만 8 *oppression[əpréʃən]: 억압 *pronounced[prənáunst]: 뚜렷한, 명백한

해석 1. 교통이 달팽이걸음을 했다. 2. 나의 모든 메일을 새 주소로 보내주십시오. 3. 혹독한 날씨가 다가오고 있다. 4. 대부분의 와인은 단맛이 없다. 5. 이곳에서 판매되는 신발은 해외에서 수입된 것이다. 6. 그는 정육점에서 일하기 시작했다. 7. 그들은 유전자를 비만에 연관시켰다. 8. 그 나라의 식민지 시대 탄압에 대한 분노가 더욱 명백해졌다. 9. 그는 만족스러운 삶을 살았다. 10. 그녀는 미인이다. 11. 영국은 민주주의국가이다.

2 불가산명사 세는 법
hundreds(thousands, millions) of

1. She upended **a can of tomato soup** over the ground beef.
2. I slipped **a bar of soap** under the bed sheet.
3. The pyramids were built about **four thousand five hundred** years ago.
4. **Thousands of** people were rounded up and jailed.

1 *upend: 거꾸로 뒤집다 *grind[graind]: (곡물 등을) 갈다 -ground-ground
*ground beef: 간 쇠고기 4 *round up: ~를 찾아 체포하다(모으다)

*1,2의 불가산명사는 불가산명사(tomato soup)를 담는 가산명사 용기(can, bowl 등)를 단수(a can, a bowl 등), 또는 복수(two cans, two bowls 등)로 하여 a can of tomato soup(토마토 수프 통조림 하나), two bowls of pumpkin soup(호박 수프 두 그릇) 등으로 세거나, 불가산명사(soap)를 셀 수 있는 형태나 단위 등으로 변화시킨 명사(bar)의 단수(a bar), 복수(two bars)로 변화시켜 a bar of soap(비누 한 개), two bars of soap 등으로 센다. 예 a spoonful of sugar(설탕 한 스푼), a loaf of bread(빵 한 덩어리), an ear of corn(옥수수 한 개), three bags of flour, a pound of meat, two sheets of paper(종이 두 장), a tube of toothpaste(치약 한 통), two bottles of shampoo, a piece of jewelry(미)/jewellery(영)(보석 한 점), a piece of information, a carton of milk(*carton[kάːrtn]: 우유 등의 종이용기) 등.

*3의 dozen, hundred, thousand, million, billion(10억), trillion(조) 등은 앞에 복수숫자가 오더라도 뒤에 s가 붙지 않는다. 예 three dozen(36), five hundred, six million, three billion 등.

*4의 dozens of(수십의), scores of(수십의 *score: 20), hundreds of(수백의), thousands of(수천의), tens of thousands of(수만의), hundreds of thousands of(수십만의) millions of(수백만의), billions of(수십억의) 등의 표현에서는 s가 따른다.

[해석] 1. 그녀는 간 쇠고기 위에 토마토 수프 캔을 뒤집어 부었다. 2. 나는 침대 시트 아래에 비누 하나를 넣었다. 3. 그 피라미드들은 4500여 년 전에 지어졌다. 4. 수천 명의 사람들이 체포되어 투옥되었다.

🔍 Further Study

1. <u>Thousands of</u> mussels washed up on the beach.
2. Over <u>five hundred</u> bowls of mushroom soup were served.
3. The city spends <u>millions of</u> dollars every year to repair potholes.
4. Add <u>four spoonfuls of flour</u> to the bowl along with <u>two pinches of salt</u>.
5. The pastor has married off <u>hundreds of</u> couples.
6. Teachers always throw away <u>small pieces of chalk</u>.
7. How long does <u>a bottle of shampoo</u> last you?
8. On average <u>an ear of corn</u> has 800 kernels in 16 rows.
9. <u>A peal of thunder</u> is sometimes heard in the wintertime.
10. There is a limit of <u>two pieces of hand luggage</u> for each passenger.
11. We have met with lawmakers <u>dozens of</u> times this year.
12. The room maid scooped up <u>shards of glass</u> from the broken jar.

📓 **Guide** 1 *wash up on: ~로 밀려오다 3 *pothole[pάthòul]: 도로에 팬 구덩이 4 *pinch[pɪntʃ]: 자밤(엄지와 검지의 두 손가락 끝으로 한 번 집을 만한 분량), 꼬집기, 꼬집다 5 *marry off: ~를 시집 장가 보내다 7 last somebody + 시간: somebody 가 ...시간만큼 쓰다(쓰기에 충분하다) 8 *ear[iər]: (보리, 옥수수 등의) 이삭, 자루 *kernel[kə́:rnl]: (견과류 등) 알맹이, (밀 등의) 낟알 9 *peal[piːl]: 큰소리, 종의 울림 *a peal of thunder: 천둥소리 10 *hand luggage: 기내 휴대용 수하물(carry-on baggage) 11 meet with: ~과 회담하다 12 *room maid: (호텔의) 객실정비원 *scoop up: 퍼 담다, 주워 담다 *shard[ʃɑ:rd]: (유리, 금속 등) 조각, 파편

[해석] 1. 수천 마리의 홍합이 해변으로 밀려왔다. 2. 500그릇 이상의 버섯 수프가 제공되었다. 3. 시 당국은 도로에 팬 구덩이들을 보수하기 위하여 매년 수백만 달러를 쓴다. 4. 그릇에 밀가루 네 스푼을 소금 두 자밤과 함께 더하십시오. 5. 그 목사는 수백 쌍을 결혼시켰다. 6. 교사들은 항상 분필토막을 버린다. 7. 샴푸 한 병을 얼마나 오래 쓸 수 있습니까? 8. 평균적으로 옥수수자루에는 16줄에 800개의 알갱이가 붙어 있다. 9. 겨울에 때때로 천둥소리가 들린다. 10. 각 승객의 기내휴대용 수하물은 2개로 제한 되어있다. 11. 올해 우리는 국회의원들과 수십 차례 회담했다. 12. 룸메이드는 깨어진 병의 유리 조각들을 주워 담았다.

3 단수/복수형 명사

1. A giant wave knocked them off their **feet**.
2. He wore a short-sleeved shirt and pale cinnamon **slacks**.
3. **Scissors are** hand-operated shearing tools.
4. She's sporting Gucci **glasses**.
5. He refused to sign the contract on moral **grounds**.
6. He has taken great **pains** to improve his image.
7. **Gymnastics is** the most difficult sport in the world.
8. Nick finally **shook hands with** Tom.

1 *knock them off their feet: 그들을 넘어뜨리다 2 *pale[peil]: 색깔이 연한, 피부가 창백한 *cinnamon[sínəmən]:계피 *slacks[slæks]: (평상복) 바지 3 *hand-operated: 손으로 작동되는 *shear[ʃiər]: 자르다, 털을 깎다 4 *sport[spɔ:rt]: ~를 자랑해 보이다, 과시하다 6 *take pains: (~하려고) 수고하다, 애쓰다

불규칙 변화복수	men, women, children, feet, teeth, geese(foot, tooth, goose의 복수), mice(mouse의 복수), brothers-in-law(sisters/fathers/mothers-in-law), passersby(통행인들), data(datum의 복수), bacteria(bacterium의 복수) 등
복수형 + 복수동사	짝으로 만들어진 물건은 복수로 표현하며 복수 동사가 따른다: scissors(가위), pants(trousers, slacks), tongs(집게), pajamas, stockings, binoculars(쌍안경), shorts(반바지), jeans 등
복수형이 되어 의미가 달라지는 명사들	ground(땅)-grounds(이유), pain(고통)-pains(수고), color(색)-colors(깃발), facility(편리함)-facilities(시설, 편의시설) arm(팔)-arms(무기), provision(공급, 제공)-provisions(식량) green(초록색)-greens(푸른 채소), damage(손해)-damages(손해배상액), spirit(정신)-spirits(증류주), sanction(허가, 승인)-sanctions(제재), cloth(천, 직물)-clothes(옷, 의복), custom(관습)-customs(세관), premise(전제)-premises(구내, 건물이 포함된 토지), manner(방식, 태도)-manners(예절), quarter(1/4)-quarters(막사, 숙사, 숙소), authority(권위)-authorities(당국) 등
복수형으로 쓰이며 단수 동사가 따르는 명사	gymnastics(체조), diabetes(당뇨병), physics(물리학), mathematics(수학), economics(경제학), linguistics(언어학), obstetrics(산과학), statistics(통계학), genetics(유전학), measles(홍역), rabies(광견병), shingles(대상포진) 등의 학문, 병명 등을 나타내는 명사와 news는 복수형이지만 단수형 동사가 따른다.
상호복수	change places with(~와 입장, 자리, 장소를 바꾸다), make friends with(~와 친구가 되다), shake hands with(~와 악수하다) 등과 같이 상호관계를 뜻하는 표현에서는 복수를 쓴다.

[해석] 1. 거대한 파도가 그들을 넘어뜨렸다. 2. 그는 반팔 셔츠와 연한 계피색 바지를 입었다. 3. 가위는 수동식 절단 도구이다. 4. 그녀는 구찌 안경을 과시하고 있다. 5. 그는 도덕적 이유로 계약서 서명을 거부했다. 6. 그는 자신의 이미지를 개선하기 위해 많은 노력을 기울였다. 7. 체조는 세계에서 가장 어려운 스포츠이다. 8. Nick은 마침내 Tom과 악수를 했다.

🔍 Further Study

1. He tendered his resignation <u>on health grounds</u>.
2. To dream that you are trying to clean your dirty <u>clothes</u> means you want to change something about your personality.
3. The <u>customs officer</u> spoke tersely into his lapel-mounted radio.
4. The UN threatened to invoke <u>economic sanctions</u> against the country.
5. Let's play rock paper <u>scissors</u>.
6. During the war years, I lived in the <u>nurses' quarters</u>.
7. <u>Physics is</u> about asking fundamental questions and trying to answer them by observing and experimenting.
8. He fell <u>100 feet</u> into the steep canyon.

Guide 1 *tender[téndər]:v. 제출하다, adj. 상냥한, (고기가) 부드러운 *resignation [rèzignéiʃən]: 사직(서) *on health grounds: 건강상의 이유로 2. personality[pə̀ːrsənǽləti]: 성격, 인격 3 *terse[təːrs]: 간결한, 간단한 *lapel[ləpél]: 옷깃 *lapel-mounted: 옷깃에 장착된(달린) 4 *invoke[invóuk]: (법, 규칙 등) 적용하다, 호소(기원)하다 *economic sanctions: 경제제재 5 *rock paper scissors: 가위바위보 8 *canyon[kǽnjən]: 협곡

[해석] 1. 그는 건강상의 이유로 사직서를 제출했다. 2. 자신의 더러운 옷을 깨끗하게 하려는 꿈은 본인이 성격에 대해 무언가를 바꾸고 싶다는 것을 뜻한다. 3. 세관원은 자신의 옷깃에 달린 라디오에 대고 간결하게 말했다. 4. UN은 그 나라에 경제제재를 가하겠다고 위협했다. 5. 가위바위보 하자. 6. 전쟁 동안에 나는 간호사 숙사에서 살았다. 7. 물리학은 근본적인 질문을 하고 그에 대한 답을 관찰과 실험을 통해 찾으려는 것이다. 8. 그는 가파른 협곡 100피트 아래로 떨어졌다.

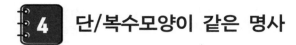

4 단/복수모양이 같은 명사

> 1. Apache **trout are** one of two native trout **species** in Arizona.
> 2. **Hundreds of sheep** stampeded out of the cave.
> 3. There was a herd of **many swine** feeding at a distance.
> 4. **These shrimp** lack the wild taste of Texas Gulf Shrimp.
> 2 *stampede[stæmpíːd]: 앞을 다투어 도망치다, 우르르 몰려오다 3 *herd[həːrd]:(소, 돼지 등의) 떼 *feed[fiːd]: 동물이 먹이를 먹다, 먹이를(음식을) 주다 *at a distance: 멀리서, 멀리 떨어져

*단수, 복수의 모양이 같은 명사들: trout(송어), species(종, 종류), sheep(양), salmon(연어), deer(사슴), corps(단, 군단), aircraft(항공기), moose(무스), offspring(자식, 새끼), series, means(수단, 방법), headquarters(본부, 본사) 등
*swine(돼지 같은 사람, 돼지), fish, buffalo, shrimp(새우) 등의 명사들은 복수모양이 단수와 같거나 swines, fishes, buffaloes, shrimps와 같이 -(e)s가 붙기도 한다.

해석 1. 아파치 송어는 애리조나에 서식하는 두 토착 송어 종 중의 하나이다. 2. 수백 마리의 양이 동굴 밖으로 몰려나왔다. 3. 멀리서 먹이를 먹고 있는 한 무리의 많은 돼지들이 있었다. 4. 이 새우들은 Texas Gulf Shrimp에서 느끼는 야생의 맛이 없다.

⊘ 감자 이야기

레스토랑에서 스테이크를 시키면 감자 요리가 자주 곁들여져 나온다. 오븐에 구워서 sour cream에 베이컨 가루 등 뿌려 먹는 것은 baked potato(껍질 채 굽는다 하여 jacket potato라고도 함), 감자를 삶은 다음 버터와 우유 등을 섞어 으깨서 만든 것은 mashed potato라고 한다. 또한, 맥도날드 등에서 먹을 수 있는 길게 썰어서 튀긴 것은 (French) fries라고 하며, hash browns는 다지거나 잘게 썬 감자를 (사각형, 하트모양 등으로) 눌러 기름에 튀긴 것을 말한다. 참고로, 오븐에서 갓 구워낸 감자는 너무 뜨거워 다루기 힘들다는 데서 유래하여 'hot potato'는 '다루기 힘들거나 위험한 문제'라는 뜻으로 통하게 되었고, small potatoes는 '하찮은 것이나 사람'의 뜻으로 쓰인다.

1. The Marine <u>Corps</u> falls under the Department of the Navy.
2. Different animals invest different amounts of effort into raising their <u>offspring</u>.
3. For the indigenous people, Pacific <u>salmon</u> are a primary source of protein.
4. <u>Sheep</u> were domesticated 10,000 years ago in Central Asia.
5. <u>Deer</u> are graceful and athletic creatures with antlers.

📓 **Guide** 1 the Marine Corps: (미)해병대 *fall under: ~의 관할 아래에 있다
3 *indigenous [indídʒənəs]: 토착의, 고유의 *primary[práimeri]: 주된 4 *domesticate [dəméstikèit]: 길들이다, 사육하다 5 *athletic[æθlétik]: 운동(선수)의, 체육의, 강건한
*antler[ǽntlər]: (사슴 등의) 가지진 뿔

해석 1. 해병대는 해군성에 속한다. 2. 각 동물은 새끼를 기르는데 기울이는 노력의 양이 다르다. 3. 원주민들에게 태평양연어는 단백질의 주공급원이다. 4. 양은 10,000년 전 중앙아시아에서 사육되었다. 5. 사슴은 뿔을 가진 우아하고 강건한 동물이다.

⊘ **head over heels**
머리가 발뒤꿈치(heel) 위에(over) 있으면 정상적인 자세인데 이 표현은 엉뚱하게도 '거꾸로, 공중제비를 하여, 또는 (사랑에) 푹 빠진'의 뜻으로 쓰인다. 예 They are head over heels in love with each other. (그들은 서로 사랑에 푹 빠져 있다.)

5 집합명사

1. Our **staff is** always here to serve your needs.
2. **An audience** usually **does** not applaud in church.
3. **The staff (members) were** worried about their job security.
4. Commercial **poultry are** usually vaccinated against a variety of diseases.
5. I was told to bring a **batch of cookies** to the cookie exchange party.

3 *job security: 고용보장

*family, staff(직원), faculty(교수진, 교직원), team, group, crowd(군중), committee (위원회, 모든 위원), audience(관중, 청중) 등의 집합명사(collective noun)는 집합체를 하나로 보면 단수 동사(예문 1,2), 집합체의 각 구성원에 중점을 두면 복수 동사를 사용하는데(3), 이 경우에는 family members, staff members, faculty members, team members 등과 같이 뒤에 members를 붙여 각 구성원에 대한 의미를 강조할 수 있다. (집합명사가 복수 취급을 받으면 '군집명사'라고 함)

*4의 poultry(가금), (the) police(경찰), cattle(소), vermin(해충), personnel(인원, 직원), (the) clergy(성직자들) 등은 개체가 모여 집합체를 이루는 명사로서(예 police는 police officer들의 집합체이고, cattle은 cows나 bulls의 집합체) 복수 동사를 동반한다. *참고: 다음 문장은 좀 어색한 뜻이지만 암기에 도움이 된다: The **clergy** and the other church **personnel** raise **cattle**, **poultry** and **vermin**, and the **police are** suspicious about this. (성직자들과 다른 교회 직원들은 소, 가금류 및 해충을 키우는데, 경찰은 이것에 대해 의심을 한다.)

*5의 오븐에 한 번 구운 양의 쿠키는 a batch of cookies, 하나의 꽃다발은 a bouquet[boukéi] of flowers로 표현하며, 각 집합체를 표시하는 명사는 다음과 같이 다양하다: a herd of cattle(한 떼의 소), a deck of cards(52장의 카드한 벌), a pride of lions(한 무리의 사자), a swarm of bees(한 떼의 벌), a flock of birds/sheep/goats (한 떼의 새/양/염소), a school/shoal of fish(한 떼의 물고기), a pod/school of whales(한 떼의 고래), a pack of wolves(한 무리의 늑대), a litter of puppies/kittens(한배에서 태어난 강아지들/새끼 고양이들) 등

1. 우리 직원들은 여러분들의 요구를 충족시키기 위해 항상 여기에 있습니다. 2. 청중은 일반적으로 교회에서 박수하지 않는다. 3. 직원들은 그들의 고용보장에 대해 염려했다. 4. 상업용 가금류는 일반적으로 다양한 질병들에 대한 예방 접종을 받는다. 5. 나는 쿠키교환 파티에 오븐에 한 번 구운 양의 쿠키를 가져오라는 말을 들었다.

🔍 Further Study

1. <u>Vermin are</u> causing problems in my rented old house.
2. <u>Beef cattle are</u> cattle raised for meat production.
3. Embassy <u>personnel were</u> prohibited from carrying weapons.
4. <u>Clergy are</u> responsible for the spiritual guidance of the members of their faith.
5. <u>A pod of killer whales</u> swam alongside our boat.
6. <u>Police</u> searched the area.

Guide 2 *beef cattle: 육우 *cattle raised: cattle that are raised *6에서 경찰은 한 무리의 경찰들(a group of police officers)을 뜻하며, 이 경우는 'police' 또는 'the police'로 표현할 수 있고, police가 '경찰기관, 조직'의 뜻으로 쓰일 때는 'the police'라고 함. 예를 들어 강도를 당한 후 "경찰에 연락해라!"는 경찰기관을 말하기 때문에 "Call the police!"로, 경찰관들이 출동해서 그를 체포했으면 "The police/Police arrested him."으로 표현한다.

해석 1. 해충이 나의 오래된 임대주택에서 문제를 일으키고 있다. 2. 육우는 육류생산을 위해 사육되는 소를 말한다. 3. 대사관 직원들은 무기 소지가 금지되어있었다. 4. 성직자들은 자신들의 종교를 믿는 신앙인들의 영적인 인도를 담당한다. 5. 한 무리의 범고래들이 우리 보트 옆에서 헤엄쳤다. 6. 경찰이 그 지역을 수색했다.

6 명사의 소유격

1. The **monster's** fingers bore huge claws.
2. **Lawyers'** fees are a frequent cause for complaint to our office.
3. See the unbiased reviews of **Ross'** Restaurant.
4. **Thomas's** has been providing tailored suits for 90 years.
5. View a digital replica of **today's paper** on your mobile device.

1 *bear[bɛər]: 몸에 지니다, 견디다, 참다 bore-born(e) *claw[klɔ:]: 발톱 4 *tailored suit: 맞춤정장

*소유격은 명사 다음 apostrophe(') + s로 표시하며(예문1), 복수형 명사는 s 다음에 apostrophe를 한다(2).

*s로 끝나는 고유명사는 다음에 apostrophe만 붙이거나(3), 다른 고유명사들과 동등하게 취급하여 s 다음에 apostrophe + s로 표현하는 경향이 있다(4).

*s로 끝나는 복수형 고유명사는 뒤에 apostrophe만 붙인다. (🔁 the Smiths' house: Smith씨 가족의 집)

*시간(5)이나 거리(at arm's length: 팔을 뻗으면 닿는 거리에), 가격(a million dollars' worth of goods: 백만 달러 상당의 상품) 등을 나타내는 표현에 apostrophe를 사용한다.

해석 1. 그 괴물의 손가락에는 거대한 발톱이 있었다. 2. 변호사 비용은 우리 사무실에 불만을 제기하는 빈번한 원인이다. 3. Ross' Restaurant에 대한 편견 없는 리뷰를 보십시오. 4. Thomas's 양복점은 맞춤 양복을 90년 동안 제공해 오고 있다. 5. 오늘 신문의 디지털 복제본을 모바일 기기에서 보십시오.

6. Please move to **the rear of the bus**.
7. **The ministry's** responsibilities include labour market development.
8. They are dissatisfied with **the decisions of the committee**.
9. I had a great dinner at **Bardelli's** last night.
10. This is **a portrait of Arthur's**.
11. I thought **this indifference of hers** very strange.
6 *the rear of the bus: 버스 뒤편 7 *ministry[mínəstri]: (정부의 각) 부처

*무생물(bus)의 소유격은 of(~의)로(6), 사람들로 이루어진 조직(ministry, committee)의 소유격은 's(7) 또는 of로 표시하며(8), McDonald's, Domino's, dentist's(치과), baker's(빵집), florist's(꽃집), hairdresser's(미용실), barber's(이발소) 등의 업소명 다음에 따르는 restaurant, shop 같은 명사는 생략할 수 있다. (4에서 Thomas's 다음 tailor shop과 9에서 Bardelli's 다음 restaurant 이 생략되었으며, dentist's 다음에는 office 또는 진료소의 뜻도 있는 'surgery'가 생략되었음.)

*10의 a portrait of Arthur's는 소유의 표현이 두 번(of, Arthur's) 사용되는 이중소유격이며 Arthur 소유의 초상화라는 뜻으로, a portrait of Arthur (Arthur를 그린 초상화)와 구분된다.

*a(n), this(these), that(those), some, any, no 등은 소유격 인칭대명사 바로 옆에 쓰지 않기 때문에(x this her indifference로 쓰지 않음) + 명사(portrait, indifference) + of + 명사의 소유격(10)이나 소유대명사(11)의 이중소유격 구조를 취한다.

해석 6. 버스 뒤쪽으로 이동하십시오. 7. 그 부처의 책임에는 노동시장 개발도 포함된다. 8. 그들은 위원회의 결정들에 대해서 불만이다. 9. 어젯밤에 Bardelli's 에서 멋진 저녁 식사를 했다. 10. 이것은 Arthur 소유의 초상화이다. 11. 나는 그녀의 이 무관심이 매우 이상하다고 생각했다.

⊘ put words in somebody's mouth
상대방의 말을 내 입속에 집어넣는다, 즉 내가 '하지 않은 말을 했다고 하다'는 뜻으로, "I didn't say that. Don't put words in my mouth."는 "그런 말 하지 않았어. 생사람 잡지 마라."는 뜻이 된다.

🔍 Further Study

1. There is no cafe within the immediate vicinity of <u>my father's</u> house.
2. The <u>government's</u> power to censor the press was abolished.
3. Rearing livestock is all in <u>a day's</u> work for the farmer.
4. Henry patted <u>the mane of the horse</u>.
5. My father was <u>a client of hers</u>.
6. That is <u>no concern of yours</u>.
7. I'm not <u>a big fan of his</u> at all.
8. This is my <u>mother-in-law's</u> spaghetti sauce recipe.
9. <u>The jury's</u> decision must usually be unanimous.
10. <u>Max and Daniel's room</u> has two beds.

Guide 1 *vicinity[visínəti]: 부근, 인근 *within the immediate vicinity of: ~바로 가까이에 2 *censor[sénsər]: 검열(하다) *abolish[əbάliʃ]: 없애다, 폐지하다 3 *livestock [láiv-]: 가축 *all in a day's work: 아주 일상적인 일, 당연한 일 4 *mane[mein]: (말, 사자의) 갈기 6 *no concern of yours: 네가 관여할 바가 아니다 8 *하이픈으로 연결되는 복합명사의 소유격은 마지막 명사에 's를 붙임. 9 *unanimous[ju:nǽnəməs]: 만장일치의 10 *Max and Daniel's room은 두 명이 함께 쓰는 하나의 방, Max's and Daniel's rooms는 각자가 쓰는 하나씩의 방을 뜻한다.

> 해석 1. 아버지 집 바로 근처에는 카페가 없다. 2. 정부의 언론검열 권한이 폐지되었다. 3. 그 농부에게 가축사육은 일상적인 일이다. 4. 헨리는 말의 갈기를 토닥거렸다. 5. 나의 아버지는 그녀의 고객이었습니다. 6. 그것은 네가 관여할 바가 아니다. 7. 나는 전혀 그의 열렬한 팬이 아니다. 8. 이것은 나의 장모님(시어머님)의 스파게티 소스 레시피다. 9. 배심원의 결정은 일반적으로 만장일치가 되어야 한다. 10. Max와 Daniel이 쓰는 방에는 침대가 두 개 있다.

✅ once in a blue moon

한 달에 보름달(full moon)이 두 번 뜨는 것은 상당히 드문 현상이며, 이 두 번째 보름달을 blue moon이라고 한 데서 유래했다는 once in a blue moon은 '아주 드물게'를 뜻해, "A chance like this comes along once in a blue moon."이라면 이와 같은 기회는 아주 드물게 온다는 의미가 된다. 참고로 1월의 보름달은 늑대들이 보고 짖는다 하여 wolf moon, 한가위 보름달은 harvest moon, 개기월식(total lunar eclipse) 때 지구 그림자에 가려져 불그스름하게 보이는 달은 blood moon이라고 하며 supermoon은 달이 지구 가장 가까이 접근했을 때 커다랗게 빛나는 full moon을 말한다.

대명사

대명사

대화 중 William Jefferson Clinton을 가리키며 "That tall man is William Jefferson Clinton."이라고 한 다음 이 기다란 이름을 되풀이하는 대신 대명사 'he'를 사용하여 "He's my friend."라고 하여 불필요한 반복을 피한다. 이같이 명사 대신에 사용하는 대명사에는 *인칭대명사(personal pronoun: I, you 등), *지시대명사(demonstrative pronoun: this, that 등), *소유대명사(possessive pronoun: mine, yours 등), *부정대명사(indefinite pronoun: one, some, any 등 특별히 정해지지 않은 막연한 것/사람) *재귀대명사(reflexive pronoun: myself, herself 등), *상호대명사(reciprocal pronoun: each other, one another), *관계대명사(relative pronoun: who, which 등), *의문대명사(interrogative pronoun: who, what 등)가 있다.

1 인칭대명사

1. The door swings back and forth on **its** hinges.
2. How did **you** twist **your** ankle?
3. **His** arms are so long that **he** can't find shirts to fit **him**.
4. **He** lifted up a huge chair and hurled **it** across the room.
5. We help **a young person** discover **his or her** potential.
6. What's **mine** is **hers** and what's **hers** is **hers**.
7. They gorged **themselves** on the food.
8. **The president himself** was a lawyer.
9. I complained to **the branch manager himself**, and he apologized.
10. **The leader** has displayed superior integrity **himself**.

1 *hinge[hindʒ]: 경첩 4 *hurl[həːrl]: 던지다 5 *potential[pəténʃəl]: 잠재력, 가능성(이 있는), 잠재적인 10 *superior[səpíəriər]: 높은, 우수(우월)한, 뛰어난 *integrity[intégrəti]: 진실성, 고결, 청렴, 완전한 상태

인칭대명사(personal pronoun)의 격 변화와 소유/재귀대명사

		주격 (~는, 은, 이, 가)	소유격 (~의)	목적격 (~을, 를, 에게)	소유대명사 (~의 것)	재귀대명사 (~자신)
1 인칭	단수	I	my	me	mine	myself
	복수	we	our	us	ours	ourselves
2 인칭	단수	you	your	you	yours	yourself
	복수	you	your	you	yours	yourselves
3 인칭	단수	he	his	him	his	himself
		she	her	her	hers	herself
		it	its	it	없음	itself
	복수	they	their	them	theirs	themselves

*1의 it의 소유격은 its인 것에 주의한다(it's = it is). a young person은 남학생 또는 여학생이 될 수 있으므로 예문 5에서 소유격 대명사 his or her를 사용했으며, 이런 표현을 피하려면 주어를 복수 young people로, his or her는 their로 변화시킨다.

*7의 재귀대명사의 관용적 표현들: gorge oneself on(~를 마구 먹다), by oneself(혼자서), blame oneself(자신을 책망하다), take care of oneself(자신을 돌보다), introduce oneself(자신을 소개하다), promise oneself(자신과 약속하다), laugh at oneself(자신을 비웃다), talk to oneself(독백하다), feel sorry for oneself(자기연민을 느끼다), enjoy oneself(즐기다), be proud of oneself(자신을 자랑스럽게 여기다), kill oneself(자살하다), teach oneself(독학하다) 등.

*재귀대명사는 주어, 목적어 등의 뒤, 또는 문장 끝에서(예문8~10) 이들을 강조할 수 있으며, 이 경우 이를 생략해도 문장의 구조에는 이상이 없다.

해석 1. 그 문은 경첩에서 앞뒤로 움직인다. 2. 발목을 어떻게 삐었습니까? 3. 그는 팔이 너무 길어 자신에게 맞는 셔츠를 구할 수가 없다. 4. 그는 커다란 의자 하나를 들어 올려 방을 가로질러 던졌다. 5. 우리는 젊은이가 자신의 잠재력을 발견하도록 돕습니다. 6. 내 것이 그녀의 것이고 그녀의 것은 그녀의 것이다. 7. 그들은 음식을 실컷 먹었다. 8. 대통령 자신이 변호사였다. 9. 지점장에게 직접 내가 항의했고, 그는 사과했다. 10. 그 지도자는 자신이 몸소 뛰어난 청렴성을 보여 왔다.

🔍 Further Study

1. Let's keep it <u>between you and me</u>.
2. Portland is famous for <u>its</u> narrow streets and historic harbor.
3. Protesters claim the land is <u>theirs</u>.
4. His symptoms didn't present <u>themselves</u> until he returned home.
5. The resuscitation process <u>itself</u> is often brutal and distressing.
6. <u>Hers</u> was one of the deepest wells in the village.
7. He <u>chuckled to himself</u>.
8. <u>I'm proud of myself</u> for keeping this family afloat.

📖 **Guide** 2 *historic[histɔ́:rik]: 역사적인, 역사적으로 중요한 4 *symptom[símptəm]: 증상 5 *resuscitation[risʌsitéiʃən]: 소생(법), 의식의 회복 *brutal[brú:tl]: 잔혹한, 혹독한 *distressing[distrésin]: 고통스러운, 비통한 7 *chuckle to oneself: 혼자서 낄낄거리다 8 *afloat [əflóut]: 물에 뜬, 파산하지 않고, 빚은 안질 정도의

> 해석 1. 이것은 우리 둘만 아는 것으로 하자. 2. 포틀랜드는 좁은 거리와 역사적인 항구로 유명하다. 3. 시위대는 그 땅이 자기들 것이라고 주장한다. 4. 그의 증상들은 집에 돌아가서야 나타났다. 5. 소생과정 자체가 종종 혹독하고 고통스럽다. 6. 그녀의 것이 마을에서 가장 깊은 우물 중의 하나였다. 7. 그는 혼자서 낄낄거렸다. 8. 이 가족을 부양하는 나 자신이 자랑스럽다.

⊘ me and my friends

언젠가 TV프로에서 유명한 여판사 앞에 선 한 젊은이가 "Me and my friends"로 입을 열자 판사는 집게손가락(index finger)을 저어 그를 막으며, "I and my friends"로 고쳐주는 적이 있었다. '나와 나의 친구들은'은 주어기 때문에 당연히 인칭대명사의 주격을 사용하여 "I and my friends"라고 해야 하지만 많은 북미인이 구어체에서 목적격을 사용하여 "Me and my friends went to the mall."(나와 내 친구들은 몰에 갔다)로 말하지만, formal 한 speaking이나 writing에서는 이를 피해야 한다.

2 it와 부정대명사 one/-thing(-body, -one)

1. He figures out a rival's weakness and exploits **it**.
2. Hard beds are healthier than soft **ones**.
3. **Everything changes** and **nothing stands** still.
4. **Everybody was** running, screaming off the bus.
5. Based on the dialect you speak, **one** can conclude that you are from Georgia.
6. **We** all shun suffering.
7. **They** say it's bad luck to spill salt.
8. When prices go up, the purchasing power of **your** money falls.

1 *figure out: 알아내다, 이해하다 *exploit[ikspl5it]: 이용(착취)하다 4 scream [skriːm]: 비명(을 지르다) 5 *based on: ~에 근거해서 *conclude [kənklúːd]: 결론짓다, 단정하다 6 *shun: ~를 피하다 7 *they say: ~라고 한다 8 *purchasing power: 구매력

*1의 it는 앞의 a rival's weakness를 대신하고 2의 ones는 일반적인 부드러운 침대들(beds)을 대신하는 대명사다. 이처럼 it는 앞서 언급된 특정한 명사를 대신하는 반면에 one은 불특정한 명사를 대신하는 부정대명사로 쓰이며, 특정한 사물/사람을 가리킬 때도 쓸 수 있다. 예를 들어 블라우스 두 벌을 펼쳐 놓고 "Which blouse do you like more?"라고 물었을 때 "I prefer the purple one."이라면 특정한 자주색 블라우스가 더 마음에 든다는 뜻이다(one: blouse).
*-one/body/thing이 붙는 someone, anybody, nothing, no one, everything 등은 불특정한 사람이나 사물을 나타내는 부정대명사이며 3인칭 단수 취급을 한다(예문3,4). *one은 we, they, you 등과 같이 일반인을 뜻할 수 있으며(예문5~8), 정중한 표현이다.

[해석] 1. 그는 경쟁자의 약점을 파악하고 이를 이용한다. 2. 단단한 침대가 부드러운 침대보다 건강에 좋다. 3. 모든 것은 변하며 정지해있는 것은 아무것도 없다. 4. 모두가 비명을 지르며 버스에서 내려 달리고 있었다. 5. 당신이 말하는 방언으로 볼 때 당신은 조지아 출신이라는 결론을 내릴 수 있습니다. 6. 우리 모두는 고통을 피한다. 7. 소금을 쏟으면 불운이 온다고 한다. 8. 물가가 오르면 돈의 구매력은 떨어진다.

🔍 Further Study

1. We've been looking at houses but haven't found <u>one</u> we like yet.
2. Ron used to have a stable job but lost <u>it</u> when his plant shut down.
3. <u>Everybody has</u> run out of patience.
4. <u>There was something</u> about her fashion that he hated.
5. <u>Nobody tells</u> redheaded spitfire Stella what to do.
6. <u>Everything is</u> made to be thrown away rather than fixed these days.
7. I'd rather rent a house than buy <u>one</u>.
8. <u>They</u> fine you for parking offences.
9. Has anybody lost <u>their</u> keys?

📓 **Guide** 2 stable[stéibl]: 안정적인 5 *spitfire: 화를 잘 내는 사람, 성미가 급한 여자 8 *fine: 벌금(을 부과하다) *parking offence(미: offense): 주차위반 9 anybody, somebody 등은 남자 또는 여자가 될 수 있기 때문에 이를 받는 대명사는 his or her이지만, 구어체에서는 9와 같이 their를 많이 사용하며, he 또는 she 중의 한 사람(단수)을 가리키는 이러한 they를 'singular(단수형) they'라고 한다. 여성도 남성도 아닌(non-binary) 사람들이 등장하여 his or her만으로는 이들을 칭할 대명사를 정할 수 없는 오늘날 이들을 포함 시킬 수 있는 singular they의 사용은 확대되는 추세다.

> [해석] 1. 집들을 둘러보고 있지만 우리 마음에 드는 집을 아직 찾지 못했다. 2. Ron은 안정된 직업을 가지고 있었지만 다니던 공장이 폐쇄되자 직장을 잃었다. 3. 모두가 인내심을 잃었다. 4. 그녀의 패션에 대해서 그가 싫어하는 것이 있었다. 5. 불같은 성질의 빨강 머리 스텔라에게 아무도 이래라저래라 하지 않는다. 6. 모든 것이 요즈음은 수리해서 쓰기보다는 버리도록 만들어진다. 7. 나는 집을 사기보다는 렌트 하기를 원한다. 8. 주차위반은 벌금이 부과된다. 9. 열쇠를 분실한 사람이 있습니까?

✅ **tough cookie**
(정신적, 신체적으로) 강인한 사람을 일컫는 표현으로 "Don't worry about Alice. She's a tough cookie."라면 앨리스는 강인한 사람이니 걱정하지 마라는 뜻이다.

3 it(강조구문과 비인칭 주어로 쓰이는 it)

1. **Pneumonia** killed him.
   It was pneumonia that killed him.
2. **You** suggested I study botany.
   It was you that/who suggested I study botany.
3. Someone rang the doorbell **about a week later.**
   It was about a week later that someone rang the doorbell.
4. You should be talking to Mia.
   It's Mia you should be talking to.
5. Did **you** call me yesterday?
   Was it you that called me yesterday?
6. **It's been two decades** since the state last voted for a Democratic president.
7. **It is quiet** around my house at night.

2 *botany[bάtəni]: 식물학 6 *decade [dékeid]: 10년

*it ~ that 사이에 주어, 목적어, 부사(구) 등을 넣으면 그 부분이 강조된다. 예문 1은 문장의 주어 pneumonia를 it~that이 강조하며 2는 주어 you를 강조하며, you가 사람이기 때문에 that 대신에 who를 사용할 수도 있으며, 3은 때의 부사구 about a week later가 사이에 놓여 강조되었으며, 4의 두 번째 문장은 informal 한 표현에서 강조하는 목적어 다음의 that을 생략할 수 있는 것을 보여 주고(talking to의 목적어 Mia가 강조되면서 다음의 that이 생략됨), 5는 it~that 강조구문의 의문문은 be동사(Was)+it+강조 부분(you)+that 구조로 변화되는 것을 보여 준다.
*시간(예문 6), 상황(예문 7), 날씨, 거리, 계절, 요일, 명암등은 it를 주어로 해서 표현하며, 이때의 it를 비인칭 주어라고 한다.

해석 1. 폐렴이 그를 죽였다./그를 죽였던 것은 폐렴이었다. 2. 네가 나에게 식물학 공부를 하라고 제안했다./나에게 식물학 공부를 시작하도록 제안한 사람은 너였다. 3. 누군가가 일주일쯤 후에 초인종을 눌렀다./누군가가 초인종을 누른 것은 일주일쯤 후였다. 4. 네가 Mia에게 말해야 한다./네가 말해야 할 사람은 Mia다. 5. 어제 전화했니?/어제 나에게 전화한 사람이 너였니? 6. 그 주가 마지막으로 민주당 대통령을 뽑은 지 20년이 지났다. 7. 밤에 내 집 주변은 조용하다.

🔍 Further Study

1. <u>It was mainly out-of-town people who</u> went to the river.
2. <u>It is thinking that</u> makes what we read ours.
3. <u>It wasn't just Cora's whimpers that</u> had disturbed her mother.
4. <u>It was bitterly cold</u> that day.
5. Inside, <u>it was dark</u> and eerily quiet.

📖 **Guide** 1 *mainly[méinli]: 주로, 대부분은 3 *whimper[hwímpər]: (어린이 등이) 흐느껴 우는소리, 흐느껴 울다, (개 등이) 낑낑거리다 4 *bitterly[bítərli]: 몹시 5 *eerily[íərili]: 무시무시하게, <u>으스스하게</u>

해석 1. 강으로 갔던 사람들은 대부분이 외지인들이었다. 2. 우리가 읽는 것을 우리의 것으로 만드는 것은 생각이다. 3. 코라의 어머니를 괴롭힌 것은 그녀의 흐느끼는 소리만은 아니었다. 4. 그날은 몹시 추웠다. 5. 안은 어둡고 섬뜩할 정도로 조용했다.

✓ tip

외국 식당에서 tip을 지불 하는 것은 관습이며, 이 tip의 비율은 갈 수로 높아지는 추세다. 북미의 경우 10%에 활짝 웃던 시절은 옛말이다. 보통 계산서(bill/check)에 적혀 있는 액수의 15%는 기본이며, 서비스의 만족도에 따라 25%를 넘을 수도 있다. 세금을 제외한 액수의 15~20%라고 주장하는 고객들이 있는 반면에, 세금을 포함한 전액의 20% 정도라고 말하는 요식업계 사람들도 있으며, 북미인들이 많이 사용하는 tip 계산법 중의 하나가 소수점(decimal point)을 한자리 옮겨 2를 곱하는 것이다. 즉, 세금 전의 요금이 125.83달러면 소수점을 왼쪽으로 한자리 옮긴 숫자 12.58×2의 액수인 25.16달러를 tip으로 계산하는 방법이다. (세금 후의 요금을 기준으로 계산하는 사람들도 많음.) tip을 받는 종업원들은 상대적으로 고용주로부터 받는 기본급료가 적고 tip 소득에 대한 세금 신고를 해야 하므로 북미에서의 tip 지불은 이제 의무사항이라고 해도 과언이 아니다.

4 가주어 it

1. It is important **to know that some people are lactose intolerant**.
2. It was clear **that everyone there knew what was happening was wrong**.
3. It's one thing **passing your driving test** but being a good driver is another.
4. It remains to be seen **whether the novel will resonate with readers**.
5. It's uncertain **if the new social welfare program will survive the election**.
6. It's not clear **when the investigation will be completed**.

1 *lactose intolerant: 유당불내증의(우유를 소화 시키지 못하는) 3 *it is one thing ~, ...another: ~와 ...는 별개의 것이다 4 *it remains to be seen whether: ~인지의 여부는 두고 봐야 한다 *resonate[rézənèit]: 반향을 불러일으키다, 공명하다, 울려 퍼지다

*to 부정사(예문 1), **that 절**(2), **동명사**(3), **whether/if 절**(4,5), **의문사 절**(6) 등이 이끄는 기다란 주부는 뒤로 보내고 그 자리에 가주어 it를 앞세워 위와 같이 문장의 균형을 맞추는 것이 일반적이다.

해석 1. 일부 사람들은 유당 불내성인것을 아는 것이 중요하다. 2. 거기에 있던 모든 사람들은 일어나고 있던 일이 잘못된 것을 알고 있는 것이 명백했다. 3. 운전면허시험에 합격하는 것과 좋은 운전자가 되는 것은 별개의 것이다. 4. 그 소설이 독자들의 반향을 불러일으킬지는 두고 볼 일이다. 5. 새로운 사회복지프로그램이 선거에서 살아남을지는 불확실하다. 6. 조사가 언제 끝날지는 명확하지가 않다.

⊘ "12 items or less"

북미 마켓의 express lane(신속처리계산대)에는 위와 같은 사인을 흔히 볼 수 있다. 구매품목 12개 이하의 고객에게 신속한 서비스를 알리는 이 사인을 보면 가산명사 'items' 다음에는 fewer가 와야 문법적으로 맞지만 위와 같이 쓰거나, "There are less people here today. (오늘은 여기에 사람이 적다.)"같이 틀린 문법을 사용하는 사람들이 많으며, 이는 less가 fewer보다 발음하기 쉬운 편리함 때문이라고 한다.

1. It was bizarre to realize that I didn't feel jealous of him anymore.
2. It is imperative to teach moral values to students.
3. It is true that he comes from a wealthy family.
4. It is not known if the product is safe to use for a long period of time.
5. It is still under debate whether the conversion from conventional to biological farming has an influence on milk composition.

📖 **Guide** 1 *bizarre[bizáːr]: 기이한, 특이한 *jealous of: ~를 시기하는 5 *under debate: 논쟁 중인 *conversion[kənvə́ːrʒən]: 전환, 변화 *conventional 다음 farming 생략 *composition: 성분, 구성

> 해석 1. 내가 더 이상 그에게 시기심을 느끼지 않는다는 것을 깨닫는 것이 기이했다. 2. 학생들에게 도덕적 가치를 가르치는 것은 필수적이다. 3. 그가 유복한 가정 출신이라는 것은 사실이다. 4. 그 제품을 장기간 사용해도 안전한지는 알려진 바가 없다. 5. 재래식 농업에서 생물학적 농업으로의 전환이 우유 성분에 영향을 미치는지의 여부는 아직 논쟁 중이다.

✅ **butt-dial**
뒤 호주머니 속에 둔 휴대폰을 실수로 누르는 것에서 유래된 이 표현은 그렇게 하여 '잘못 전화를 걸다, 잘못건 전화'의 뜻이다. 예 Amy butt-dialed me yesterday and I overheard her conversation with Karol. (Amy가 어제 실수로 나에게 전화를 걸어 난 Amy가 Karol과 나누는 대화를 우연히 들었다.)

5 가목적어 it

1. They **found it difficult to attain timely treatment** in cases of illness.
2. The media was **making it impossible for him to do** his job.
3. They **consider it inevitable that** a large portion of the revenue should be raised.
4. We **believe it necessary to disarm** the public.
5. When we fly, we **take it for granted that** we'll land safely.

1 *find it difficult to~: ~하는 것이 어렵다는 것을 알다 *attain[ətéin]: 얻다, 달성(성취)하다 2 *make it impossible for A to~: A가 ~하는 것을 불가능하게 하다 3 *consider it inevitable that~: ~가 불가피하다고 여기다 4 *believe it necessary to~: ~가 필요하다고 생각하다(믿다) *disarm[disάːrm]: 무장을 해제하다 5 *take (it) for granted that: ~를 당연시하다

*find, make, consider, believe, think 등의 타동사 + it + 형용사(difficult, possible, inevitable, necessary, hard, easy 등) + to 부정사/that 절 등의 구조에서 it는 가목적어로서 뒤에 따르는 to 부정사/that 절 등의 부분을 대신한다. (예문 2의 for him은 to do의 주어)

해석 1. 그들은 병이 나면 적시에 치료받기가 어렵다는 것을 알았다. 2. 언론 때문에 그는 자신의 일을 할 수가 없었다. 3. 그들은 세입의 많은 부분을 인상하는 것이 불가피하다고 생각한다. 4. 우리는 대중을 무장해제 시킬 필요가 있다고 믿는다. 5. 우리가 비행할 때는 안전하게 착륙하는 것을 당연시한다.

⊘ ring a bell
가축을 돌보는 목축견(herding dog)이 종소리만 들으면 식사가 떠올라 달려오는 데서 유래했다는 ring a bell은 '생각나게 하다, 들어본 적이 있는 것 같다'는 뜻이다. A: "Have you heard of Robert Stevenson?"(로버트 스티븐슨이라고 들어 본 적이 있나요?) B: "That name doesn't ring a bell."(그런 이름 들어본 적이 없는 것 같네요.)

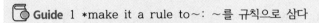

Further Study

1. I <u>make it a rule never to</u> give my son a book I don't like myself.
2. I <u>found it hard to</u> concentrate in class.
3. People <u>take it for granted that</u> there are women serving on the Supreme Court.
4. The government doesn't <u>make it easy for workers to</u> move from where they live to where they are wanted.
5. We didn't <u>consider it necessary to inform</u> you of our decision.

Guide 1 *make it a rule to~: ~를 규칙으로 삼다

> 해석 1. 나는 내가 좋아하지 않는 책을 아들에게 주지 않는 것을 규칙으로 삼고 있다.
> 2. 나는 수업시간에 집중하기가 힘들다는 것을 알았다. 3. 사람들은 대법원에 재직하는 여성들이 있는 것을 당연시한다. 4. 정부는 근로자들이 자신들의 거주지에서 그들을 필요로 하는 곳으로 쉽게 이동하도록 하지 않는다. 5. 우리는 당신에게 우리의 결정을 알릴 필요가 없다고 생각했습니다.

boat와 ship

boat는 cruise ship(유람선) 같은 ship보다 작은 rowing boat(노 젓는 배), fishing boat(낚시 배) 등을 의미하지만, 구어체에서는 ship을 boat라고도 한다. 참고로, 유조선은 tanker, 항공모함은 (aircraft) carrier, 잠수함은 submarine, 화물선은 freighter 또는 cargo ship, 나룻배는 ferry (boat), 밑바닥이 평평한 짐배(일명 바지선)는 barge, 구축함은 destroyer, 전함은 battleship, 예인선은 tugboat, 선체(hull) 두 개를 나란히 연결한 쌍동선은 catamaran[kætəmərǽn], 고래잡이배는 whaler, 쇄빙선은 icebreaker, 구조선은 rescue boat, salvage ship 등으로 표현하며, vessel은 ship이나 비교적 큰 boat를 지칭한다.

6 one/(the) other(s)

---

1. **One** man was apprehended, but **the other** one got away.
2. This compact car gets better gas mileage than **the others** in the showroom.
3. When you practice alternate-day fasting, you fast **every other day**.
4. Cold viruses can spread from infected people to **others** through the air.

1 *apprehend[æprihénd]: 체포하다, 이해하다 3 *alternate[ɔ́ːltərnət]: 번갈아 하는, 교대의 v. [ɔ́ːltərnèit]: 번갈아(교대로) 하다(일어나다) *fast: 단식(하다) *every other day: 하루걸러

예문 1	one ~ the other ~	둘 중에서 '하나는 ~, 다른 하나는 ~'의 뜻으로, 예문 1 과 같이 형용사로 쓰여 다음에 명사(man)가 올 수도 있고, 대명사로도 쓰이기 때문에 one man = one, the other one = the other로도 표현할 수 있다.
2	the others	일부를 제외한 나머지 전부를 말하며 the others = the other + 복수명사의 뜻으로 여기서는 the other cars와 같은 뜻.
3	every other + 단수명사	'한번 걸러'의 뜻으로 'every other day'는 '이틀에 한 번 씩'의 뜻.
4	others	불특정한 '다른 사람들/것들'의 뜻으로 other + 복수명사 (other people/things 등)와 같은 뜻이다.

해석 1. 한 명은 체포되었지만 다른 한 명은 달아났다. 2. 이 소형차는 전시실의 다른 차들보다 연비가 좋다. 3. 격일 단식을 하면 하루 걸러서 단식을 한다. 4. 감기 바이러스는 감염자들로부터 다른 사람들에게 공기를 통해 전파될 수 있다.

1. He shifted <u>from one foot to the other</u>.
2. Our behavior is influenced far more by <u>others</u> than we'd like to imagine.
3. She sat with <u>one leg crossed over the other</u>.
4. I work out <u>every other day</u>.
5. I chose this coat in the end because <u>the other ones</u> were all out of style.
6. We are working with <u>others</u> in the world to bring peace to the region.
7. It is in your best interest to get along with <u>the others</u> at the office.

Guide 1 *shift[ʃift]: 옮기다, 이동하다, 자세를 바꾸다 4 *work out: (건강, 몸매 관리 등을 위해) 운동하다 5 *in the end: 마침내, 결국 *out of style: 유행이 지난 (old-fashioned)

[해석] 1. 그는 한쪽 발에서 다른 쪽 발로 자세를 바꾸었다. 2. 우리의 행동은 우리가 생각하는 것보다 다른 사람들의 영향을 훨씬 더 많이 받는다. 3. 그녀는 다리를 꼬고 앉았다. 4. 나는 격일로 운동한다. 5. 다른 코트들은 모두가 유행이 지나서 나는 결국 이 코트를 선택했다. 6. 우리는 그 지역에 평화를 가져오기 위해 세계의 다른 사람들과 함께 일하고 있다. 7. 사무실에서 다른 사람들과 잘 지내는 것이 당신에게 가장 이롭습니다.

◎ **not by a long shot**
멀리 떨어진 표적을 맞출 가능성을 나타내는 데서 유래한 위 표현은 '조금도 ~않다 (= not at all)'는 뜻이다. 예 He wasn't a pushover, not by a long shot. (그는 전혀 호락호락한 사람이 아니었다. *pushover: 만만한 사람)

7 one/another/the other

---

1. I have been to five countries. **One** is England. **Another** is Brazil, and **another** country I have been to is America. **The others** are Australia and Singapore.
2. She got a mug from **another** of her friends.
3. He said he could play **another ten years** in the NFL.

3 *NFL: 미국 프로 미식축구연맹(National Football League)

예문 1	one~ another~ (another~) the other	셋 이상 중 하나는 one, 다른 하나는 another, (또 다른 하나는 another) 나머지 하나는 the other(복수면 the others)로 표현한다.
2,3	another	another는 2와 같이 대명사(또 하나, 또 한 사람, 다른 사람, 다른 것), 또는 3처럼 형용사(더, 또 하나의, 추가의)로 쓰인다.

해석 1. 나는 5개국을 가봤습니다. 하나는 영국입니다. 다른 나라는 브라질이고, 내가 가본 또 다른 나라는 미국입니다. 나머지 나라들은 호주와 싱가포르입니다. 2. 그녀는 다른 한 친구로부터는 머그잔을 받았다. 3. 그는 NFL에서 10년 더 선수 생활을 할 수 있다고 말했다.

⊘ reasonable doubt & give someone the benefit of the doubt

법률용어 'reasonable doubt'는 '합리적 의심(혐의)'의 뜻으로 구체적이고 명확한 사실에 기반을 두는 이성적 판단에 의한 의심을 말한다. 'beyond a reasonable doubt'는 '합리적 의심이 없는 (의심을 배제하는)'의 뜻이며, 'proof beyond a reasonable doubt'는 '합리적인 의심을 배제할 수 있는 증명'을 뜻한다. 검찰(the prosecution)이 reasonable doubt를 배제할 수 있을 정도로 혐의를 입증하지 못하면 피고는 무죄판결을 받는 데서 유래했다는 'give someone the benefit of the doubt'는 '남의 말 등에 의심이 가지만 선의로 해석하여 믿어보다, 속는 셈 치고 한번 믿어보다'의 뜻으로, "I was not convinced but gave him the benefit of the doubt."는 "나는 확신이 안 갔지만 그를 한번 믿어보기로 했다."는 뜻이고, "He is guilty beyond a reasonable doubt."는 "그는 합리적 의심의 여지가 없이 유죄다."는 뜻이다.

Further Study

1. Andrew ordered <u>another</u> bottle of champagne.
2. Our father had a few peculiarities: <u>one</u> was, he never ate desserts; <u>another</u> was that he liked to walk.
3. We'll have to wait <u>another two weeks</u> for the results.
4. Sally has three international friends. <u>One friend</u> is from Australia, <u>another friend</u> is from England, and <u>the other one</u> is from Singapore.
5. I live with three roommates. <u>One</u> of them studies marine engineering, <u>another</u> studies avionics, and <u>the other one</u> is a medical student.

Guide 2 *peculiarity[pikjùliǽrəti]: 특색, 특성 *another: another peculiarity 5 *marine engineering: 선박 공학 *avionics[èiviɑ́niks]: 항공 전자공학

> [해석] 1. Andrew는 샴페인을 한 병 더 주문했다. 2. 우리 아버지는 몇 가지 특이한 점이 있었는데, 하나는 디저트를 먹지 않는 것이었고 또 하나는 걷는 것을 좋아하는 것이었다. 3. 결과는 2주 더 기다려야 할 것이다. 4. 샐리는 세 명의 외국인 친구가 있다. 한 친구는 호주에서 왔고, 다른 친구는 영국에서 왔으며, 나머지 한 명은 싱가포르에서 왔다. 5. 나는 세 명의 룸메이트와 생활한다. 그중 한 명은 선박 공학을 공부하고, 다른 한 명은 항공 전자공학을 공부하며, 나머지 한 명은 의대생이다.

⊘ get off on the wrong foot

신병훈련소(boot camp)에서 교관의 구령에 맞춰 훈련병들이 행진을 시작하는데, 그 속에는 항상 '고문관'이 있어 왼발 구령 소리에 오른발을 내민다. 이게 get off on the wrong foot 하는 상황이며, 이는 '잘못 시작하다, 처음부터 관계를 잘못 맺다, 첫 단추를 잘못 끼우다'는 뜻으로 쓰인다. 例 I got off on the wrong foot with you. (너와의 시작이 잘못되었다.)

8 some/others/the others
each other/one another

1. **Some** people are more resilient than **others**.
2. **Some people** thought it was a snail. **Others** assumed it was a crab. And **the others** believed it was a worm.
3. All the girls got along with **each other**, and they enjoyed **each other's** company.
4. Partners should compliment **one another**.

1 *resilient[rizíljənt]: (충격, 역경, 부상 등에 대해) 회복력 있는, 탄력 있는 2 *assume [əsúːm]: 추정(가정)하다 4 *compliment[kάmpləmənt]: 칭찬하다

예문1	some~ others	some ~ others ~는 '일부는 ~ 다른 일부는 ~'의 뜻으로 some people은 대명사 some, 대명사 others는 other people과 같은 뜻이다.
2	some~ others~ the others~	다수를 셋 이상의 그룹으로 나눌 때 '일부는' some, '다른 일부'는 others (또 다른 일부는 and others), 이들을 제한 나머지들은 the others로 표현한다.
3,4	each other one other	each other와 one another는 '서로'의 뜻으로 둘 이상 사이에 사용.

[해석] 1. 어떤 사람들은 다른 사람들보다 회복력이 있다. 2. 일부 사람들은 그것이 달팽이라고 생각했다. 다른 사람들은 그것이 게라고 추정했으며, 나머지 사람들은 그것이 벌레라고 믿었다. 3. 모든 소녀들은 서로 사이좋게 지냈고, 함께 있는 것을 서로 즐겼다. 4. 파트너는 서로 칭찬해야 한다.

⊘ each other & one another
일부 소수의 언어학자들은 each other는 둘 사이, one another는 셋 이상 사이에 사용한다고 선을 긋지만, 대다수의 문법학자와 Oxford, Cambridge, Merriam-Webster, Longman, Collins, Macmillan 같은 영영사전들은 each other와 one another를 같은 뜻으로 정의하고 있어, 학습자들은 each other를 둘 사이에 쓰는 것을 선호하되 셋 이상 사이에 쓸 수 있는 것을 알아야 한다.

Further Study

1. Some people have more earwax than <u>others</u>.
2. Comparing yourself to <u>others</u> seems like an inevitable part of modern life.
3. Among the three electives, one is biology, another is physics, and <u>the other</u> is chemistry.
4. Thousands of fighters surrendered. <u>Others</u> fled for their lives, while <u>still others</u> made last stands against enemy tanks.
5. They used to hate <u>each other</u>, but now they can't live without <u>each other</u>.
6. They complement <u>one another</u>.

Guide 1 *earwax: 귀지 2 *inevitable[inévətəbl]: 불가피한, 필연적인 3 *elective [iléktiv]: 선택과목, adj. 선택할 수 있는, 선거의 4 *surrender[səréndər]: 항복하다 *still others: (앞에서 언급되지 않은) 또 다른 사람들은 *make a stand against: ~ 에게 저항하다 6 *compliment(칭찬하다)와 complement(보완하다)는 혼동하기 쉽다. 보완하다(complement)와 complete(완전한)는 연관성이 있다. 즉 '보완하면 완전해진다'로 연관 지어 'e'자가 있는 단어가 '보완하다'로 기억하면 된다.

> 해석 1. 어떤 사람들은 다른 사람들보다 귀지가 더 많다. 2. 자신을 남들과 비교하는 것은 현대생활의 피할 수 없는 한 부분인 것 같다. 3. 세 개의 선택과목 중에서 하나는 생물학이고 다른 하나는 물리학, 나머지 하나는 화학이다. 4. 수천 명의 전사들이 투항했다. 다른 자들은 필사적으로 도주하는가 하면 적의 탱크에 맞서 최후의 저항을 하는 자들도 있었다. 5. 그들은 서로를 미워했지만, 지금은 서로가 없이는 살 수 없다. 6. 그들은 서로를 보완한다.

low-hanging fruit
낮게 매달려 있는 과일은 따기 쉬운 데서 나온 이 표현은 '쉬운 작업, 쉽게 달성할 수 있는 목표'를 뜻한다.

9 # that(those) of, those + 분사/전치사구

---

1. His manner was **that of** someone accustomed to mixing with aristocracy.
2. The facilities on the cruise ship far surpass **those of** rival ships.
3. **Those driving to campus** are asked to park in the North garage.
4. Super Village is a summer camp for **those with special needs**.

1 *mix with: ~와 어울리다, 교제하다 *aristocracy[ӕrəstάkrəsi]: 상류(귀족)계급, 귀족정치(사회) 2 *surpass[sərpǽs]: ~를 능가하다 3 *garage[gərάːdʒ]: 차고, 주차장 4 *special needs: (장애인들의) 특수요구

---

*'that(those) of'의 'that(those)'은 앞서 언급된 명사를 대신한다. 예문 1의 that은 단수 명사 manner, 2의 those는 복수 facilities를 각 대신하고 있으며 (that of = the manner of, those of = the facilities of), 3,4의 those 다음의 분사구(driving to campus), 전치사구(with special needs)는 앞 those를 수식하는 형용사구가 되어 '~하는(~가 필요한, ~가 있는) 사람들' 등의 뜻이다.

[해석] 1. 그의 태도는 귀족층과 어울리는 것에 익숙한 사람의 태도였다. 2. 그 유람선의 시설은 경쟁 선박들의 시설보다 훨씬 더 낫다. 3. 캠퍼스로 오는 운전자들은 북쪽 주차장을 이용하도록 요청받는다. 4. Super Village는 특수요구가 필요한 사람들을 위한 여름 캠프이다.

🔎 Further Study

1. The majority of <u>those injured</u> were women.
2. For <u>those wishing</u> to take part in the parade, there's still time!
3. She devoted her career to improving the lives of <u>those with</u> schizophrenia.
4. His behavior is <u>that of</u> a clown.

📖 **Guide** 1 *those injured: 부상당한 사람들(= those who were injured) 2 *those wishing: those who wish 3 *schizophrenia[skìtsəfríːniə]: 정신분열증

[해석] 1. 부상자의 대부분은 여자들이었다. 2. 퍼레이드에 참가하고 싶은 사람들은 아직 시간이 있습니다! 3. 그녀는 정신분열증 환자들의 삶을 개선하는 데 자신의 경력을 바쳤다. 4. 그의 행동은 광대의 행동이다.

Unit

08

형용사

Unit 08 형용사

사람이나 사물의 상태나 성질을 나타내는 형용사(gorgeous, miserable, yellow 등)는 명사를 꾸며주며(a **yellow** submarine), 주격보어(She looks **gorgeous**.)와 목적격 보어(He made her **miserable**.)로도 쓰인다.

형용사(adjective)가 명사를 꾸밀 때는 명사 앞뒤를 왔다 갔다 하는데, 그 용법과 이유를 잘 알아야 문장의 의미를 정확하게 파악하고 활용할 수 있다. 예를 들어 upper, utter 같은 형용사는 명사 앞에서만 명사를 수식하지만(**upper** body: 상반신, **utter** disaster: 완전한 재난), peculiar(독특한, 이상한) 같은 형용사는 명사 앞에 오거나(his **peculiar** attitude: 그의 독특한 태도), 'something' 같은 대명사를 수식할 때는 그 뒤로 달려가서 '**Something peculiar** happened.'(이상한 일이 일어났다.)로 표현한다. 이러한 rule들을 모르고 essay writing을 하다가는 'It was an **utter** failure(그것은 완전한 실패였다).' 대신 '(x) The failure was utter.' 같은 후회할 문장을 만들 수 있다.

이 장에서는 수, 양을 나타내는 형용사, 형용사의 한정, 서술적용법, 형용사가 이끄는 that절 및 the + 형용사, not so much A as B, 형용사로 쓰이는 명사, the last의 용법 등을 알아본다.

1 수를 나타내는 표현들

*아래는 수를 나타내는 표현으로 다음에는 가산명사가 따른다.

예문1	a few	'약간 있는' (긍정의 표현)
2	few	'거의 없는' (부정의 표현)
3	quite a few	'많은', 'quite a few nannies, quite a few many'로 암기 (*nanny: 어린이나 노약자를 가정에서 돌보는 사람 *quite a few nannies: 많은 nanny들, *quite a few = many *nannies와 many는 비슷한 발음.)
4	many	'많은'
5,6	each	'각(각의), 각자의' + 단수 명사(예: each foot) *each (one) of + 복수명사(these muscle tissues) + 단수 동사(has)

해석 1. 그 이론에는 몇 가지 결함이 있다. 2. 그는 수천 명의 친구가 있었지만 친한 친구는 거의 없었다. 3. 방문객들이 이용할 수 있는 등산로가 상당히 많다. 4. 많은 유형의 명상이 있다. 5. 대부분의 사람들은 각 발에 26개의 뼈를 가지고 있다. 6. 각각의 이 근육조직은 수축과 팽창하는 능력이 있다.

7. **Every family has** a black sheep.
8. The fast food restaurant makes a mistake only once in **every 3,600 orders**.
9. **Every one of those lads was** lying dead.
10. White-tailed deer are susceptible to **several diseases**.
11. She was texting with **both hands** in the crowded subway train.
12. We've had **a couple of unopened smartphones** stolen.
13. The company is closing **a number of its underperforming mall stores**.

7 *black sheep: 말썽꾼, 골칫덩어리 9 *lad[læd]: 청년, 젊은이 10 *susceptible [səséptəbl]: 영향을 받기 쉬운, 감염되기 쉬운 13 *underperform[ʌndərpərfɔ́ːrm]: (예상보다) 기량 발휘를 못하다(실적을 못 내다)

7~9	every	'모든' + 단수 명사(family) + 단수 동사(has) *every + 복수(3,600) + 복수명사(orders) *every one of + 복수명사(those lads) + 단수 동사(was)
10	several	'몇몇의, 여러가지의' + 복수명사(diseases)
11	both	'둘 다' + 복수명사(hands)
12	a couple of	'둘의, 몇몇의, 몇 개의' + 복수명사(smartphones)
13	a number of	'다수의, 얼마간의'+복수명사('Unit 1 동사 8 주어와 동사의 일치' 참고)

해석 1. 모든 집안에는 말썽꾼이 있다. 8. 그 패스트푸드점은 3600건의 주문 당 단 한 번의 실수를 한다. 9. 그 젊은이들 모두는 죽어서 누워있었다. 10. 흰 꼬리 사슴은 여러 질병에 걸리기 쉽다. 11. 그녀는 붐비는 지하철 안에서 양손으로 문자메시지를 보내고 있었다. 12. 우리는 개봉하지 않은 스마트 폰 몇 대를 도난당했다. 13. 그 회사는 실적이 저조한 여러 쇼핑몰 매장을 폐쇄하고 있다.

1. Climate changes of <u>a few degrees</u> are a cause for concern.
2. <u>Few American writers</u> have had his erudition and phenomenal memory.
3. <u>Each one of these women is</u> an Olympic athlete.
4. The tourism sector has created <u>quite a few jobs</u> this year.
5. <u>Every accused is</u> innocent until otherwise proven.
6. That was good news for <u>both candidates</u>.
7. Rates of Alzheimer's will double <u>every twenty years</u>.
8. <u>Each buyer was</u> given a card.
9. <u>Every one of them is</u> dying to be on television.
10. It took them <u>a couple of</u> years to become a pair.

📙**Guide** 2 *erudition[èrjudíʃən]: 학식, 박식 *phenomenal[finάmənl]: 경이적인, 놀랄만한, (자연) 현상의 5 accused[əkjú:zd]: 피고 7 *Alzheimer's: Alzheimer's disease 9 *be dying to: 몹시 ~하고 싶어하는

> [해석] 1. 몇 도의 기후변화가 우려의 원인이다. 2. 미국 작가 중에서 그만큼 박식하고 놀라운 기억력을 가진 자는 거의 없었다. 3. 이 여성들 각자는 올림픽 선수이다. 4. 관광부문은 올해 많은 일자리를 창출했다. 5. 모든 피고는 달리 입증될 때까지 무죄이다. 6. 그것은 두 후보자 모두에게 좋은 소식이었다. 7. 알츠하이머의 발병률은 20년마다 두 배로 증가할 것이다. 8. 각 구매자에게 카드가 주어졌다. 9. 그들 모두는 텔레비전에 몹시 출연하고 싶어 한다. 10. 그들이 한 쌍이 되기까지 몇 년이 걸렸다.

✅ **non-starter**

출발선(starting line)에서 출발을 못 하면 아예 이길 가능성이 없다. 위 표현은 '애당초 가능성이 없는 것, 사람' 등을 뜻한다. 예 The joint venture was pretty much a nonstarter from the beginning. (그 조인트 벤처사업은 처음부터 거의 가능성이 없는 것이었다. *pretty much: 거의)

2 양을 나타내는 표현들

1. We take **little time** off for rest and pleasure.
2. She applied **a little lip gloss** to her lips.
3. Cooking is **too much hassle** for me.
4. They got some unexpected help from **a little girl**.
5. Many injured workers harbor **a great deal of resentment**.
6. **A large amount of ammonium nitrate** stored at the port exploded.

1 *take time off for: ~를 하기 위해 시간을 내다 3 *hassle[hǽsl]: 번거로운 상황(일)
5 *harbor[háːrbər]: (생각 등을) 품다, 항구, 피난처 *resentment[rizéntmənt]: 분함,
억울함 6 *stored at the port(항구에 저장된)는 ammonium nitrate(질산암모늄)를 수식

*little(거의 없는), a little(약간 있는), much(많은)는 양을 나타내는 형용사이며 다음에 불가산명사가 온다. *little이 '작은, 어린'의 뜻일 때는 4와 같이 가산명사가 올 수도 있다.

*a great/good deal of~와 a large amount of~는 '많은 양의~'의 뜻으로 다음에는 불가산명사가 온다(5,6). (*informal 한 표현에서는 amount of 다음 가산명사의 복수가 오는 경우가 있음.)

해석 1. 우리는 휴식과 즐거움을 위해 가지는 시간이 거의 없다. 2. 그녀는 입술에 립글로스를 약간 발랐다. 3. 요리는 나에게 너무나 번거로운 일이다. 4. 그들은 어린 소녀로부터 뜻밖의 도움을 받았다. 5. 부상당한 많은 노동자들이 상당한 원한을 품고 있다. 6. 항구에 저장된 다량의 질산암모늄이 폭발했다.

⊘ chew the fat
에스키모(Eskimo)로 알려진 이뉴잇(Inuit)족은 고래의 지방을 껌처럼 씹으면서 담소를 나누곤했다. 위 표현은 '(오래) 담소를 나누다, 잡담하다'는 뜻으로, "We chewed the fat for hours."는 우리는 몇 시간 동안 담소를 나누었다는 뜻이다. 참고로 Eskimo는 '날고기를 먹는 야만인'이라는 인종차별적인 의미로 쓰일 수 있으므로 사용에 주의해야 한다.

1. <u>A little knowledge</u> is more dangerous than none.
2. There is <u>little evidence</u> that any of these things took place.
3. It takes <u>a great deal of bravery</u> to stand up to your friends.
4. We are paying <u>a large amount of attention</u> to environmental issues.
5. <u>A little bird</u> told me that she'll get engaged soon.
6. We spent <u>quite a bit of time</u> in Hawaii.
7. Her literary novel doesn't seem to have <u>much potential</u>.
8. He's <u>a bit of a liar</u>.
9. Celery must have <u>a good deal of</u> moisture in order to grow well.

📘 **Guide** 2 *take place: 일어나다 3 *stand up to: ~에 (과감히) 맞서다 5 *a little bird told me: (informal) 누구한테 들었다. 6 *quite a bit of: 많은 8 *a bit of a: 약간, 좀

> 해석 1. 약간의 지식은 없는 것보다 더 위험하다. 2. 이런 일들이 일어났다는 증거가 거의 없다. 3. 친구들에게 맞서기 위해서는 많은 용기가 필요하다. 4. 우리는 환경 문제들에 많은 관심을 기울이고 있다. 5. 그녀가 곧 약혼한다는 말을 누구한테 들었다. 6. 우리는 하와이에서 많은 시간을 보냈다. 7. 그녀의 문학 소설은 가능성이 별로 없는 것 같다. 8. 그는 약간 거짓말쟁이다. 9. 셀러리가 잘 자라려면 수분이 많아야 한다.

✅ do someone a solid
'solid'는 미국 속어로 favor와 같은 뜻이며 이 표현은 '~에게 호의를 베풀다'는 뜻이다.
예 Will you do me a solid and stop talking? (이야기 좀 그만 하시겠어요?)

✅ (be) on the ball
구기운동의 'Keep your eye on the ball.'(공을 계속 주시하십시오, 가장 중요한 것에 계속 주의를 기울이시오.)과 연관이 있는 이 표현은 '빈틈이 없는, 민첩한, 유능한, 돌아가는 상황을 잘 아는' 뜻으로 "He is always on the ball."은 "그는 항상 빈틈이 없다, 민첩하다, 상황파악을 잘한다." 등의 뜻으로 쓰인다.

3 수/양에 다 쓰이는 표현

1. I have put **a lot of work** into my website.
2. We'll have **lots of high clouds** today.
3. The brain consumes **quite a lot of oxygen and energy**.
4. He allowed smacking of children in **some circumstances**.
5. I'll have to give it **some thought**.
6. Don't burn **any bridges** when you leave teams.
7. **Any information** obtained will be used for that purpose.

1 *put a lot of work into: ~에 많은 노력을 들이다 4 *smack[smæk]: (손바닥으로) 때리다 *in some circumstances: 일부 상황에서는, 상황에 따라 6 *burn (one's) bridges: 관계를 단절하다, 원수가 되다 7 *obtained는 information 수식(획득된 정보, 얻은 정보)

*아래는 수/양에 다 쓰이는 표현으로 다음에는 가산, 불가산명사가 다 올 수 있다.

예문1,2	a lot of/lots of~	많은~	3	quite a lot of~	아주 많은~
4,5	some(약간의, 다소의, 어떤)	*some은 예문 4,5와 같이 긍정문, 또는 권유나 요구의 의문문에서 쓰인다. (예) Would you like some coffee?, Can I have some cream?)			
6,7	any	*any는 부정문에서 '아무(것)도, 어느 것도' (예문 6), 조건문에서 '무슨, 어느, 약간'(예 If you have any questions, contact us.) *의문문에서 '무슨, 어떤' 의 뜻(Any questions?) *긍정문(예문7)에서는 '어떤 ~라도, 모든, 무엇이나'의 뜻			

해석 1. 나의 웹 사이트에 많은 작업을 했다. 2. 오늘은 높은 구름이 많겠습니다. 3. 뇌는 많은 양의 산소와 에너지를 소비한다. 4. 그는 어떤 상황에서는 어린이들을 때리는 것을 허용했다. 5. 그것에 대해서 생각을 좀 해봐야겠다. 6. 팀을 떠날 때는 관계를 단절하지 마십시오. 7. 획득된 모든 정보는 그 목적으로 사용될 것입니다.

8. There are **plenty of castles** for sale across Europe.

9. Eating **plenty of calcium** is crucial.

10. **Most olive oils** sold here are fake.

11. **Most research** in this field has been funded by the government.

12. She dedicated her life to opening the doors of freedom to **all people**.

13. "**All money** is filthy," he said.

14. You have **no permission** to use the software.

15. There are **no** education or work experience **requirements** in the contract.

16. **No man** is invincible.

8 *castle[kǽsl]: 성, 저택 10 *여기서 oil은 여러 종류를 나타내는 가산명사임 *fake[feɪk]: 가짜의 11 *fund[fʌnd]: 자금(을 대다) 13 *filthy[fílθi]: 더러운 15 *requirement [rikwáiərmənt]: 요구, 요건, 자격 16 *invincible[invínsəbl]: 무적의

8,9	plenty of	많은	10,11	most	대부분의
12,13	all	'전체의, 모든, 모든 것, 모든 사람'			
14-16	no	'조금도 (하나도, 누구도)~아닌, 어떤 ~도 아닌' *no 다음에는 불가산명사(14), 가산명사의 복수(15), 또는 단수(16)가 온다. no 다음에는 일반적으로 가산명사의 복수형이 와서 '어느 것(사람)들도 ~아니다'는 완전 부정을 나타내지만, 16과 같이 한사람(하나)를 강조하거나, 내용상 단수가 적절한 경우에는 다음에 단수 명사가 온다. 예를 들어 "그는 배우자가 없다."라고 하면 한 명의 배우자를 말하므로 "He has no <u>spouse</u>."로 표현한다.			

해석 8. 유럽 전역에 팔려고 내어놓은 성들이 많다. 9. 칼슘을 많이 섭취하는 것이 중요하다. 10. 여기서 판매되는 대부분의 올리브유들은 가짜다. 11. 이 분야의 대부분의 연구는 정부의 자금지원을 받았다. 12. 그녀는 모든 사람에게 자유의 문을 여는 데 자신의 생을 바쳤다. 13. "모든 돈은 더럽다."라고 그는 말했다. 14. 귀하는 그 소프트웨어를 사용할 권한이 없습니다. 15. 계약서에는 학력이나 경력요건이 없다. 16. 무적의 사람은 아무도 없다.

Further Study

1. <u>All materials</u> on these pages are copyrighted.
2. Drink <u>plenty of water</u>.
3. There were <u>a lot of stories</u> floating around the community as to how he caught the alligator.
4. Most diamonds contain <u>some inner flaws</u> that develop as the stone forms in nature.
5. <u>Quite a lot of people</u> are skeptical of this article.
6. They borrowed <u>a lot of money</u> to buy their house.
7. He <u>played no small part</u> in their success.
8. <u>No Dogs</u> Allowed.
9. <u>No flights</u> were delayed.
10. <u>No test-taker</u> is to leave the room during the exam.
11. There is <u>no love</u> lost between Bailey and Cameron.
12. My new roof has satisfied me <u>beyond all expectations</u>.

Guide 1 *copyright: 저작권(으로 보호하다) 3 *float around: (소문 등이) 떠돌아다니다 *as to: ~에 관해 5 *skeptical[sképtikəl]: 회의적인, 의심하는 7 *play no small part: 한몫하다, 적지 않은 역할을 하다 10 *test-taker: 수험자 11 *there is no love lost between A and B: A와 B는 사이가 나쁘다 12 *beyond all expectations: 모든 기대 이상으로

해석 1. 이 페이지들에 있는 모든 자료는 저작권이 있다. 2. 물을 많이 마셔라. 3. 그가 악어를 어떻게 잡았는지에 대한 많은 이야기가 그 커뮤니티에서 나돌았다. 4. 대부분의 다이아몬드는 자연에서 형성되면서 발생하는 약간의 내부결함을 가지고 있다. 5. 많은 사람이 이 기사에 회의적이다. 6. 그들은 집을 사려고 많은 돈을 빌렸다. 7. 그가 그들의 성공에 한몫했다. 8. 개 출입금지 9. 지연된 항공편은 없었다. 10. 수험자는 시험 중 퇴실할 수 없다. 11. 베일리와 카메론은 사이가 나쁘다. 12. 나의 새 지붕은 모든 기대 이상으로 나를 만족시켰다.

4 not so much와 형용사+that절

1. It **wasn't** Indians they feared **so much as** lack of water.
2. The goal of their policy was **not so much** to restore the balance of power **as** to transform Soviet society.
3. Undercorrection of myopia enhances **rather than** inhibits myopia progression.
4. Sonia **didn't so much as** thank me for my help.
5. She bought the perfume **without so much as** sniffing a scent strip.
6. **We're thrilled that** you have decided to join our team.
7. **I was impressed that** the people being supported had so many choices.

2 *restore[ristɔ́ːr]: 회복시키다, 복원(복구)하다 3 *undercorrection:부족교정 *inhibit [inhíbit]: 억제하다, 금하다 *myopia[maióupiə]: 근시 5 *sniff: 냄새를 맡다, 코를 킁킁거리다 *scent strip: 향수 테스트 스트립 6 *thrilled[θrild]: 아주 기쁜(흥분한) 7 *impressed [imprést]: 감명받은, 인상 깊게 생각하는 *being supported는 people 수식

1,2,3	*not A so much as B *not so much A as B *B rather than A	A라기보다는 B이다
4,5	*not/without so much as	~조차도 하지 않다(놀람, 분노 등을 나타냄)
6,7	that절을 이끄는 감정/인식 형용사들(that절은 앞 형용사를 보충 설명)	afraid, disappointed, sorry, glad, sure, certain, happy, surprised, convinced, pleased, worried, amazed, delighted, angry, lucky, terrified, proud, thrilled, impressed, ashamed, aware, furious, sad 등

해석 1. 그들이 두려워하는 것은 인디언보다는 물의 부족이었다. 2. 그들의 정책 목표는 힘의 균형을 회복하는 것보다는 소비에트 사회를 변화시키는 것이었다. 3. 근시의 부족교정은 근시의 진행을 억제하기보다는 촉진 시킨다. 4. 소니아는 나의 도움에 감사조차 하지 않았다. 5. 그녀는 향수 테스트 스트립의 냄새를 맡아 보지도 않고 그 향수를 샀다. 6. 우리 팀에 합류하기로 한 결정에 대해 매우 기쁘게 생각합니다. 7. 나는 지원을 받고 있는 사람들에게 많은 선택권이 있다는 사실에 감명을 받았다.

Further Study

1. I <u>was surprised that</u> the new employee could remember all of our names.
2. He is not <u>convinced that</u> climate change is caused by human activity.
3. I'm <u>furious that</u> my vacation request was denied.
4. I am <u>afraid that</u> I might have contracted hepatitis B.
5. They decided to quit <u>rather than</u> accept the new rules.
6. The scam artist <u>wasn't</u> after her money <u>so much as</u> her dignity.
7. We're <u>not</u> shocked <u>so much as</u> annoyed.
8. She left <u>without so much as</u> a backwards glance at him.
9. Her anger <u>doesn't</u> stem from his present behavior, <u>so much as</u> his past action.

Guide 4 *contract[kəntrǽkt]: 병에 걸리다, 축소하다, 계약하다 n.[kάntrækt] 계약 *hepatitis[hèpətáitis]: 간염 6 *scam artist: 사기꾼 *be after: ~를 찾다, ~를 노리다 7 *annoyed[ənɔ́id]: 화가 난, 짜증난 9 *stem from: ~에서 생겨나다, 기인하다

해석 1. 신입사원이 우리 모두의 이름을 기억할 수 있다는 것이 놀라웠다. 2. 그는 기후 변화가 인간의 활동 때문에 일어난다고 확신하지 않는다. 3. 휴가신청이 거절되어 몹시 화가 난다. 4. 내가 B형 간염에 걸렸을까봐 염려된다. 5. 그들은 새 규정들을 받아들이기보다는 그만둘 결정을 했다. 6. 사기꾼은 그녀의 돈이 아니라 그녀의 존엄성을 노렸다. 7. 우리는 충격을 받기보다는 화가 났다. 8. 그녀는 그를 뒤 돌아보지도 않고 떠났다. 9. 그녀의 분노는 그의 현재 행동이 아니라 그의 과거 행동에서 비롯된 것이다.

⊘ the elephant in the room

'(논하거나 다루기 싫어하는) 골치 아픈/중요한 문제, 불편한 진실'의 뜻. 예 The fact that the 33-year-old son was still unemployed and living with his parents was a big elephant in the room at their family gatherings. (33세의 아들이 아직 무직이고 부모님과 함께 살고 있다는 사실은 가족 모임에서 거론하기 꺼리는 커다란 골칫거리였다. *family gathering: 가족 모임)

5 the last 용법/the + 형용사

> 1. He was **the last** man to leave a footprint on the lunar surface.
> 2. **The last** thing that would interest him was the whereabouts of Lippy.
> 3. The port city was a mecca for **the adventurous and the wicked**.
>
> 2 *whereabouts[wéərəbàuts]: 소재, 행방 3 *mecca[mékə]: 메카(마호메트의 탄생지), 많은 사람이 찾아가는 곳; 동경의 땅(대상), 발상지

*the last는 '마지막의'(예문 1), 또는 '가장~하지 않는, 절대로 ~할 것 같지 않은'(2) 의 뜻으로 쓰이며, the + 형용사는 복수명사의 의미로 쓰인다. ⓔ the adventurous(모험 가들), the wicked(사악한 자들), the blind(시각장애인들), the unemployed(실직자들), the deaf(청각장애인들), the sick(병자들), the rich/poor(부자/빈자들), the homeless(노숙자들), the wise(현자들), the mad(미친 자들), the meek(온순한 사람들).

*the + 형용사는 또한 the deceased(고인, 고인들), the accused(피고, 피고들) 등 과 같이 단수, 복수의 의미로도 쓰이며, the former(전자), the latter(후자) the unexpected(예상치 못한 일) 등의 뜻으로도 쓰인다.

해석 1. 그는 달 표면에 발자국을 남긴 마지막 사람이었다. 2. 그는 Lippy의 행방에 대해서는 전혀 관심이 없었다. 3 그 항구 도시는 모험가들과 악인들의 메카였다.

⊘ a few sandwiches short of a picnic

소풍에 샌드위치가 몇 개 모자라면 완벽하지가 않다. 이 표현은 '모자라는, 둔한, 이상하게 행 동하는' 뜻으로 유머러스하게 쓰이며, a few bricks shy of a load, a few cards shy of a full deck(shy of: 부족한, 모자라는) 등도 비슷한 뜻이다. 중고신발을 팔아 돈을 많이 벌 수 있다고 믿는 황당한 친구를 보고 "He believes he can make a fortune selling used sneakers. I think he is a few sandwiches short of a picnic."라면 "그 애가 중고 운 동화를 팔아 큰돈을 벌 수 있다고 생각하는데, 좀 모자란 것 같아."라는 뜻이 된다.

🔍 Further Study

1. You are <u>the last</u> person we expected this to happen to.
2. Wreaths were dedicated to <u>the dead</u>.
3. The doctor is literally working on making <u>the blind</u> see, <u>the deaf</u> hear and <u>the lame</u> walk.
4. Motorists with a parking tag for <u>the handicapped</u> hanging from their mirror are allowed to park free all day at any meter in the city.
5. <u>The defeated</u> do not always remain defeated.
6. Life is for <u>the living</u>, not for <u>the dead</u>.
7. <u>The unexpected</u> has happened.

📓 **Guide** 1 *expect this to happen to you: 이것이 너에게 일어나리라고 예상하다 2 *wreath[ri:θ]: 화환 *dedicate[dédikèit] to: ~에 바치다 3 *literally[lítərəli]: 말 그대로, 실제로, 정말로 *work on: ~에 애쓰다, 공들이다 *the lame: 다리를 저는 자들 4 *with~ mirror까지 motorists를 수식 *the handicapped: 장애인들 *mirror: rearview mirror(백미러)

> [해석] 1. 우리는 이런 일이 너에게 일어나리라고는 전혀 예상하지 못했다. 2. 화환들이 죽은 자들에게 헌정되었다. 3. 그 의사는 실제로 시각장애인들이 보고, 청각장애인들이 듣고, 다리를 저는 사람들이 걸을 수 있게 하는 데 노력을 기울이고 있다. 4. 장애인용 주차태그를 백미러에 걸어놓는 운전자들은 시의 어느 미터에서든 하루 종일 무료로 주차할 수 있다. 5. 패자들이라고 항상 패배한 상태로 있는 것은 아니다. 6. 인생은 산 자들을 위한 것이지 죽은 자들을 위한 것이 아니다. 7. 예상치 못한 일이 일어났다.

⊘ tie the knot
'결혼하다'의 뜻으로 고대 켈트족의 결혼식에서는 실제로 신부(bride)와 신랑(groom)의 팔목을 함께 묶는 데서 유래했다고 한다. 예 They tied the knot(그들은 결혼했다). 참고로 '신랑신부' 표현을 영미인들은 신부(bride)를 먼저 언급하여 the bride and groom(신부와 신랑)이라고 한다.

6 한정/서술적용법, 하이픈 연결 형용사 형용사로 쓰이는 명사

1. It was an **appetizing** aroma.
2. He licks his lips when he sees something **appetizing**.
3. The food looked **appetizing**.
4. It was an **utter** disaster.
5. He was wide **awake**.
6. The **200-year-old mystery** will be revealed soon.
7. Our **shoe store** sells the highest quality products.
8. According to the **physics teacher,** black holes are mathematically impossible.
9. A young **giant of a man** followed him.

1 *appetizing[ǽpətàiziŋ]: 식욕을 돋우는, 맛있어 보이는 *aroma[əróumə]: 향기, 냄새
4 *disaster[dizǽstər]: 참사, 재난, 완전한 실패

*형용사가 명사 앞이나 뒤에서 명사를 수식하는 것을 형용사의 한정적용법이라고 한다. 예문 1에서 appetizing은 명사 aroma 앞에서 명사를 수식하며, 2의 appetizing은 대명사 something 뒤에서 앞의 대명사를 수식한다. (something appetizing은 '식욕을 돋우는 것'의 뜻이며, something, nothing 등을 수식하는 형용사는 뒤에 위치)
*형용사가 보어로 쓰이는 것을 형용사의 서술적용법이라고 하며(예문3), 많은 형용사는 appetizing과 같이 두 용법으로 쓰이지만, 일부 형용사(utter, former, chemical, mere, inner, latter, indoor, sole, upper, drunken, sheer, lone 등)는 한정적용법으로만 쓰이며, a로 시작하는 awake, afraid, alive, asleep, alike, ashamed, alone, ablaze(불길에 휩싸인), afloat(물에 뜬) 등과 liable, unable 등의 형용사는 서술적용법으로만 쓰인다.
*6) 숫자 뒤의 명사가 하이픈(hyphen: -)으로 연결되는 복합형용사로 쓰일 때는 단수형(year)을 취한다. *7) 명사(shoe)가 뒤의 명사(store)를 수식하는 형용사로 쓰이면 일반적으로 앞의 명사를 단수형(shoe)으로 한다. *8) physics와 같이 항상 복수형으로 쓰는 명사가 형용사로 쓰일 때는 이를 단수형으로 변화시키지 않는다. *9) 명사 + of + 명사(giant of a man)의 구조에서 앞의 명사가 뒤의 명사를 수식하는 형용사로 쓰이는 경우가 있으며, 이때의 명사 + of(giant of)는 '~와 같은'의 뜻이다.

[해석] 1. 그것은 식욕을 돋우는 냄새였다. 2. 그는 식욕을 돋우는 것을 보면 입술을 핥는다. 3. 음식이 맛있게 보였다. 4. 그것은 완전한 재앙이었다. 5. 그는 완전히 깨어있었다. 6. 200년 된 그 미스터리가 곧 밝혀질 것이다. 7. 우리 신발가게는 최고급 제품들을 판매한다. 8. 물리학 선생님에 의하면 블랙홀은 수학적으로 불가능하다. 9. 한 젊은 거인 같은 남자가 그를 뒤 따랐다.

🔍 Further Study

1. I don't want to deal with that idiot of a man.
2. Danny is a big bear of a man with a huge grin.
3. A drunken man fell off the balcony.
4. Dogs must be on a leash unless they're in designated off-leash areas.
5. He hates being alone.
6. I live in a two-hundred-year-old house in Paris.
7. He is a statistics professor.
8. I like fresh vegetables, but I don't like vegetable soup.
9. He was too drunk to drive.
10. There is nothing interesting here.
11. He was awake and alert.
12. They set the house ablaze.
13. The latter part of the statement was subsequently withdrawn.

Guide 4 *leash[líːʃ]: (개 등을 매는) 가죽끈, 목줄 *designate[dézignèit]: 지정하다 designated: 지정된 *off-leash area: 개줄을 풀어도 되는 지역 13 *subsequently [sʌ́bsɪkwəntli]: 나중에, 그 뒤에

[해석] 1. 나는 그 바보 같은 남자를 상대하고 싶지 않다. 2. 대니는 함박웃음을 짓는 커다란 곰 같은 남자다. 3. 술 취한 한 남자가 발코니에서 떨어졌다. 4. 개는 목줄 미착용 지정 구역이 아니면 목줄을 착용해야 한다. 5. 그는 혼자 있는 것을 싫어한다. 6. 나는 파리의 200년 된 집에서 산다. 7. 그는 통계학 교수다. 8. 나는 신선한 야채는 좋아하지만 야채스프는 좋아하지 않는다. 9. 그는 너무 취해서 운전할 수 없었다. 10. 여기에는 흥미로운 것이 없다. 11. 그는 깨어서 경계하고 있었다. 12. 그들은 그 집을 불태웠다. 13. 성명서의 후반부는 그 이후 철회되었다.

Unit

09

부사

부사

　문장의 기본골격을 만드는 명사, 동사, 형용사 등과는 달리 부사는 수식어로서 동사나 형용사, 다른 부사 등을 꾸미며, 나름대로 중요한 역할을 한다. 예를 들어 "I know him."과 "I don't know him."만으로는 표현되지 않는 "그를 **잘** 모른다."나 "그를 **거의** 모른다." 같은 표현은 well, barely, hardly 같은 부사를 이용하여 "I don't know him **well**."과 "I **barely/hardly** know him."으로 표현할 수 있으며, "Expensive ones are the best."라며 비싼 것이 최고라고 주장하는 사람에게 "반드시 그렇진 않아요."를 부사 'necessarily'를 사용하여 "Not **necessarily**."라고 할 수 있다.

　학습자들이 어려워하는 부분이 어지럽게 왔다 갔다 하는 부사의 위치인데, 이는 예문들을 통해 자연스럽게 익히고, 여러 개의 부사(구)가 겹칠 때는 일반적으로 양태(slowly, happily, well, greedily, quickly 등), 장소, 빈도, 시간, 목적 등의 순서로 적지만(圖 He played well in the game last night.) 이 다섯 개의 부사(구)를 한꺼번에 주렁주렁 달아서 긴 문장을 만드는 경우는 드물며, 이 순서는 각 부사 부분의 길이(문장의 균형과 명확한 의사전달을 위해 짧은 부사가 앞에 오는 경향이 있음), 강조(강조하려는 부사 부분을 문장 앞에도 둘 수 있음) 등 여러 이유로 바뀔 수가 있다.

1 부사

1. Prices are **exorbitantly** high in this city.
2. He **inadvertently** took my coat from the coatroom.
3. Plain white crackers go **well** with Brie cheese.
4. The exterior walls of these houses are **extremely** well insulated.
5. **Honestly**, it doesn't make any difference to me whether you go or not.
6. You know **well** that I can't play chess.
7. You know that I can't play chess **well**.

1 *exorbitantly[igzɔ́:rbətəntli]: 과도하게, 터무니없이 2 *inadvertently[inədvə́:rtntli]: 무심코, 부주의하게 *coatroom: 휴대품 보관소 4 *exterior[ikstíəriər]: 외면, 외부(의) *insulate[ínsəlèit]: 절연(단열, 분리)하다, 고립시키다 *insulated: 절연(단열, 방음) 처리가 된

*부사(adverb)는 형용사, 동사, 다른 부사, 문장 전체를 수식한다. (예문 1은 부사 exorbitantly가 뒤의 형용사 high를 수식하며, 2는 부사 inadvertently가 뒤의 동사 took 을, 3은 부사 well 이 앞의 동사 go를 각 수식하고, 4의 부사 extremely는 뒤의 부사 well을 수식하며, 5의 honestly는 문장 전체를 수식.)

*부사는 또한 그 위치에 따라 문장의 의미가 변할 수 있다. 6의 well은 동사 know를 수식해 내가 체스를 못 두는 사실을 '잘 안다'는 뜻이고, 7의 well은 동사 play를 수식하여 내가 체스를 두지만 잘 두지 못한다는 사실을 상대방이 안다 는 뜻이다. (수식어는 피수식어 가까이 두는 것이 원칙.)

해석 1. 이 도시는 물가가 엄청나게 비싸다. 2. 그는 무심코 코트룸에서 나의 코트를 가져갔 다. 3. 담백한 흰색 크래커는 브리 치즈와 잘 어울린다. 4. 이 집들의 외벽은 단열처리가 아주 잘 되어있다. 5. 솔직히, 네가 가든 말든 나에게는 아무런 차이가 없다.

1. He foolishly picked a fight with the bouncer.
2. Drive extremely carefully when the roads are icy.
3. Incidentally, do you know that you're starting to sound a lot like her?
4. The organization is theoretically sound but fatally flawed in practice.
5. Search continued for a teen who presumably drowned in the lake.

Guide 1 *pick a fight with: ~에게 싸움을 걸다 *bouncer[báunsər]: 나이트 클럽 등의 입구를 지키는 경비원 3 *incidentally[ìnsədéntəli]: 그런데(이야기 중인 내용과 무관한 내용을 덧붙일 때 씀, by the way), 부수적으로 4 *sound: 건전한, 온전한, 정상적인 *fatally flawed: 치명적으로 결함이 있는 5 *presumably[prizú:məbli]: 아마, 짐작건대 *drown[draun]: 익사하다

> 해석 1. 그는 어리석게도 bouncer에게 싸움을 걸었다. 2. 도로가 얼었을 때는 매우 조심스럽게 운전하십시오. 3. 그런데, 너의 소리가 그녀와 많이 닮아가기 시작하는 것을 너는 아느냐? 4. 그 조직은 이론적으로는 온전하지만 실제로는 치명적인 결함이 있다. 5. 호수에서 익사한 것으로 추정되는 한 십대에 대한 수색이 계속되었다.

⊘ **bitter/tough pill to swallow**
'받아들이기 힘든 사실(일), 싫지만 받아들여야 하는 것'의 뜻. 예 Losing in the final was a bitter pill to swallow. (결승전에서 진 것은 받아들이기 힘든 일이었다.)

2 부사의 위치

1. She spoke **forcefully** and **unhurriedly**.
2. Astronauts must **store space food properly** to avoid spoilage.
3. The reactor core **urgently needs** replacing.
4. The journalist threw his shoes at the speaker **in Baghdad over the weekend.**
5. I was sitting **in my truck in the parking lot at the Duval County Courthouse.**

2 *store[stɔːr]: 저장하다 *space food: 우주식 *spoilage[spɔ́ilidʒ]: 부패, 손상
3 *reactor core: 원자로 심, 노심 *needs replacing: needs to be replaced(직역: 교체되어야 한다) 4 *over the weekend: 주말에 5 *courthouse: 법원 청사

*1의 자동사(spoke) + 부사(forcefully and unhurriedly) 2) 타동사(store) + 목적어(space food) + 부사(properly)가 일반적인 순서이며, 3) 부사(urgently)는 동사(needs) 앞에도 오며, 4) 부사가 겹칠 때는 장소(in Baghdad) + 시간(over the weekend)의 순서로 일반적으로 표현하며, 5) 장소/시간의 부사가 겹칠 때는 작은 단위에서 큰 단위의 순서로 적는다. (시간 예 at 7 in the morning)

[해석] 1. 그녀는 강하게 그리고 서두르지 않고 말했다. 2. 우주비행사들은 우주식이 부패 되지 않도록 바르게 저장해야 한다. 3. 원자로의 노심 교체가 시급하다. 4. 그 기자는 주말에 바그다드에서 연사에게 자신의 신발을 던졌다. 5. 나는 Duval County의 법원 청사 주차장에 세워둔 나의 트럭 안에 앉아있었다.

🔍 Further Study

1. I <u>laughed hollowly</u>, but inside I was both angry and sad.
2. He <u>slapped his hand briefly</u> against his trouser leg in inspiration.
3. He <u>eventually parted</u> company with the park ranger.
4. Peace can be fleeting, and evil does not <u>easily relent</u>.
5. She turned her stockings inside out and <u>tossed them aside</u>.
6. A man <u>jumped overboard</u> from the ferry.

📔 **Guide** 1 *hollow[hάlou]: (속이) 빈 *hollowly: 텅 비게 2 *trouser leg: 바짓가랑이 *inspiration[ìnspəréiʃən]: 기발한 생각, 영감 3 *park ranger: 공원 관리인 *part company with: ~와 헤어지다 4 *fleeting[flíːtiŋ]: 순식간의, 잠깐 동안의, 덧없는 *relent[rilént]: 수그러들다, 누그러지다 5 *turn ~ inside out: ~를 뒤집다 *toss ~ aside: ~를 옆으로 내던지다 6 *overboard[óuvərbɔ̀ːrd]: ad. 배 밖으로, 물속으로

> 해석 1. 나는 공허하게 웃었지만, 속으로는 화가 나고 슬펐다. 2. 그는 영감이 떠올라 손으로 바짓가랑이를 탁 쳤다. 3. 그는 마침내 공원 관리인과 헤어졌다. 4. 평화는 덧없을 수 있고 악은 쉽게 수그러들지 않는다. 5. 그녀는 자신의 스타킹을 뒤집어 옆으로 내던졌다. 6. 한 남자가 페리에서 뛰어내렸다.

✅ wear many hats
'하는 일이 많다, 일인다역을 하다'는 의미로 "He wears many hats. He is a dentist, a poet, and an amateur baseball player."라면 "그는 하는 일이 많다. 그는 치과 의사이자, 시인이며, 아마추어 야구 선수다."는 뜻이다.

✅ walk on air
공중에 떠서 걸어 다닐 수 있다면 얼마나 신날까! 위 표현은 '아주 기뻐하다'의 뜻으로 "Joy's been walking on air ever since he met her."라면 Joy는 그녀를 만난 이후로 아주 행복해하고 있다는 표현이 된다.

3 부사의 위치 II 형용사와 의미가 다른 부사(hard/hardly형)

1. The child **seldom misbehaves**.
2. It **is never** too late to give up your prejudices.
3. Punishment **will often do** more harm than good.
4. When do **people usually** get varicose veins?
5. Scientists say free will **probably doesn't** exist.
6. Parents **don't always** follow the advice they get from their child's doctor.
7. **Don't ever** underestimate your abilities.
8. An airport lounge is **hardly** an inviting place.

1 *misbehave[mìsbihéiv]: 버릇없는 짓을 하다, 못된 짓을 하다 2 *give up: 버리다, 포기하다 3 *do good/harm: (~에게) 도움이 되다, 이롭다/해가 되다 4 *vein[vein]: 정맥 *varicose veins: (하지) 정맥류 5 *free will: 자유의지, 자의 8 *inviting: 매력적인, 유혹적인

*always, usually, often, frequently, sometimes, occasionally, seldom, rarely, hardly, never 등의 빈도 부사와 ever, already, finally, just, probably, generally 등의 부사들은 일반적으로 문장 가운데 위치하며 다음의 규칙에 따른다. (규칙보다는 문장을 외울 것)

예문 1	부사 + 일반 동사	seldom misbehaves
2	be동사 + 부사	is never
3	조동사 + 부사 + 본동사	will often do
4	의문문에서는 주어 + 부사	people usually
5	부사 + 부정어	probably doesn't
6,7	부정어 + always/ever	not always/not ever

8) 형용사에 -ly가 붙어 의미가 달라지는 부사들

hard	어려운, 단단한	bad	나쁜
hardly	거의 ~않다	badly	몹시, 나쁘게, 틀리게
late	늦은	present	현재의, 참석한
lately	최근에	presently	곧, 지금
dear	사랑하는, 소중한	short	짧은
dearly	몹시, 값비싸게	shortly	곧, 간략하게
near	가까운	scarce	부족한, 드문
nearly	거의	scarcely	거의 ~않다
bare	벗은, 노출된, 빈	high	높은
barely	간신히, 겨우, 거의 ~않다	highly	대단히, 매우

해석 1. 그 아이는 잘못 행동하는 경우가 거의 없다. 2. 당신의 편견들을 버리기에 결코 늦은 것은 아니다. 3. 처벌은 종종 득보다 해가 된다. 4. (하지) 정맥류는 보통 언제 생기나요? 5. 과학자들은 자유의지는 십중팔구 존재하지 않는다고 말한다. 6. 부모들은 자녀의 의사로부터 받는 조언을 반드시 따르지는 않는다. 7. 당신의 능력들을 절대 과소평가하지 마십시오. 8. 공항 라운지가 매력적인 경우는 드물다.

⊘ **green with envy**

셰익스피어가 질투(jealousy)를 초록 눈의 괴물(green-eyed monster)이라는 은유(metaphor)를 사용한 데서 유래된 'green with envy'는 '몹시 샘을 내는' 뜻으로 쓰인다. She was green with envy. (그녀는 몹시 샘을 내었다.)

1. Airlines <u>rarely sell</u> their seats at their posted prices.
2. The two companies <u>often work</u> in tandem.
3. The temperature <u>seldom drops</u> below freezing in Florida.
4. He <u>could hardly keep</u> himself upright after the long walk.
5. We <u>generally don't</u> have free speech at work.
6. He <u>was frequently lampooned</u> in political cartoons.
7. Psychiatrists <u>will sometimes be</u> right and sometimes not.
8. We <u>have barely begun</u> to tap the sun's mighty power.
9. Untreated fevers caused by infection <u>will seldom go</u> over 40.6°C unless the child is overdressed or in a hot place.
10. <u>Don't ever</u> do that again.
11. He <u>was frequently misunderstood</u>.
12. What do <u>passengers usually</u> do on transpacific flights?
13. She <u>is already</u> nostalgic.

Guide 1 *posted price: 공시가격 2 *in tandem: ~와 협력하여 5 *free speech: 언론의 자유 6 lampoon[læmpúːn]: 풍자(하다) *political cartoon: 정치(풍자)만화 7 *psychiatrist[saikáiətrist]: 정신과 의사 8 *tap[tæp]: (에너지, 지식 등) 이용하다 *mighty[máiti]: 강력한 13 *nostalgic[nastǽldʒik]: 향수의, 향수를 불러일으키는

해석 1. 항공사들이 좌석을 공시가격에 판매하는 경우는 드물다. 2. 두 회사는 종종 협력하여 일한다. 3. 플로리다에서는 영하로 내려가는 경우가 드물다. 4. 오랫동안 걸은 후 그는 자신을 바로 지탱하기도 힘들었다. 5. 우리는 일반적으로 직장에서 언론의 자유가 없다. 6. 그는 정치만화에서 종종 풍자되었다. 7. 정신과 의사가 옳을 때도 있고 그러지 않을 때도 있다. 8. 우리는 이제 겨우 태양의 강력한 힘을 이용하기 시작했다. 9. 감염으로 인한 치료되지 않은 열은 아이가 옷을 과도하게 입거나 더운 곳에 있지 않는 한 40.6°C를 넘는 일은 거의 없다. 10. 다시는 그런 짓 하지 말아라. 11. 그는 종종 오해를 받았다. 12. 승객들은 보통 태평양 횡단 항공편에서 무엇을 하나요? 13. 그녀는 벌써 향수를 느낀다.

타동사＋부사구＋목적어
타동사＋목적격보어＋목적어 구조

1. He **wiped** from his forehead **the beads of sweat that were collecting there**.
2. A judge has **ruled** unconstitutional **the law that restricts the right of someone accused of assault to examine private medical records of the plaintiff**.

1 *bead[biːd]: 구슬(같은 방울) *there는 his forehead를 말함 2 *unconstitutional [ʌ̀nkanstitjúːʃənl]: 위헌의 *restrict[ristríkt]: 제한하다, 금지하다, 제지하다 *assault [əsɔ́ːlt]: 폭행 *someone accused of assault의 줄 친 부분은 someone 수식(폭행 혐의로 기소된 사람) *to examine ~ the plaintiff는 앞의 the right를 수식(원고의 개인 의료기록을 조사할 수 있는 권리) *plaintiff[pléintif]: 원고

*'know him well'과 같이 타동사＋목적어＋부사의 어순이 일반적이지만 예문 1처럼 타동사(wiped)의 목적어 부분(the beads of ~ collecting there)이 길 때는 부사구(from his forehead)와 위치를 바꿀 수 있다. 2는 타동사 ruled의 목적어 부분인 'the law ~ of the plaintiff'가 길어 뒤로 보내고 목적격 보어 'unconstitutional'을 앞으로 도치시켰다.

[해석] 1. 그는 앞이마에 맺히는 땀방울들을 닦았다. 2. 한 판사는 폭행 혐의로 기소된 사람이 원고의 개인 의료기록을 조사할 수 있는 권리를 제한하는 법은 위헌이다는 판결을 내렸다.

Further Study

1. They <u>define</u> as poor <u>those people who are unable to acquire all the basic necessities</u>.
2. Her family had <u>implanted</u> in her <u>a feeling of deep inferiority</u>.

Guide 1 *define A as B(A를 B로 정의하다) 구조에서 those 이하의 긴 목적어 A 부분이 뒤로 갔음. *basic necessities: 기본적 필수품 2 *inferiority[infìərióːrəti]: 열등, 하위

[해석] 1. 모든 기본 필수품을 구할 수 없는 사람들을 가난한 사람으로 정의한다. 2. 그녀의 가족은 그녀에게 깊은 열등감을 심어주었다.

타동사 + 명사/대명사 + 부사

1. The old man has difficulty bending forward to **put his socks on**.
2. The dog **ran after** the mailman.

*타동사(put) + 목적어(his socks) + 부사(on)의 구조에서 목적어가 명사면 목적어와 부사의 위치를 바꿀 수 있지만, 대명사이면 순서를 바꾸지 않는다. 즉 예문 1의 put his socks on은 put on his socks나 put them on으로는 표현하지만 '(x) put on them'이라고는 하지 않는다.

ⓘ 바른 표현의 예

pick my son up(아들을 픽업하다)	pick up my son	pick him up
pull a vehicle over(차를 길가에 대다)	pull over a vehicle	pull it over
turn the light on/off(불을 켜/끄다)	turn on/off the light	turn it on/off
put toys away(장난감을 치우다)	put away toys	put them away
wake the boy up(소년을 깨우다)	wake up the boy	wake him up
throw clothes away(옷을 버리다)	throw away clothes	throw them away
look the word up(단어를 찾다)	look up the word	look it up
put the bag down(가방을 내려놓다)	put down the bag	put it down
write the number down(번호를 적다)	write down the number	write it down
make a story up(이야기를 지어내다)	make up a story	make it up
take his sweater off(스웨터를 벗다)	take off his sweater	take it off

*다음 표현들은 하나의 타동사로 간주하며 이를 분리하여 그 사이에 (대)명사를 넣지 않는다: run after(~를 추적하다, 뒤쫓다), run into(~와 우연히 만나다, 충돌하다), come from(~출신이다), worry about(~에 대해 걱정하다), look for(~를 찾다), reply to(~에 답하다), agree to/with(~에 동의하다), answer for(~를 책임지다), look into(~를 조사하다), participate in(~에 참여하다), account for(~를 설명하다, 차지하다), wait on(~를 시중들다), wait for(~를 기다리다), look at (~를 보다), count on(~를 믿다) 등

해석 1. 그 노인은 양말을 신기 위해 앞으로 구부리는 것을 힘들어한다. 2. 개는 우편 집배원을 쫓아갔다.

🔍 Further Study

1. He <u>cheered her up</u>/<u>cheered his friend up</u>/<u>cheered up his friend</u>.
2. They are <u>looking into</u> the cause of the accident.
3. We <u>put off our trip</u>/<u>put our trip off</u>/<u>put if off</u> until next month.
4. They <u>account for</u> 15% of our population.
5. We <u>ran into</u> a problem.
6. He <u>gave up his hopes</u>/<u>gave his hopes up</u>/<u>gave them up</u>.

해석 1. 그는 그녀를 격려했다/그의 친구를 격려했다. 2. 그들은 사고원인을 조사하고 있다. 3. 우리는 다음 달까지 여행을 연기했다. 4. 그들은 우리 인구의 15%를 차지한다. 5. 우리는 문제에 부딪혔다. 6. 그는 자신의 희망들을/그것들을 포기했다.

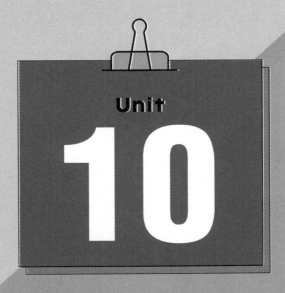

비교급/최상급

남들과 비교하며 상대적인 행복과 불행감을 느끼는 우리의 삶에서 비교는 좋든 싫든 필수적이다. 둘을 비교할 때는 형용사나 부사의 비교급을, 셋 이상을 비교하여 '가장~하다'는 표현은 최상급을 사용하는데, 비교/최상급을 만들 때 ~er, ~est를 사용하느냐 아니면 more, most를 사용하느냐는 영미인들도 헷갈려 실수를 더러 하는 부분이다. 잘 공부하여 그들보다 정확하게 비교/최상급을 사용토록 하자. 정확한 영어를 구사하는 외국인은 유창한 발음 여부에 상관없이 인정받게 되어있다.

1 비교급

1. He is **more versatile than** I am.
2. The negotiator's analysis was **less accurate than** his counterpart's.
3. The wheat crop was slightly **larger than that of** barley.
4. You should **know better than to** park in a handicapped space.
5. Please find **further** useful information below.
6. He feels **superior/inferior to** those around him.

1 *versatile[vэ́ːrsətl]: 다재다능한, 다목적의 2 *analysis[ənǽləsis]: 분석 (복수는 analyses) *counterpart[káuntərpɑ̀ːrt]: (같은 자격, 지위 등을 가지는) 상대, 대응 관계에 있는 사람(것) 3 barley[bɑ́ːrli]: 보리 4 *handicapped space: 장애자용 주차 공간

*1의 비교구문(둘 이상을 비교하는 구문)에서 '~보다 더~한'의 비교급은 형용사/부사의 비교급 + than으로 표현한다.

*2의 less ~ than은 '~보다 덜 ~하다'는 열등 비교이며, 3의 that은 앞의 crop을 대신하는 대명사이다. 이를 그냥 larger than barley로 표현하면 밀 수확량과 보리(보리의 수확량이 아닌)를 비교하는 뜻이 되어버린다.

*4의 know better than to는 '~할 정도로 어리석지 않다'는 뜻이며 5의 far의 비교급은 정도를 나타낼 때는 further(더 많은, 더)이며, 거리를 비교할 때는 farther, further(더 멀리) 둘 다 사용이 가능하다. 6의 -or로 끝나는 다음 단어들은 비교급에서 to를 쓴다. *superior/inferior to: ~보다 뛰어난/열등한 *junior/senior to: ~보다 손 아래의/위의 *anterior/posterior to: (위치, 시간)~보다 앞의, 전/후의 *prior to: ~전의

해석 1. 그는 나보다 다재다능하다. 2. 그 협상자의 분석은 상대방의 것 보다 덜 정확했다. 3. 밀 수확량이 보리수확량보다 약간 더 많았다. 4. 장애인 주차구역에 주차하면 안 되는 건 알아야 한다. 5. 아래에서 더 유용한 정보를 찾으십시오. 6. 그는 주변 사람들보다 우월/열등하다고 느낀다.

🔍 Further Study

1. She <u>knew better than to</u> use drugs.
2. Hummingbirds migrate <u>further</u> than previously thought.
3. The embassy will be closed to the public until <u>further</u> notice.
4. It is illegal to park <u>less than</u> five meters from the corner.
5. I spent <u>more money than</u> my parents would approve of.
6. His life was <u>little better than</u> slavery.
7. Human skeletons today are much lighter and more fragile than <u>those of</u> our ancient ancestors.
8. Teachers' weekly wages were <u>lower than those of</u> comparable workers.
9. <u>Prior to</u> 2010, no one came here.
10. The only person who is <u>senior to</u> the cardinal is the pope.
11. How much <u>farther</u> do we have to go?
12. It is used to examine the <u>posterior</u> and <u>anterior</u> segments of the human eye.
13. The book was titled *Anterior to the Time of Columbus*.

📙 **Guide** 2 *migrate[máigreit]: 이동(이주)하다 3 *further notice: 추후통보 5 *approve of: ~을 찬성(동의, 승인)하다 6 *little better than: ~나 다름없는 *slavery [sléivəri]: 노예상태(제도) 7 *skeleton[skélətn]: 뼈대, 골격, 해골 8 *weekly wage: 주급 *comparable [kámpərəbl]: 비슷한, 비교할만한 10 *cardinal[ká:rdənl]: 추기경

[해석] 1. 그녀는 마약을 복용할 정도로 어리석지 않았다. 2. 벌새는 이전에 생각했던 것보다 더 멀리 이동한다. 3. 대사관은 추후통보가 있을 때까지 일반인들에게 폐쇄될 것이다. 4. 코너에서 5m 이내에 주차하는 것은 불법이다. 5. 나는 부모님이 허락할 액수 이상을 썼다. 6. 그의 삶은 노예 상태나 다름없었다. 7. 오늘날 인간의 골격은 옛날 우리 조상들의 골격보다도 훨씬 가볍고 약하다. 8. 교사의 주급은 유사한 근로자들의 주급보다 낮았다. 9. 2010년 이전에는 아무도 여기에 오지 않았다. 10. 추기경의 상급자는 교황뿐이다. 11. 얼마나 더 가야 합니까? 12. 그것은 사람 눈의 후방 및 전방 부분을 검사하는 데 사용된다. 13. 그 책의 제목은 "콜롬버스 시대 이전"이었다.

2 the + 비교급, the + 비교급/비교급 and 비교급

1. **The more** he drank, **the sorrier** he felt for himself.
2. **The louder** he shouted, **the less** he convinced them.
3. **The less** you care about others, **the less** you care about yourself.
4. **More and more** people are being diagnosed with lung cancer.
5. He became **less and less** interested in learning.

1 *feel sorry for oneself: 자신을 가엾게 여기다 3 *care about: ~에 마음을 쓰다, 위하다

예문 1	the + 비교급(s + v), the + 비교급(s + v)	~할수록 더 ~하다
2	the + 비교급(s + v), the + less(s + v)	~할수록 덜 ~하다
3	the less(s + v), the less(s + v)	~를 덜 할수록 덜~하다
4,5	비교급 and 비교급(less and less)	점점 더~하다(점점 덜~하다)

[해석] 1. 술을 마실수록 그는 자신이 더 가여워졌다. 2. 그가 크게 소리칠수록 그들에 대한 설득력은 약해졌다. 3. 다른 사람들을 덜 위할수록 자신도 덜 위하게 된다. 4. 점점 더 많은 사람들이 폐암 진단을 받고 있다. 5. 그는 학습에 점점 흥미를 잃었다.

🔍 Further Study

1. The earlier you start the sooner you'll be back.
2. The more you practice speaking, the better you will do it.
3. Scheduling is getting more and more complicated.
4. The more choices you have, the less satisfied you are with each one.
5. The fresher the ice the more sunlight it reflects; the less light absorbed, the less the ice will melt.

[해석] 1. 일찍 출발할수록 더 일찍 돌아올 것이다. 2. 말하는 연습을 많이 할수록 더 잘하게 될 것이다. 3. 일정관리가 점점 더 복잡해지고 있다. 4. 선택의 여지가 많을수록 각 선택에 대한 만족도가 더 낮아진다. 5. 얼음이 신선할수록 더 많은 햇빛을 반사하며, 빛이 덜 흡수될수록 얼음은 덜 녹는다.

3 (twice, three times, not) as~as

1. The Gulf was **as warm as** bathwater.
2. Europeans use their debit cards **three times as frequently as** we do.
3. Our country is **not as** divided **as** they think.
4. The real live person was **never as** menacing **as** the composite sketch.
5. The horror movie was **not nearly as** scary **as** I expected.
6. She's **not quite as** thin **as** the other girls.
7. Healthcare costs are going up **twice as much as** the rate of inflation.

1 *the Gulf: 페르시아만 *bathwater: 목욕물 2 *debit card: 직불카드 4 *live [laiv]: adj. 살아있는 *menacing[ménəsɪŋ]: 위협하는, 협박적인 *composite sketch: 합성스케치, 몽타주 5 *scary[skέəri]: 무서운, 겁나는

*아래의 as ~ as 사이에는 형용사/부사의 원급이 온다.

예문 1	as ~ as...	...만큼 ~한
2	three times as ~ as...	...보다 세 배로 ~한
3,4	부정어 + as(또는 so) ~ as...	...만큼 ~하지 않는
5	not nearly as ~ as...	...보다 훨씬 덜~한, 전혀...만큼 ~하지 않는 (많은 차이) *not nearly: not at all, far from
6	not quite as ~ as...	완전히...만큼~하지는 않는(적은 차이) *not quite: not completely, not entirely
7	twice as ~ as...	...보다 두 배로 ~한

해석 1. 페르시아만은 목욕물같이 따뜻했다. 2. 유럽인들은 우리보다 세 배나 자주 직불카드를 사용한다. 3. 우리나라는 그들이 생각하는 것만큼 분열되어있지는 않다. 4. 실제 살아있는 사람은 전혀 합성 스케치만큼 위협적으로 보이지 않았다. 5. 그 공포 영화는 전혀 내가 예상했던 것만큼 무섭지 않았다. 6. 그녀는 다른 소녀들만큼 여위지는 않았다. 7. 의료 비용이 인플레이션율의 2배로 증가하고 있다.

○ Further Study

1. The economy perhaps <u>isn't quite as strong as</u> we thought it was.
2. Therapy dog training is <u>not nearly as complicated as</u> it seems.
3. Nothing can be seen but sand <u>as far as</u> the eye can reach.
4. Golf courses are <u>not as</u> environmentally detrimental <u>as</u> most people think.
5. She was <u>as</u> poorly dressed <u>as</u> the doctor's daughter was well dressed.
6. The average road journey is <u>five times as</u> dangerous <u>as</u> a train ride.
7. School life was <u>not so</u> bad <u>as</u> he feared.

Guide 2 *therapy dog: 치료견(마음을 진정시키기 위해 키우는 개) 3 *nothing can be seen but: ~만 보인다 *as far as the eye can reach: 눈길이 미치는 한, 보이는 한 4 *detrimental[dètrəméntl]: 해로운

해석 1. 경제는 우리가 생각했던 것만큼 튼튼하지는 않은 것 같다. 2. 치료견의 훈련은 보기와는 달리 전혀 복잡하지 않다. 3. 눈에 보이는 것은 모래뿐이다. 4. 골프코스는 대부분의 사람들이 생각하는 것만큼 환경적으로 해롭지는 않다. 5. 의사의 딸이 옷을 잘 차려입은 것만큼이나 그녀는 초라하게 입고 있었다. 6. 평균적인 도로 여행은 기차보다 5배 더 위험하다. 7. 학교생활은 그가 염려했던 만큼 나쁘지 않았다.

⊘ off the cuff
연설이나 말할 내용을 사전에 준비하지 않아 급하게 소맷부리(cuff)에 몇 자 적는 데서 유래된 이 표현은 '준비 없이, 즉석의, 즉흥적으로'의 뜻이다. 예 I said a few words off the cuff. (즉흥적으로 몇 마디 했다.)

no(not, nothing) more than
no(not, nothing) less than

1. Limiting warming to **no more than** two degrees was the target for the policy.
2. The lumberyard is **not more than** five minutes from the lake.
3. The bachelor's degree program consists of **no less than** 120 credits.
4. Cards must be made of paper **not less than** 0.25mm thick.
5. I will accept **nothing less than** victory.
6. He is **nothing more than** a loudmouth.
7. The businessman is **little more than** a con artist.

1 *warming: global warming 2 *lumberyard[lʌ́mbərjà:rd]: 목재하치장 6 *loudmouth [láudmauθ]: 허풍쟁이, 떠버리 7 *con artist: 사기꾼

예문 1,2	no/not more than	no more than~은 '단지~(only)'의 뜻으로 수/양이 적은 것을 강조하며, not more than은 '많아야, 기껏해야'(at most)의 뜻으로 최대의 수량 등을 나타낸다.
3,4	no/not less than	no less than~은 '~정도나, 자그마치~, ~만큼이나'의 뜻으로, 수/양이 많은 것을 강조하며, not less than~은 '적어도~'(at least)의 뜻으로 최소로 필요한 수량 등을 나타낸다.
5	nothing less than	다름 아닌 바로, 그야말로~ (말하고자 하는 사람, 사물을 강조)
6	nothing more than	~에 불과한
7	little more than	~와 거의 마찬가지인, ~에 지나지 않는

해석 1. 지구온난화를 2도 이내로 제한하는 것이 그 정책의 목표였다. 2. 목재하치장은 호수에서 많아야 5분 걸린다. 3. 학사과정은 (자그마치) 120학점으로 구성되어있다. 4. 카드는 적어도 0.25mm 두께의 종이로 만들어져야 한다. 5. 나는 승리만을 받아들이겠다. 6. 그는 허풍쟁이에 불과하다. 7. 그 사업가는 사기꾼이나 마찬가지다.

Further Study

1. Age is <u>nothing more than</u> a number.
2. This is <u>nothing less than</u> a miracle!
3. There were <u>not less than</u> 15 small flies on the bread.
4. You should spend <u>no more than</u> 30 percent of your income on housing.
5. He is leaving his position as CEO after <u>little more than</u> a month in the role.
6. <u>No less than</u> half the students failed the math test.
7. <u>Not more than</u> 15 visitors are allowed inside the house at a time.

Guide 5 *CEO: 최고경영자(Chief Executive Officer)

해석 1. 나이는 숫자에 불과하다. 2. 이것이 바로 기적이다! 3. 빵 위에는 (적어도) 15마리 이상의 작은 파리들이 있었다. 4. 소득의 30%만 주거비용으로 써야 한다. 5. 그는 CEO직을 맡은 지 불과 한 달 남짓 만에 사임한다. 6. 절반이나 되는 학생들이 수학시험에 떨어졌다. 7. 한 번에 15명 이하의 방문객만 그 집 안에 들어갈 수 있다.

⊘ rub somebody's nose in it/housebroken

애완견에게 실외에서 용변 보는 습관을 길러주기 위하여 집안에서 용변 시 그 애완견의 코를 배설물에 문지르게(rub) 한데서 만들어졌다는 'rub somebody's nose in it'는 '~의 지나간 실수나 잘못을 상기시키는 말이나 행동을 하다'는 뜻이다. 예 I know I was wrong, but please don't rub my nose in it. (내가 잘못한 것은 알지만, 나의 실수를 상기시키지 말아 주십시오.) *애완동물(pet animal) 광고란에 자주 나오는 'housebroken'은 애완동물이 '지정된 장소에서 용변을 보도록 훈련되어있는'의 뜻이다. 예 My dog is housebroken.

5 비교강조

1. There's **much more** to him than meets the eye.
2. Young drivers are **far more** likely to have accidents than older drivers.
3. The Great Pacific Garbage Patch is **even worse** than feared.
4. The number of refugee claimants is expected to rise **still higher**.
5. Gold is **a lot easier** to sell than platinum.
6. Most of the guest rooms were **rarely** entered, **much less** used.
7. They **can't afford** to buy a condo, **still less** a detached house.
8. Total consumer spending in the country is **still less than** a third of our consumer spending.

1 *meet the eye: 눈에 보이다 *more than meets the eye: 보기보다는 복잡하거나 어렵거나 더 많은 것이 있는, 눈에 보이는 것이 전부는 아닌 3 *Great Pacific Garbage Patch: 태평양 거대 쓰레기 지대 4 *refugee claimant: 난민신청자 5 *platinum [plǽtənəm]: 백금 7 *detached[ditǽʧt]: 분리된 *a detached house: 단독주택

예문 1-5	much, far, even, still, a lot	형용사/부사의 비교급 앞에서 비교를 강조하여 '훨씬, 더욱'의 뜻으로 쓰인다.
6-8	much/still less	'~는 더욱 아니다' (부정문 다음에서 부정강조: 예문 6,7) *still less는 than과 함께 '아직도 ~보다 덜~'의 뜻으로도 쓰인다. (예문 8)

해석 1. 그에게는 보이는 것 훨씬 이상의 것이 있다. 2. 젊은 운전자들은 나이든 운전자들보다 사고를 낼 가능성이 훨씬 더 많다. 3. 태평양 거대 쓰레기 지대는 우려했던 것보다 훨씬 더 나쁘다. 4. 난민신청자의 수가 더욱 증가할 것으로 예상된다. 5. 금은 백금보다 팔기가 훨씬 더 쉽다. 6. 대부분의 손님방들은 사람이 들어간 적이 거의 없었고, 사용된 적은 더욱 없었다. 7. 그들은 콘도를 살 여유가 없고, 단독주택은 더욱 아니다. 8. 그 나라의 총 소비자 지출은 여전히 우리 소비자 지출의 3분의 1에도 미치지 못한다.

1. She grew <u>still more</u> agitated.
2. We are <u>far more</u> capable of assembling information and deciding what is best for us than we ever have been.
3. They have never seen a Western reporter, <u>much less</u> spoken to one.
4. It's <u>even worse</u> than it looks.
5. He can handle the situation <u>a lot better</u> than you can.
6. A work blunder teaches <u>much more</u> things than a triumph.

📖 **Guide** 1 *agitated[ǽdʒitèitid]: 불안해하는, 동요된 2 *assemble[əsémbl]: 모으다, 조립하다

해석 1. 그녀는 더욱더 불안해졌다. 2. 우리는 그 어느 때보다 훨씬 더 잘 정보를 수집하고 우리에게 최선의 결정을 내릴 수 있다. 3. 그들은 서양 기자를 본 적이 없었으며, 이야기해 본 적은 더욱 없었다. 4. 그것은 보기보다 훨씬 더 나쁘다. 5. 그는 너보다 그 상황을 훨씬 더 잘 처리할 수 있다. 6. 일의 실수는 성공보다 훨씬 더 많은 것을 가르친다.

⊘ pay it forward
배고픈 나에게 누가 식사대접을 했다면, 내가 다음에 같은 처지의 다른 사람에게 식사를 대접하여 선행을 갚는 것, 즉 '선행나누기 하다'는 뜻이다. 예 Someone paid for my meal the other day and I paid it forward to a homeless man. (일전에 누가 나의 식사비를 지불했는데, 난 한 노숙자에게 그 선행을 나누어 주었다.)

⊘ hit the books
'공부하다'는 표현으로 "You have exams next week. You should start hitting the books now."는 다음 주에 시험이 있으니 지금 공부를 시작해야 한다는 뜻이다.

6 A is no more B than C is
A is to B as(what) C is to D

1. It was **no more** possible to create their state in the lands **than** it was in Manhattan.
2. I **don't** understand it **any more than** you do.
3. Pizza **is to** Italy **as** haggis **is to** Scotland.
4. Emotion **is to** investment **what** gasoline **is to** fire.

3 *haggis: 해기스(양의 내장을 썰어 위장에 넣고 요리한 스코틀랜드 음식)

예문 1	A is no more B than C is	'C가 B 아니듯이 A는 B가 아니다, A가 B 아닌 것은 C가 B 아닌 것과 같다'는 뜻의 부정문으로 than 이하에는 부정문이 오지 않는 데 유의한다.
2	A is not B any more than C is	
3,4	A is to B as/what C is to D	'A와 B의 관계는 C와 D의 관계와 같다'는 뜻으로 여기서 as나 what은 like(~와 같은)의 뜻.

해석 1. 맨해턴에 그들의 나라를 만드는 것이 불가능하듯이 그 땅에 그들의 나라를 만드는 것이 불가능했다. 2. 너와 마찬가지로 나도 그것이 이해가 안 된다. 3. 피자가 이탈리아에 대한 관계는 해기스가 스코틀랜드에 대한 관계와 같다. 4. 감정이 투자에 대한 관계는 휘발유가 불에 대한 관계와 같다.

⊘**deadstick landing**
비행기의 회전을 정지한 프로펠러를 deadstick이라고 한다. 비행 중 엔진을 끄거나 고장으로 프로펠러(stick)가 정지하면(dead) 비행기는 이 상태로 착륙을 해야 하는데, 이 같은 '엔진 정지착륙' 또는 '무동력착륙'을 deadstick landing이라고 한다. 예 She made a deadstick landing in a crop dusting airplane. (그녀는 농약 살포용 비행기를 타고 엔진 정지착륙을 했다.)

🔍 Further Study

1. Eisenhower was <u>no more</u> receptive to Churchill's idea of reopening talks with the Soviet <u>than</u> his predecessor had been.
2. They were <u>no more</u> married <u>than</u> he was.
3. I <u>don't</u> like spending my weekends arguing about politics <u>any more than</u> you do.
4. Indiana <u>is to</u> high school basketball <u>what</u> Nike <u>is to</u> sneakers.

Guide 1 *receptive to: ~를 잘 받아들이다 *predecessor[prédəsèsər]: 전임자

> [해석] 1. 아이젠하워는 그의 전임자가 그랬듯이 소련과 대화를 재개하려는 처칠의 생각을 받아들이지 않았다. 2. 그들은 그와 같이 미혼이었다. 3. 나는 당신과 마찬가지로 정치에 관해 논쟁하며 주말을 보내는 것을 좋아하지 않습니다. 4. 인디애나와 고교농구의 관계는 나이키와 운동화의 관계와 같다.

⊘ rain check
우천으로 경기가 중단될 때 다음에 쓸 수 있도록 나누어 주는 티켓을 rain check이라 하며, 'take a rain check on~'은 '~에 대해 다음에 하겠다.'는 뜻으로 상대방의 호의나 제안에 대한 공손한 거절의 뜻으로 쓰인다. 예를 들어, 내 집에 놀러 온 친구에게 "You are welcome to stay for dinner if you'd like."(원하면 저녁 먹고 가.)라고 했는데 친구가 "Thanks, but I'll take a rain check (on that)."이라면 다음 기회에 먹고 가겠다는 뜻이다.

⊘ food for thought
'생각할 거리, 생각할 가치가 있는 것'의 뜻으로 "The books provide plenty of food for thought."는 그 책들은 생각할 거리를 많이 제공한다는 뜻이다.

7 최상급표현/최상급강조

1. It was **the tackiest** Christmas light display in the neighborhood.
2. The magazine uncovered **the most underrated** colleges in America.
3. It is **the worst** song I've ever heard.
4. Of all the candidates, Alex is **the least** qualified.
5. He was **far and away** the most influential journalist in Philadelphia.
6. The country remains **by far** the biggest bicycle producer of the world.
7. This is **the very** best blueberry pie recipe I've found.

1 *tacky[tǽki]: 저속한, 값싼, 촌스러운 tackier-tackiest 2 *underrated[ʌndərréitid]: 과소평가된 5 *influential[ìnfluénʃəl]: 영향력 있는 6 *remain: 계속(여전히)~이다

*셋 이상을 비교해 '가장 ~하다'는 최상급(superlative)은 the + 형용사 + est(예문 1)나 the most + 형용사(예문 2)로 만든다.

*3,4는 불규칙변화의 최상급이며, (bad-worse-worst, little-less-least), 5~7의 (by) far and away, by far, the very 등은 최상급을 강조해 '훨씬, 단연코, 참으로'의 뜻이다.

해석 1. 그것은 동네에서 가장 촌스러운 크리스마스 조명장식이었다 2. 그 잡지는 미국에서 가장 과소평가된 대학들을 밝혔다. 3. 그것은 내가 들어본 중 최악의 노래다. 4. 모든 후보자 중에서 알렉스가 가장 자격이 없다. 5. 그는 단연코 필라델피아에서 가장 영향력 있는 저널리스트였다. 6. 그 나라는 단연코 세계최대의 자전거 생산국으로 존속하고 있다. 7. 이것은 내가 찾은 최고의 블루베리 파이 레시피이다.

Further Study

1. This is <u>by far the smallest</u> hotel room I've ever seen.
2. Of all the skills she learned, reading was <u>far and away the most</u> important.
3. <u>By far and away the most</u> popular supplemental protein is whey.
4. <u>The most profound</u> level of inequality can be found in Manhattan.
5. Second thoughts oftentimes are <u>the very worst</u> of all thoughts.

Guide 3 *supplement[sʌ́pləmənt]: v. 보완하다, 채우다 n. 보충 *supplemental [sʌ̀pləméntl]: 보충의 *whey[weɪ]: 유장(치즈 제조과정에서 고체 성분을 제하고 남는 액체) 4 *profound [prəfáund] (영향, 경험, 학식 등이) 엄청난, 깊은, 심오한 *inequality [ìnikwάləti]: 불평등 5 *oftentimes: often

---

[해석] 1. 이것은 내가 본 중에 단연코 가장 작은 호텔 방이다. 2. 그녀가 배웠던 모든 기술 중에서 독서가 단연코 가장 중요했다. 3. 단연코 가장 인기 있는 보충용 단백질은 유장이다. 4. 가장 심각한 수준의 불평등은 맨해튼에서 찾아볼 수 있다. 5. 두 번째 생각은 종종 모든 생각 중에서 가장 최악이다.

⊘ **one-off**

'단한번의, 일회성의, 단 한번 있는 것(일)'의 뜻으로, 침술사(acupuncturist)가 "I treat some patients on a one-off basis."라면 일부 환자는 일회성으로 치료한다는 뜻이 된다.

8 최상급 뜻의 비교급

1. She seemed to be definitely **smarter than other students**.
2. Boxing burns **more** calories **than any other sport**.
3. **Nothing** is **more encouraging than** seeing a room full of students reading.
4. **No one** is **as** beautiful **as** a daughter talking about the man she's going to marry.
5. A vegan diet can be **as** varied **as any other diet**.
6. The iceberg was **as** white **as could be**.

1 *definitely[défənitli]: 확실히, 명확하게 3 *encouraging[inkə́:ridʒin] : 고무적인, 격려하는 5 *vegan[védʒən/ví:gən]: 엄격한 채식주의자

예문 1, 2	1은 비교급+than other+복수명사(다른~들 보다 더~하다) 형태로 다른 학생'들'보다 영리하다는 객관적인 표현이며, 2번의 비교급+than any other+단수 명사는 '어떤 다른 ~보다 더 ~한'의 뜻으로 다른 운동 종목 하나하나를 강조하여 비교하는 표현으로 다음에 단수가 왔다.	
3	부정주어+비교급 than ~	~보다 더 ~한 것은 없다
4	부정주어+as ~ as	~만큼 ~한 것(사람)은 없다
5	as ~ as any other	'어떤 다른 ~만큼 ~한, 어떤 다른 ~에 못지않게 ~한' 뜻으로 엄밀히 말하면 가장 ~하다는 의미는 아니다.
6	as ~ as can be	더할 나위 없이 ~한, 아주 ~한(as white as could be = extremely white)

해석 1. 그녀는 확실히 다른 학생들보다 영리한 것 같았다. 2. 권투는 어떤 다른 운동보다 더 많은 칼로리를 소모한다. 3. 책을 읽는 학생들로 가득 찬 방을 보는 것보다 고무적인 것은 없다. 4. 결혼할 남자에 대해서 말하는 딸만큼 아름다운 사람은 없다. 5. 엄격한 채식주의자의 식단은 어떤 다른 식단 못지않게 다양할 수 있다. 6. 빙산은 더할 나위 없이 흰색이었다.

Further Study

1. Cheerleading causes <u>more injuries to females than any other sport.</u>
2. We are <u>as busy as can be</u>.
3. Some people say genetically modified foods are <u>as safe to eat as any other food.</u>
4. <u>No food is as nutritious for a baby as</u> its mother's milk.
5. He has done <u>more</u> for African Americans <u>than any other president.</u>
6. He was <u>as eloquent as any other participant.</u>

Guide 3 *genetically modified food: 유전자조작 식품 4 *nutritious[njuːtríʃəs]: 영양분이 풍부한 6 *eloquent[éləkwənt]: 달변의, 웅변의 *participant[paːrtísəpənt]: 참가자

> 해석 1. 치어리딩은 어떤 다른 스포츠보다 여성에게 더 많은 부상을 입힌다. 2. 우리는 매우 바쁘다. 3. 일부 사람들은 유전자조작 식품이 어떤 다른 식품 못지않게 먹기에 안전하다고 말한다. 4. 아기에게 모유만큼 영양분이 있는 음식은 없다. 5. 그는 어떤 다른 대통령보다 아프리카계 미국인을 위해 더 많은 일을 했다. 6. 그는 어떤 다른 참가자 못지않게 달변이었다.

moonlighting

퇴근 후 달빛이 비칠 무렵 일한다는 데서 유래된 이 단어는 '(고용주에게는 알리지 않고 하는 야간)부업'의 뜻이다. 예 He began moonlighting as a comedian while working at Disney. (그는 디즈니에서 일하면서 코미디언으로 부업을 시작했다.)

9 couldn't + 비교급

1. I **couldn't** care **less**.
2. I **couldn't** agree **more/less**.
3. The hotel receptionist **couldn't have been kinder**.
4. This photo **couldn't have been timed better**.

*couldn't + 비교급은 최상급의 뜻으로 예문1은 '전혀 관심 없다(상관없다)' 2는 '전적으로 찬성/반대한다'는 뜻이다. 3의 couldn't have been kinder는 과거형으로 '아주 친절했다, 더할 나위 없이 친절했다'는 뜻이고, 4의 couldn't have been timed better는 과거형 수동태로 '사진의 타이밍이 더할 나위 없이 잘 맞추어졌다, 아주 잘 맞추어졌다'는 뜻이다.

🔍 Further Study

1. The staff <u>couldn't have been friendlier</u>.
2. I <u>couldn't be prouder</u> of my son.
3. We are twins, but we <u>couldn't look more different</u>.
4. I <u>couldn't be less interested</u>.
5. The response <u>couldn't have been better</u>.
6. We <u>couldn't have been luckier</u>.

> 해석 1. 직원들은 더할 나위 없이 친절했다. 2. 내 아들이 더할 나위 없이 자랑스럽다.
> 3. 우리는 쌍둥이지만 전혀 다르게 보인다. 4. 나는 전혀 관심이 없다. 5. 반응이 더할 나위 없이 좋았다. 6. 우리는 더할 나위 없이 운이 좋았다.

⊘ call someone's bluff
포커게임에서 자신의 패(hand)가 실제보다 좋은 것처럼 상대방을 속이려고 고액 베팅을 하는 등의 행동을 bluffing이라고 하며 call은 '(앞 사람과 같은 액수의 돈을) 걸다, 응하다'는 뜻을 가지고 있다. 예를 들어 자신의 hand가 나쁘면서도 bluffing을 했는데, 상대방이 이에 속지 않고 "call"이라면서 같은 액수를 베팅하면 이 상황이 'call the bluff'의 상황이 된다. 여기서 유래된 표현으로 call someone's bluff는 '(someone을 믿지 못해) someone의 말이나 행동이 사실이라는 것을 증명시키게 하다, 위협하는 someone에게 도전하다, 할 테면 해보라고 하다'는 뜻이다. 예 He threatened to quit, but the boss called his bluff. (그는 그만두겠다고 위협했지만, 사장이 이에 맞섰다.)

10 비교급/최상급변화/음절/강세

		원급	비교급	최상급
1음절 단어	대부분의 1음절 단어는 -er, -est를 더한다.	cheap near fast	cheaper nearer faster	cheapest nearest fastest
2음절 단어	-le/-ow로 끝나는 2음절 단어는 -er/-est	simple narrow	simpler narrower	simplest narrowest
	많은 2음절 단어는 more, most가 앞에 붙는다.	thoughtful peaceful	more thoughtful more peaceful	most thoughtful most peaceful
	-y로 끝나는 2음절어는 -y를 -i로 바꾸고 er/est를 더한다.	cozy grumpy tacky angry	cozier grumpier tackier angrier	coziest grumpiest tackiest angriest
	일부 2음절어는 양쪽을 다 취함.	clever common	more clever/ cleverer more common/ commoner	most clever/ cleverest most common/ commonest
3음절 이상 단어	긴 단어는 more, most를 앞에 더한다.	painstaking spontaneous enthusiastic	more painstaking more spontaneous more enthusiastic	most painstaking most spontaneous most enthusiastic
불규칙 변화		many/much far good/well	more farther/further better	most farthest/furthest best
-ly 부사	대부분의 -ly로 끝나는 부사는 more, most를 붙인다.	neatly seriously energetically slothfully	more neatly more seriously more energetically more slothfully	most neatly most seriously most energetically most slothfully

📋 음절(syllable)

음절은 단어의 최소발음단위로서 모음을 기준으로 자음에 의해 나누어지며, 일반적으로 모음이 하나이면 1음절, 둘이면 2음절어 등이 되며, 장모음(long vowel), 이중모음(diphthong: 두 개의 모음이 이어서 발음되는 것)과 3중모음(triphthong: 세 개의 모음이 이어서 발음되는 것)은 1음절로 간주된다.

*1음절어: plug[plʌg], task[tæsk], coy[kɔi], loud[laud], hire[haiər]등 *2음절어: index[índeks] farewell[fɛərwél], achieve[əʧíːv], freckle[frékl]: -ckle은 le앞에서 나누어짐(chuck-le, tick-le, tack-le 등). fumble[fʌmbl]: 자음＋le는 그 앞에서 나누어짐(bum-ble, tum-ble 등). *3음절어: fantastic [fæntǽstik], adequate[ǽdikwət], matinee[mætənéi] 등

📋 강세(stress)

1. 대부분의 2음절 명사는 첫음절에 강세가 간다.
   예 cuckoo, cactus, napkin, index, mascot, muffin, ancient, aircraft, culprit, camel, basket, cannon, cherry, rocket, midget, chamber 등

2. 일부 2음절 명사는 두 번째 음절에 강세를 둔다.
   예 shampoo, tattoo, bamboo, amount, response, hotel, idea, defense, police, mirage, antique, machine 등

3. 2음절 동사는 2음절에 강세가 위치하는 경우가 많다.
   예 prefer, refer, concur, occur, explain, remain, receive, refrain, confirm, include, preclude, appear, expect, maintain, acquire[əkwáiər] (/áiə/는 3중모음으로 하나의 모음 취급) 등 (happen, open, answer, travel, offer 등은 1음절 위치)

4. 명전 동후(같은 단어가 명사로 쓰일 때는 앞, 동사로 쓰일 때는 뒤에 강세가 간다.)
   예 increase/increase, object/object, survey/survey, import/import, attribute/attribute, contest/contest, produce/produce, conduct/conduct등
   *예외: supplement, process 등(process는 '처리하다'는 뜻일때는 강세가 앞, '줄지어 걷다'의 뜻일 때는 뒤에 위치하며, supplement는 명사, 동사 모두 1음절에 제1강세 위치.)

5. 두 개의 낱말이 결합해서 만들어지는 복합명사는 앞부분을 강하게 발음한다.
   예 battlefield, chopstick, greenhouse, hairdresser, scarecrow, baseball, basketball, seashell, cornmeal, passport, heartbreaking 등

6. -ian, -sion, -tion, -ity, -ic, -ical, -ogy, -ious 등으로 끝나는 단어는 그 앞 음절을 강하게 발음한다.
   예 mathematician, politician, librarian, inclusion, precision, incision, introduction, propensity, possibility, magnetic, stigmatic, iconic, inimical, logical, critical, psychology, obvious, anxious, delicious, envious 등

7. -ee(r), -oon, -ette, -esque 등의 부분은 강하게 발음한다.
   예 attendee, payee, employee, refugee, lampoon, cartoon, grotesque, engineer, monsoon, baboon, balloon, cigarette, kitchenette, picturesque 등 (pedigree의 'ee'는 '~와 관련된 사람, 행위를 당하는 사람'의 뜻의 접미사가 아니며 강세를 두지 않는다.)

8. a-, un-, ante-, anti-, in-, de-, auto-, extra-, hyper-, under-, trans-, pre- 등의 접두사(prefix)와 -ness, -ment, -acy, -ance, -dom, -ism, -ist, -ful, -er/or, -less 등의 접미사(suffix)가 있는 단어는 (접두사, 접미사가 아닌) 그 단어의 원형에 강세가 오는 경우가 많다.
   예 amoral, untie, unpack, antecedent, antiseptic, incapable, devalue, autobiography, extracurricular, hypertension, underestimate, transatlantic, prepay, sadness, argument, punishment, lunacy, fallacy, nuisance, freedom, sexism, activist, harmful, teacher, survivor, careless 등

9. 슈와(schwa): /ə/는 국어의 '어'에 가까운 발음으로 혀를 움직이지 않고 입술만 약간 벌린 상태에서 내는 가장 편한 발음으로 북미에서 비 강세 모음을 이렇게 발음하며, 이것을 슈와(schwa) 현상이라고 한다.
   예 given[gívən], along[əlɔ́ːŋ], imitate[ímətèit], celebrate[séləbrèit] 등

10. 같은 자음 두 개가 겹치는 단어는 보통 그 앞 음절을 강하게 발음한다.
    예 beginner, cattle, brittle, letter, runner, winner, scatter, mammal, cabbage, skittish, beggar, straddle, saddle, Seattle, haggard, happen, attic, giggle, drizzle, scuffle 등

⊘ silly me
실수를 했을 때 자신을 나무라는 표현으로 '바보같이, 어리석게도' 정도의 의미다. 예 "I forgot to withdraw some cash, silly me!"(현금을 좀 인출 하는 걸 잊었어, 바보같이!)

Unit

11

전치사

전치사

　"여기에 in을 사용하나? 아니면 at을 사용해야 하나?"와 같은 의문을 학습자들이 수없이 가져왔을 정도로 전치사는 애매하게 느껴지는 적이 많지만, 그 사용법이 넓고 중요해 전치사(preposition)에 익숙해지면 영어를 정복했다고 말할 정도다. 전치사는 말 그대로 명사 앞(pre)에 위치(position)하며, 명사와 결합하여 형용사구나 부사구를 만들고, 동사와 결합하여 많은 구동사(phrasal verb: break into, care for 등)를 만들기도 한다. 전치사의 모든 용법을 다루려면 이 책을 3부작(trilogy)으로 만들어야 할 정도라 – 과장법(hyperbole) 사용됨 – 이 장에서는 장소, 방향, 시간 등을 나타내는 전치사의 빈도수가 잦은 용법 중심으로 학습한다.

1　전치사

1. There's no sense **in getting** upset about it now.
2. She just glared **at me** and didn't say anything.
3. The cleaner mopped **the floor around our ankles**.
4. I **mopped** my forehead **with my shirtsleeve**.

1 *there is no sense in: ~하는 것은 지각없는 짓이다 2 *glare[glɛər] at: ~를 노려보다 3 *mop[map]: (걸레 등으로) 닦아내다, 훔치다 *ankle[æŋkl]: 발목 4 *forehead [fɔ́:rid, fɔ́:rhèd]: 이마 *shirtsleeve[ʃə́:rtslì:v]: 셔츠 소매

*1의 전치사 다음에는 동사를 쓰지 않으므로, in 다음의 동사는 getting과 같이 동명사로 바꾼다. 전치사 다음의 (대)명사나 동명사는 전치사의 목적어로서, 인칭 대명사는 2와 같이 목적격(me)이 오며, 전치사 구는 명사를 수식하는 형용사구 (3에서 around our ankles는 명사 floor를 수식), 또는 동사를 꾸미는 부사구가 된다. (4에서 with my shirtsleeve는 동사 mopped를 수식)

해석 1. 지금 그것에 대해 화를 내는 것은 지각없는 짓이다. 2. 그녀는 나를 노려만 보고는 아무 말도 하지 않았다. 3. 청소부는 우리 발목 주변의 바닥을 닦았다. 4. 나는 셔츠 소매로 이마를 닦았다.

1. You should acquire concentration first <u>before thinking about studying</u> math.
2. Immature honeydews won't ripen <u>after removal</u> from the vines.
3. He didn't publicize his ferocious opinions for fear <u>of embarrassing</u> his son.
4. They gave low ratings to <u>employees with high levels of creativity and independence</u> and high ratings to those <u>workers with high levels of tact, punctuality, dependability, and delay of gratification.</u>

📷 **Guide** 2 *immature[ìmətʃúər]: 미숙한, 다 자라지 못한 *honeydew: 허니듀 멜론 *ripen[ráipən]: (곡식 등) 익다 *vine[vain]: 덩굴 3 *publicize[pʌ́blɪsàɪz]: 알리다, 홍보하다 *ferocious [fəróuʃəs]: 포악한, 맹렬한, 격렬한 *for fear of: ~하지 않도록,~가 두려워 4 *rating[réitin]: 순위, 평가 *tact[tækt]: 눈치, 요령 *punctuality[pʌ̀ŋktʃuǽləti]: 시간 엄수, 정확함, 꼼꼼함 *dependability[dipèndəbíləti]: 신뢰성 *delay of gratification: (보상받는) 만족의 지연

> 해석 1. 수학 공부를 생각하기 전에 집중력을 먼저 가져야 한다. 2. 덜 자란 허니듀 멜론은 덩굴에서 따고 나면 익지 않는다. 3. 그는 아들을 난처하게 할까 염려되어 자신의 격한 의견들을 공개하지 않았다. 4. 그들은 창의성과 독립심이 높은 고용인들에게는 낮은 등급을 주었고, 요령과 정확성, 신뢰성 및 만족도 지연이 높은 고용인들에게는 높은 등급을 주었다.

⊘ breathe down somebody's neck

누가 내 뒤에 바짝 붙어서 나의 행동을 감시한다면 그 사람의 숨결이 나의 목 아래로 닿는 오싹함을 느낄 것이다. 'breathe down sb's neck'은 'sb를 철저히 감시하다'의 뜻으로, "My mom is always breathing down my neck."은 엄마가 항상 날 철저히 감시한다는 뜻이다.

2 주의할 전치사 to의 용법

1. The airline staff **object to flying** to those countries.
2. She **lulled her baby to sleep**.

*object to(~에 반대하다)에서 to는 전치사로서 다음에는 (동)명사가 목적어로 오며 다음의 표현들도 이에 속한다(to 다음에 동사원형이 따르는 부정사와 혼동하지 말 것): look forward to(~를 기대하다), admit to(~를 인정하다), devote oneself to(~에 전념하다), turn a blind eye to(~를 못본체하다), confess to(~를 자백하다), when it comes to(~에 관한 한), come close to(거의 ~하다, ~할 뻔하다), be committed to(~에 전념하는, 헌신적인), be addicted to(~에 중독된), be opposed to(~에 반대하는) 등. 예문 2는 전치사 to가 행동의 결과를 나타내어 아기를 달래서 재웠다는 뜻이다.

[해석] 1. 항공사 직원들은(staff: staff members) 그 국가들로 비행하는 것에 반대한다. 2. 그녀는 자신의 아기를 달래서 재웠다.

Further Study

to가 전치사로 쓰여 다음에 (대)명사나 동명사가 따르는 경우
1. We are <u>committed to helping</u> the hungry get past a difficult time.
2. He <u>cooked the turkey to perfection</u>.
3. The man was found <u>frozen to death</u>.
4. I <u>look forward to hearing</u> from you soon.
5. I was so angry I <u>came close to punching</u> him in the face.
6. He <u>confessed to following</u> the old man into his apartment.
7. <u>When it comes to getting</u> things done, he is the best I know.

 Guide 1 *the hungry: hungry people 5 *so angry 다음에 that이 생략 7 *get things done: 일을 처리하다

[해석] 1. 우리는 배고픈 사람들이 어려운 시기를 넘길 수 있도록 돕는 데 전념한다. 2. 그는 칠면조를 완벽하게 요리했다. 3. 그 남자는 얼어 죽은 채 발견되었다. 4. 곧 소식을 들을 수 있기를 기대합니다. 5. 너무 화가 나서 그의 얼굴을 칠 뻔했다. 6. 그는 그 노인을 따라 그의 아파트로 들어간 사실을 자백했다. 7. 일 처리에 관한 한 그는 내가 아는 사람 중 최고다.

3 장소, 방향을 나타내는 전치사

1) on, over, above, beyond

1. The pepper mill **on** the table is an expensive one.
2. A helicopter was hovering low **over** the building.
3. They installed carpet **over** the hardwood flooring.
4. He jumped **over** the fence and ran away.
5. We were flying **above** the clouds.
6. They pointed to a spot **beyond** the river.

1 *pepper mill: 후추분쇄기 3 *hardwood: 경재(활엽수에서 얻은 단단한 목재), 견목 *flooring[flɔ́:riŋ]: 마루, 바닥

*on은 '(표면에 접촉하여)~위에', over는 '(표면에서 떨어져) 위에'(예문 2), '(접촉하여 덮이도록) 위에'(예문 3) 또는 '(~위를 넘어) 저편으로'(예문 4)의 뜻으로 쓰인다.

*above는 over와 같이 '(접촉하지 않고) ~보다 위에'의 뜻이며(예문 5), beyond는 '~의 저편에, 넘어(예문 6)'의 뜻으로 쓰인다.

*beyond는 또한 '(능력, 한계 등을) 넘어서는, ~할 수 없는, ~보다 뛰어나'의 뜻으로도 많이 쓰인다. 예 beyond control/repair(통제/수리할 수 없는), beyond my ability(내 능력 밖의), beyond me(내가 이해못하는), beyond expectation(기대 이상으로) 등

해석 1. 테이블 위의 후추분쇄기는 비싼 것이다. 2. 헬리콥터 한 대가 건물 위에서 낮게 맴돌고 있었다. 3. 그들은 나무 바닥 위에 카펫을 설치했다. 4. 그는 울타리를 뛰어넘고 달아났다. 5. 우리는 구름 위를 날고 있었다. 6. 그들은 강 너머 한 지점을 가리켰다.

🔍 Further Study

1. I love <u>corn on the cob</u>.
2. She was wearing a jacket <u>over her dress</u>.
3. Manufacturing jobs <u>on the island</u> were relatively high-paying jobs.
4. I was <u>beyond all hope</u>.
5. They threw meat <u>over the fence</u> to distract the animal.
6. It was <u>beyond doubt</u> that they wanted to remain in the European Union.
7. Just 5,500 feet <u>above ground level</u>, he opened his parachute.

📖 **Guide** 1 *cob: corncob(옥수수의 속대) 4 *beyond all hope: 아주 절망적인
6 *beyond doubt: 의심의 여지 없이

[해석] 1. 나는 옥수수의 속대에 붙어 있는 옥수수를 좋아한다. 2. 그녀는 드레스 위에 재킷을 입고 있었다. 3. 그 섬의 제조업 일자리들은 비교적 보수가 높았다. 4. 나는 아주 절망적이었다. 5. 그들은 그 동물의 주의를 돌리기 위해 울타리 너머로 고기를 던졌다. 6. 그들이 유럽연합에 남기를 원했던 것은 명백했다. 7. 지상에서 불과 5,500피트 상공에서 그는 낙하산을 폈다.

⊘ **steal somebody's thunder** (~의 생각, 발명, 성공, 칭찬 등을 가로채다, 선수를 치다)
영국의 극작가인 John Dennis라는 사람이 18세기에 자신의 희곡공연에서 천둥소리를 내는데 사용할 thunder machine을 발명했는데, 나중에 이 기계가 본인도 모르게 Macbech 공연에 쓰이는 것을 보고는 연극관계자들이 자신의 희곡은 무대에 올려주지 않으면서 thunder는 훔쳐 쓴다고 탄식했다는 데서 비롯되었다는 표현이다. 예 I did most of the work, but she stole my thunder. (내가 대부분의 일을 했는데 그녀가 나의 칭찬/공을 가로챘다.)

2) under, underneath, beneath, below

1. I love the feel of grass **under** my feet.
2. He wore a balaclava **underneath** his helmet to avoid frostbite.
3. The pebbles felt warm **beneath** my bare feet.
4. Its elevation is 400 meters **below** sea level.
2 *balaclava[bæ̀ləklɑ́ːvə]: 방한모(ski mask 같은 것) *frostbite: 동상
4 *elevation: 고도 *400 meters below sea level: 해발 400m 아래

*under는 '~의 (바로) 아래, 접촉하여 아래', underneath도 '~에 접촉하여, 또는 접촉하지 않고 ~아래'의 뜻으로 어떤 것이 다른 것에 의해 가려지거나 덮여있는 상태를 종종 나타낸다. beneath는 under/underneath와 같은 뜻으로, 보다 formal한 표현이며, below는 under와 같이 '(~보다) 아래'의 뜻으로 above의 반의어이다.

해석 1. 나는 발아래 닿는 잔디의 느낌을 좋아한다. 2. 그는 동상 예방을 위해 헬멧 아래에 발라클라바를 착용했다. 3. 조약돌들이 맨발 아래서 따뜻하게 느껴졌다. 4. 그곳은 해발 400m 아래이다.

🔍 Further Study

1. The doctor examined a cell <u>under the microscope</u>.
2. Odysseus tied his men <u>underneath the sheep</u>.
3. The foundations are placed <u>below ground level</u>.
4. He was wearing a turtle neck <u>under his cardigan</u>.
5. The island disappeared <u>beneath the waves</u>.
6. The rattling sound was coming from <u>underneath the vehicle</u>.

Guide 4 *turtle neck: 터틀넥 스웨터 6 *vehicle[víːikl]: 차량

해석 1. 의사는 현미경 아래의 세포를 관찰했다. 2. 오디세우스는 자신의 부하들을 양들 아래에 묶었다. 3. 기초는 지면 아래에 설치된다. 4. 그는 카디건 안에 터틀넥 스웨터를 입고 있었다. 5 섬은 파도 아래로 사라졌다. 6. 덜거덕거리는 소리는 차량 밑에서 나고 있었다.

3) in, at, into, out of, across, through

1. The oven mitt is **in** the drawer under the oven.
2. These motorcycles are made **in** America.
3. I'll meet you **at** Jack's house.
4. She frowned **at** him.
5. They snuck **into** the house.
6. The genie is **out of** the bottle.
7. A tornado was whirling **across** the prairie.
8. The song is popular **across** the country.
9. The bullet went **through** the wall.

4 *frown at: ~에게 눈살을 찌푸리다 5 *sneak into: ~에 몰래 들어가다 *sneak-sneaked/snuck-sneaked/snuck 7 *prairie[prέəri]: 초원, 평원

*in은 '~ 안에'(1), '~에(서)'(2), at(~에, ~를 향하여)은 비교적 구체적인 장소(3), 방향(4)을 나타내며, into는 '~안으로'(5), out of는 '~의 (안에서) 밖으로'(6)의 뜻이며, across는 '~를 가로질러(7), 건너편에, 맞은편에, 또는 8과 같이 '~전체에 걸쳐'의 뜻으로도 쓰이며, through는 '~을 통해, 관통하여'(9)의 뜻을 지닌다.

해석 1. 오븐 미트는 오븐 아래의 서랍에 있다. 2. 이 오토바이들은 미국에서 만들어졌다. 3. Jack의 집에서 만나자. 4. 그녀는 그에게 눈살을 찌푸렸다. 5. 그들은 집 안으로 몰래 들어갔다. 6. 지니가 병에서 나왔다.(이미 일은 벌어졌다, 돌이킬 수 없는 일이 생겼다는 뜻.) 7. 토네이도가 초원을 가로질러 소용돌이치고 있었다. 8. 그 노래는 전국적으로 인기가 있다. 9 총알이 벽을 관통했다.

✅ a tall order
'어려운 주문, 무리한 요구'의 뜻으로, "That's a tall order."는 그것은 무리한 요구라는 의미다.

1. He took some novels <u>out of the library</u>.
2. A smile spread <u>across her face</u>.
3. There's a pharmacy <u>across the street</u>.
4. He kept <u>smiling at</u> me.
5. I <u>slipped into my sandals</u> to go out.
6. Buying a house is just pie <u>in the sky</u> right now.
7. He is <u>in prison</u>.
8. My dog <u>squeezed through</u> a gap in the hedge.
9. Please don't sit <u>at the corner table</u>. It's reserved.

📔**Guide** 2 *spread across: ~전역에 퍼지다 6 *pie in the sky: 그림의 떡
8 squeeze through~: ~를 간신히 통과하다

해석 1. 그는 소설책 몇 권을 도서관에서 빌려 갔다. 2. 그녀의 얼굴에 미소가 번졌다. 3. 길 건너편에 약국이 있다. 4. 그는 계속 나를 보고 웃었다. 5. 나는 나가려고 샌들을 신었다. 6. 집 사는 것이 지금은 그림의 떡이다. 7. 그는 감옥에 있다. 8. 나의 개는 산울타리 틈새를 뚫고 갔다. 9. 구석 테이블에 앉지 마세요. 예약되어 있습니다.

✅ **at the drop of a hat**
모자를 떨어뜨려 경주나 싸움 등의 시작을 알린 데서 유래했다는 이 표현은 '즉시'의 뜻이다. 예 He accepted my offer at the drop of a hat. (그가 나의 제안을 즉시 받아들였다.)

4) from, to, between, among

1. Renting a car is the best way to travel **from** here **to** Parksville.
2. What's the difference **between** market order and limit order?
3. Profits are divided **among** the stockholders of the corporation.
4. There was a free trade agreement **between** the US, Mexico, and Canada.
5. There was strong agreement **among** the seven member nations.

2 *market order: (증권) 시장가 주문 *limit order: 지정가 주문 4 *agreement(협정, 합의)는 가산, 불가산명사로 쓰임.

*from은 '~로 부터'(장소, 시간, 범위 등), to는 '~(쪽으)로, ~까지, 에게'의 뜻이며, 일반적으로 between은 둘 사이, among은 셋 이상의 사이를 나타내지만, 셋 이상이라도 구성원들의 1:1의 관계를 말할 때는 between을 쓴다. 예문 4에서 자유무역협정은 미국과 멕시코, 미국과 캐나다, 캐나다와 멕시코 사이의 각 1:1의 관계를 말하기 때문에 between을 사용했으며, 예문 5는 4와는 달리 셋 이상(7개국)을 하나의 그룹으로 간주하고 그 그룹이 '합의'를 했으니 among이 쓰였다.

해석 1. 차를 렌트하는 것이 여기서 팍스빌까지 여행하는 가장 좋은 방법이다. 2. 시장가 주문과 지정가주문의 차이점이 무엇입니까? 3. 이익은 회사의 주주들에게 분배된다. 4. 미국과 멕시코, 캐나다 사이에 자유무역협정이 체결되었다. 5. 7개 회원국들 사이에 강력한 합의가 있었다.

⊘ a taste of one's own medicine

이솝우화에 가짜 약을 만병통치약(panacea/cure-all)이라고 팔던 사기꾼(swindler)이 병들자, 사람들이 그 가짜 약을 그에게 먹으라고 들이밀었다는 데서 유래했다는 위 표현은 '남에게 해를 가한 대로 되돌려 받는 것'(보복)의 뜻으로, "I'll give him a taste of his own medicine."이라면 "그가 한 대로 갚아 주겠어."의 뜻이 된다.

Further Study

1. The property was equally divided <u>between his son and daughter</u>.
2. He disappeared <u>among the crowd</u>.
3. I <u>walk to</u> my office.
4. He served as <u>British Ambassador to</u> the United States.
5. I caught the flu <u>from her</u>.
6. You can see the fireworks <u>from here</u>.
7. She was dressed beautifully <u>from head to toe</u> in black.
8. The distance <u>between each of the five faults</u> is approximately 15 km.

Guide 4 *ambassador[æmbǽsədər]: 대사 7 *from head to toe: 머리끝에서 발끝까지 8 *fault: 단층(a crack in the rocks that form the earth's surface) *단층 A와 B, A와 C 등 1:1의 두 단층 사이의 거리를 말하므로 between을 사용함.

해석 1. 재산은 아들과 딸에게 균등하게 배분되었다. 2. 그는 사람들 사이로 사라졌다. 3. 나는 사무실에 걸어간다. 4. 그는 주미 영국대사를 지냈다. 5. 그녀에게서 독감이 걸렸다. 6. 여기서 불꽃놀이를 볼 수 있다. 7. 그녀는 머리끝에서 발끝까지 검은색으로 아름답게 차려입었다. 8. 5개 단층 사이의 각 거리는 약 15km이다.

⊘ collateral damage

적에게 공습(air strike)이나 포격(artillery attack)을 가하면 군사목표물 외에도 민간인의 피해가 따를 수 있다. 군사 행동에 의한 민간인의 인적, 물적 피해를 'collateral(부수적인, 2차적인) damage'라고 한다. 예 The War on Drug has caused a stupendous amount of collateral damage. (마약과의 전쟁은 엄청난 부수적 피해를 초래했다.) *stupendous[stjuːpéndəs]: 거대한, 엄청나게 큰

5) behind, against, by, beside, besides

1. They cowered **behind** him, shaking with fear.
2. Don't lean **against** the railing.
3. She sat **by** the fireplace.
4. The car key is on the table **beside** the bed.
5. **Besides** crickets, frogs also like worms, flies, beetles, spiders, and ants.

*behind는 '~의 뒤에', against는 '~에 기대어, ~에 거슬러(sail against the current), ~에 부딪혀' by는 beside와 같이 '~곁에, 옆에'의 의미로도 쓰이며, besides는 '~이외에도, ~에 더하여(in addition to)'의 뜻으로 변화된다.

해석 1. 그들은 두려움에 떨며 그의 뒤로 움츠렸다. 2. 난간에 기대지 마시오. 3. 그녀는 벽난로 옆에 앉았다. 4. 자동차 열쇠는 침대 옆 테이블 위에 있다. 5. 귀뚜라미 외에도, 개구리는 벌레, 파리, 딱정벌레, 거미, 개미도 좋아한다.

🔍 Further Study

1. Waves <u>thudded against the side of</u> the ship.
2. Alvin <u>stood beside</u> Ted, dressed in jeans and a sports coat.
3. Do you have any other hobbies <u>besides mountain climbing</u>?
4. He glanced <u>behind him</u>.
5. My mother stood <u>by</u> me through thick and thin.

Guide 1 *thud[θʌd]: 쿵 치다, 쿵 하고 부딪치다 5 *through thick and thin: 어떤 여건에서도, 온갖 어려움에도 불구하고, 아무리 어려워도

해석 1. 파도가 배의 측면을 쳤다. 2. 앨빈은 진 바지와 스포츠코트를 입고 테드 옆에 섰다. 3. 등산 외에 다른 취미가 있습니까? 4. 그는 뒤를 힐끗 보았다. 5. 나의 어머니는 어떤 여건에서도 나를 지지하셨다.

⊘ dig one's heels in
줄다리기(tug of war)에서 상대편에게 지지 않으려고 완강하게 버티며 줄을 당기다 보면 뒤꿈치(heel)로 땅을 파게(dig) 된다. 여기서 유래한 'dig one's heels in'은 '자기의 의견 (입장)을 고집하다, 완강하게 버티다'의 뜻이다. 예 They dug their heels in and refused to accept they were wrong. (그들은 완강히 버티며 자신들이 틀린 것을 인정하지 않았다.)

6) along, around, near, within, off, before, after

---

1. We trekked **along** the narrow mountain trail.
2. He jogs **around** the lake every morning.
3. Don't go **near** the fire.
4. The beach is **within** striking distance of the hotel.
5. keep your elbows **off** the table.
6. Someone was running **after** me.
7. He delivered a speech **before** a large crowd.

4 *within striking distance of~: ~에서 가까운 거리에 있는 5 *elbow[élbou]: 팔꿈치 6 *after: ~의 뒤를 따라 7 *before: ~앞에

---

*along은 '(도로, 강 등) ~을 따라' around는 '~주위에, 둘레에, ~의 여기저기', near는 '~가까이', within은 '~이내에, 안쪽에', off는 '~에서 떨어져, 벗어나'의 뜻을 지닌다.

해석 1. 우리는 좁은 산길을 따라 걸어갔다. 2. 그는 매일 아침 호수 둘레를 조깅한다. 3. 불 가까이 가지 마라. 4. 해변은 호텔에서 가까운 거리에 있다. 5. 팔꿈치를 테이블에 올려놓지 마라. 6. 누군가가 내 뒤를 쫓아오고 있었다. 7. 그는 많은 군중 앞에서 연설을 했다.

🔍 Further Study

1. He fell <u>off the ladder</u>.
2. Don't come <u>near me</u>.
3. We made our way carefully <u>along the ridge</u>.
4. They were putting arms <u>around each other's shoulders</u>.
5. Complimentary shuttle service is offered to anywhere <u>within a 5 mile radius</u> of the hotel.

Guide 3 *make one's way: 나아가다 *ridge[ridʒ]: 산등성이, 능선 5 *radius [réidiəs]: 반지름, 반경

해석 1. 그는 사다리에서 떨어졌다. 2. 내 가까이 오지 마십시오. 3. 우리는 산등성이를 따라 조심스럽게 나아갔다. 4. 그들은 어깨동무하고 있었다. 5. 무료 셔틀 서비스는 호텔 반경 5마일 이내는 어디든지 제공됩니다.

4 때를 나타내는 전치사

1) at, in, on, by, until, over

1. He left **at** dawn and came back **at** 9:30 p.m.
2. I arrived here **in** 2019.
3. We're leaving **in** an hour.
4. He was born **on** September 8.
5. The soccer game will be over **by** 5:00 p.m.
6. This road will be closed **until** further notice.
7. CEO pay has risen sharply **over** the past few decades.

*at은 시간, in은 년도, 계절, 달, 세기(in summer, in September, in the 21st century), 하루의 때(in the morning/evening), '~있으면, 후에' 즉, 일정한 시간이 경과 되는 시점을 나타내며(예문 3), on은 특정한 날(4), 요일(on Sunday) 등을 나타낸다. by(~까지, ~전에)는 미래의 한 시점까지 동작의 완료(5), until(~까지)은 미래 한 시점까지 동작이나 상태 등의 계속(6)을 나타내며, over는 during과 같이 '~동안'의 뜻을 지닌다.

[해석] 1. 그는 새벽에 떠나 밤 9:30에 돌아왔다. 2. 나는 2019년에 이곳에 도착했다. 3. 한 시간 후에 떠납니다. 4. 그는 9월 8일에 태어났다. 5. 축구 경기는 오후 5:00까지는 끝날 것이다. 6. 이 도로는 추후통보가 있을 때까지 폐쇄될 것이다. 7. CEO 보수는 지난 몇십 년 동안 급격히 올랐다.

⊘**have seen better days**
셰익스피어에 의해 잘 알려진 이 표현은 '옛날에는 잘 살았다, 물건이 낡았다'는 뜻으로, 한때 잘 살다가 사업이 망해 초라해진 사람보고 "He has seen better days."라고 하거나, 쓰러져 가는 낡은 집을 보고 "The house has seen better days."라고 말할 수 있다.

1. I'll be back <u>in 10 minutes</u>.
2. We arrived at the hotel <u>at 3:30 p.m.</u>
3. The underground shopping mall will open <u>in September</u>.
4. They tied the knot <u>on Independence Day</u>.
5. I have an appointment with my cardiologist <u>on October 5</u>.
6. He was born <u>in 1922</u>, in Berlin, to a young Austrian couple.
7. The Members of Congress won't return to work <u>until September</u>.
8. They have promised to fix the problem <u>by this evening</u>.
9. We'll talk about that <u>over dinner</u>.

📖 **Guide** 6 *be born to: ~의 가정에 태어나다 9 *over: ~ 하면서

해석 1. 십 분 후에 돌아오겠다. 2. 우리는 오후 3:30에 호텔에 도착했다. 3. 지하 쇼핑몰은 9월에 오픈 할 것이다. 4. 그들은 독립기념일에 결혼했다. 5. 10월 5일에 심장병 전문의와 약속이 있다. 6. 그는 1922년 베를린에서 젊은 오스트리아 부부 사이에서 태어났다. 7. 국회의원들은 9월까지 업무에 복귀하지 않을 것이다. 8. 그들은 오늘 저녁까지 문제를 해결하겠다고 약속했다. 9. 저녁 식사하면서 그 얘기를 할 것이다.

✅ **Indian summer**

북미에서 가을에 접어들면서 들을 수 있는 이 표현은 초가을에 찾아오는 늦더위를 말한다.

✅ **a fair shake**

과거에 위스키의 질을 평가하기 위해서 투명한 유리병에 위스키를 넣고 공평한(fair) 방법으로 2~3초 세차게 흔든 후 결과를 평가했다는 데서 유래했다는 이 표현은 '공평한 기회, 공정한 조치'의 뜻이다. 예 We should give all the candidates a fair shake. (모든 후보자에게 공평한 기회를 주어야 한다.)

2) before/after/for/since/during

1. Prevention should always come **before** the cure.
2. It's a quarter **after** one.
3. A drone hovered over the ball park **for** 20 minutes.
4. **Since** 1870, they have collected statistics on the progress of American education.
5. Exercise **during** pregnancy is beneficial for both you and your baby.

1 *prevention[privénʃən]: 예방 5 *pregnancy[prégnənsi]: 임신 *beneficial [bènəfíʃəl]: 이로운

*before/after는 '～전/후에' for는 ～동안, since는 ～부터(이후)('Unit2 시제 7 현재완료 II' 참고), during은 특정한 기간의 '～동안(내내), ～에'의 뜻으로 쓰인다.

해석 1. 예방이 항상 치료보다 우선되어야 한다. 2. 1시 15분이다. 3. 드론 한 대가 야구장 위를 20분 동안 맴돌았다. 4. 1870년부터 그들은 미국교육의 발전에 관한 통계자료를 수집해 왔다. 5. 임신 중의 운동은 당신과 아기 모두에게 이롭습니다.

🔍 Further Study

1. Bake the cup cakes <u>for</u> 25 minutes.
2. You are not allowed to use electronic devices <u>during</u> the exam.
3. If you place an order <u>before</u> noon, the item should arrive by 9 p.m.
4. Their business picked up <u>after</u> getting off to a slow start.
5. Heart attack rates have fallen by up to 42 per cent <u>since</u> the smoking ban which came into force 20 years ago.

Guide 2 *electronic device: 전자장치, 전자기기 5 *come into force: 발효(시행)되다 *per cent(영): percent(미)

해석 1. 컵 케익을 25분 동안 구우시오. 2. 시험 중에는 전자기기를 사용할 수 없습니다. 3. 정오 이전에 주문하면 상품은 오후 9시까지 도착할 것입니다. 4. 그들의 사업은 느린 출발을 보인 후 회복되었다. 5. 20년 전에 시행된 흡연금지 이후로 심장마비율은 42%까지 떨어졌다.

부정사

부정사

부정사(infinitive)는 to 부정사(to infinitive: to＋동사원형)와 원형부정사(bare infinitive: 동사 원형)로 나누어지며 to 부정사는 명사, 형용사, 부사로 쓰이는 용법들이 있으며, 부사적 용법은 목적, 원인, 이유, 결과 등으로 나누어지고, 원형부정사는 지각동사나 사역동사의 목적격 보어 등으로 쓰인다. (예 I saw him **leave**. Don't make me **laugh**.)

 1 명사적 용법의 to 부정사

---

1. **To toil** for a hard master is bitter.
2. In spite of his elbow injury, he decided **to keep** pitching.
3. Our first priority is **to address** our clients' concerns.
4. It's not a good idea **to pull** your puppy by the tail.

1 *toil[tɔil]: 힘들게 일하다, 고생하다 *bitter[bítər]: 쓰라린, (맛이) 쓴 2 *pitch[pitʃ]: 투구하다, 공을 던지다 3 *first priority: 최우선 과제 *concern[kənsə́ːrn]: 염려, 걱정, 관심사

---

*to 부정사는 문장의 주어(예문 1), 목적어(2에서 타동사 decided의 목적어), 보어(3)로 쓰이는 명사적 용법이 있으며, to 부정사 주어(4)는 문장 뒤로 보내고 그 자리에 가주어 it를 두는 경우가 많다.

[해석] 1. 가혹한 주인을 위해서 고생하는 것은 쓰라린 일이다. 2. 팔꿈치 부상에도 불구하고 그는 계속 투구하기로 했다. 3. 우리의 최우선 과제는 고객의 문제를 처리하는 것입니다. 4. 강아지의 꼬리를 잡아당기는 것은 좋은 생각이 아니다.

Further Study

1. She learned from experience that it was better <u>to trust nobody</u>.
2. His job is <u>to pick up</u> the children and take them to the studio.
3. It is incumbent upon parents <u>to monitor</u> what their children do online.
4. The government has finally decided <u>to make good</u> on the commitments it made to the community over 10 years ago.
5. <u>To have a day like this</u> is unbelievable.
6. Does anyone know <u>how to throw</u> a football?

Guide 3 *incumbent[inkʌ́mbənt]: 필요한, 해야 하는, 재임 중인 *it is incumbent on(upon) A to~: A가 ~해야 한다, 해야 할 책임이 있다 4 *make good: 이행하다, 성공하다 *commitment[kəmítmənt]: 약속(한일), 공약 6 how to throw: 던지는 법 (의문사+to 부정사가 'know'의 목적어로 쓰였음.)

> 해석 1. 그녀는 아무도 믿지 않는 것이 낫다는 것을 경험을 통해 배웠다. 2. 그의 일은 아이들을 픽업해서 스튜디오로 데려가는 것이다. 3. 부모는 자녀의 온라인 활동을 감시해야 한다. 4. 정부는 마침내 10여 년 전에 그 지역사회에 했던 공약을 이행하기로 했다. 5. 이런 날이 있다는 것은 믿을 수 없다. 6. (미식) 축구공 던질 줄 아는 사람 있나요?

⊘ stick one's neck out
거북이가 등딱지 밖으로 목을 내미는 것은 위험을 무릅쓰는 행동으로, 위 표현은 '(과감하게 행동하여 비판이나 화를 당할) 위험을 무릅쓰다'는 뜻이다. 예 He was willing to stick his neck out for us. (그는 기꺼이 우리를 위해 위험을 무릅썼다.)

2 형용사/부사로 쓰이는 to 부정사

1. The council's **decision to close** the pool on Sundays was wrong.
2. He was **pleased to think** that she looked forward to his visits.
3. **They** were **impossible** not to like despite their brutality.
4. **He** is **easy** to work with.

*to 부정사는 앞의 명사를 수식하는 형용사(예문 1의 'to close'는 'decision'을 수식: 폐쇄하기로 한 결정), 또는 2와 같이 형용사(pleased)를 수식하는 부사로도 쓰인다. 'pleased to think'는 '생각하고는 기뻤다'는 뜻이며, pleased 말고도 다음의 형용사들은 to 부정사가 뒤따라 앞의 형용사를 꾸며 이유, 원인, 판단의 근거 등을 나타낸다: glad, happy, delighted, content, relieved, lucky, fortunate, sorry, upset, proud, ashamed, angry, ready, prepared, anxious, eager, willing, motivated, determined, careful, hesitant, reluctant, afraid, likely, certain, surprised, amazed, astonished, shocked 등.

*예문 3의 'They'는 의미상 타동사 'like'의 목적어이며, 'They were impossible not to like'는 'It was impossible not to like them(그들을 좋아하지 않을 수 없었다).'과 같은 뜻이다. 예문 4는 'It is easy to work with him.'과 같은 뜻이다. 즉 사람＋동사＋impossible, difficult, easy, hard 등＋to 부정사 등의 구조에서 사람은 주어의 모양을 하고 있지만, 뒤에 따르는 타동사(예문3의 like)나 전치사(4의 with)의 의미상의 목적어인 것에 유의해야 한다.

해석 1. 일요일에 수영장을 폐쇄하기로 한 의회의 결정은 잘못되었다. 2. 그는 그녀가 자신의 방문을 고대하고 있다고 생각하니 기뻤다. 3. 그들의 잔인성에도 불구하고 그들을 좋아하지 않을 수 없었다. 4. 그는 함께 일하기 편한 사람이다.

🔍 Further Study

1. He is <u>easy/hard to please</u>.
2. Colleagues complained that <u>she was impossible to work with</u>.
3. I was <u>content to be provided with</u> an ocean view room.
4. She was <u>determined to raise</u> one million dollars for kidney cancer research.
5. Criticism of <u>his decision not to pursue</u> independence has grown more vocal.
6. I have <u>a bone to pick with</u> the coach.
7. We do not have <u>the capacity to provide</u> meals for the patients.
8. He <u>must have felt ashamed to let her see</u> him in that state.

📔 **Guide** 1 *He is easy/hard to please. = It is easy/hard to please him. 2 *colleague[kάli:g]: 동료 *she is impossible to work with: it is impossible to work with her 4 *determined[ditə́:rmind]: 결심한 *kidney cancer: 신장암 5 *vocal[vóukəl]: 목소리의, (의견을) 강경하게 밝히는, 소리 높여 항의하는 6 *have a bone to pick with: ~에게 따질 일이 있다, 불평이 있다 7 *capacity[kəpǽsəti]: (수용) 능력, 용적 8 *must have felt ashamed to let her see: 그녀가 보게 해서 창피했음에 틀림없다 (to 부정사의 판단의 근거)

> 해석 1. 그를 만족시키기는 쉽다/어렵다. 2. 동료들은 그녀와 함께 일할 수 없다고 불평했다. 3. 나는 바다가 보이는 방을 제공받아서 만족했다. 4. 그녀는 신장암 연구를 위해 백만 달러를 모금하기로 결심했다. 5. 독립을 추구하지 않겠다는 그의 결정에 대한 비판의 목소리가 더 커졌다. 6. 나는 코치에게 따질 일이 있다. 7. 우리는 환자들에게 식사를 제공할 능력이 없다. 8. 그는 그런 상태에 있는 자신을 그녀에게 보이는 것이 창피했었던 것이 틀림없다.

✅ a dime a dozen (two/ten a penny)

dime[daim]은 10센트짜리 동전을 말하며 위 표현은 dime 하나에 12개를 살 수 있는 정도의 '흔해 빠진, 싸구려의' 뜻으로, 비슷한 표현에는 'two(또는 ten) a penny'가 있다. 📝 Asians with master's degrees are a dime a dozen. (석사 학위를 가진 아시아인들은 흔하다.)

3 목적의 to 부정사/to 부정사의 부정

1. He jumped rope 200 times a day **to stay** in shape.
2. You must listen very carefully **in order to understand** what the speakers say.
3. He refrained from driving faster **so as to** save fuel.
4. Newspaper stories can end up being biased **so as not to offend** owners.
5. Their decision **to not fly** U.S. flag drew hundreds of protesters.

1 *stay in shape: 몸매를(건강을) 유지하다 4 *end up: 결국 ~되다 5 *draw[drɔː]: (사람을) 끌어들이다 *protester[proutéstər]: 항의자, 반대자

*부정사는 목적(~하기 위하여)의 뜻으로 쓰이는 부사적 용법이 있으며(예문1), 이 경우는 in order to(2)나 so as to(3)와 같은 뜻이다. 부정사의 부정어는 햄릿의 "to be or <u>not to</u> be"(사느냐 죽느냐)의 표현이나 예문 4와 같이 to 앞에 not을 사용하지만, 예문5와 같이 영미인들이 to not의 구조를 쓰는 것도 종종 볼 수 있다. (다음 페이지의 '분리 부정사'참고)

해석 1. 그는 몸매를 유지하기 위해 하루에 200번씩 줄넘기를 했다. 2. 말하는 사람의 내용을 이해하기 위해서는 주의 깊게 경청해야 한다. 3. 그는 연료를 절약하기 위해 더 빨리 운전하는 것을 자제했다. 4. 신문기사는 소유주들의 기분을 상하게 하지 않기 위해 편향될 수도 있다. 5. 미국 국기를 게양하지 않겠다는 그들의 결정 때문에 수백명의 시위자들이 모였다.

⊘ **You scratch my back and I will scratch yours.**
서로 등을 긁어 주면 상부상조하는 것이다. 여기서 유래한 이 표현은 '네가 나의 부탁을 들어주면, 나도 네 부탁을 들어줄게.', 즉 'If you do me a favor, I'll do you a favor, too.'와 같은 뜻이다.

🔍 Further Study

1. They employ visual signals <u>to communicate</u> with other members of the same species.
2. He pulled out his pocket square <u>to remove</u> a sudden film of steam from his spectacles.
3. You'll need a ladder <u>to inspect</u> the underside of eaves.
4. He arrived early <u>so as to</u> secure the best seat.
5. <u>In order to</u> learn effectively, students must be happy.

📖 **Guide** 2 *pocket square: 포켓 스퀘어(양복 주머니 등에 장식용으로 꽂는 손수건) *film[film]: 얇은 막, 필름 3 *ladder[lǽdər]: 사다리 *eaves[i:vz]: (지붕의) 처마

> 해석 1. 그들은 같은 종의 다른 구성원과의 의사소통을 위해 시각적 신호를 사용한다.
> 2. 그는 안경에 갑자기 서린 김을 제거하려고 포켓 스퀘어를 꺼냈다. 3. 처마 밑을 점검
> 하려면 사다리가 필요할 것이다. 4. 그는 가장 좋은 자리를 차지하기 위해 일찍 도착했
> 다. 5. 효과적으로 배우려면 학생들이 즐거워야 한다.

✓ 분리 부정사(split infinitive)

앞장 예문 5의 'to not fly'나 'to fully understand', 'to patiently wait' 등의 구조를 split infinitive(분리 부정사)라고 하는데, 'to'와 동사원형(fly, understand, wait) 사이에 부사(not, fully, patiently)가 와서 to 부정사를 split(분리) 시키기 때문에 이렇게 부르며(cleft infinitive라고도 함), 이 분리 부정사는 문법적인 실수로 여겨지던 빅토리아 시대와는 달리 많이 사용되고 있지만, (다른 예를 들어 '그 문장의 의미를 완전히 이해하기 위해서'의 표현은 'to understand the meaning of the sentence fully'와 같이 동사 understand와 이를 꾸미는 부사 fully를 긴 목적어 the meaning of the sentence가 갈라놓는 것보다 '<u>to fully understand</u> the meaning of the sentence'와 같이 부사를 동사 앞에 위치시킨 split infinitive가 나은 표현이 될 수 있다.) 아직도 이에 대해 거부감을 가지는 사람들도 있어, 학습자들은 가급적 사용을 피하는 것이 안전하다.

4 결과의 부정사/독립부정사

---

1. He heard the sound of tires and **turned to see** a Jeep coming up the hill.
2. She applied for a job, **only to be told** that they were seeking a man.
3. The statement was **so ambiguous as to** be totally meaningless.
4. **To make matters worse**, the new plan will cut off all medical benefits to their spouses and children.

3 *ambiguous[æmbígjuəs]: 애매한, 모호한 4 *plan: (연금, 보험료 등을 위한) 제도, 방안 *cut off: (공급을) 중단하다

---

*to 부정사는 어떤 동작의 결과를 나타내기도 하여 예문 1은 돌아다본 결과 지프차가 보였다는 뜻이다. *only to는 '결과는~일뿐'의 뜻으로 기대와는 다른 결과를 나타낼 때 쓴다(예문 2).

*so + 형용사(부사) + as to는 '~해서 ~하다, ~할 만큼~하다'는 뜻으로 예문 3은 'The statement was so ambiguous that it was totally meaningless.'와 같은 뜻이다.

*to make matters worse(설상가상으로)는 문장 전체를 수식하는 독립부정사이며 다음의 표현들이 있다: needless to say (말할 필요도 없이), strange to say (이상한 말이지만), so to speak (말하자면), to make/cut a long story short (간략히 말해서), to be frank/honest with you (솔직히 말해서), to be sure (확실히), to begin with (우선은), to say nothing of (~는 말할 필요도 없이 = not to speak of, not to mention), to sum up (요약하면), to say the least (적어도, 아무리 적게 보아도) 등.

해석 1. 그가 타이어 소리를 듣고 돌아보니 지프 한 대가 언덕을 올라오고 있었다. 2. 그녀는 일자리에 지원했지만, 그들이 남자를 구한다는 말을 들었다. 3. 그 진술은 너무나 모호해서 완전히 무의미했다. 4. 설상가상으로 새 제도는 그들의 배우자와 자녀들에 대한 모든 의료혜택을 중단시킬 것이다.

1. The island's first synagogue was established in the city, <u>only to be destroyed</u> in the earthquake of 1692.
2. Every expectant parent hopes that their child will <u>grow up to become</u> a happy person.
3. He drove 500 miles to watch his team play against New York Yankees, <u>only to find</u> the game had been postponed.
4. No tree has branches <u>so foolish as to</u> fight amongst themselves.
5. I won't <u>live to see</u> another Christmas.
6. <u>Needless to say</u>, their demands were ignored.
7. They didn't wear hats, <u>to say nothing of</u> helmets.
8. They were <u>so ignorant as to</u> support him.

📖 **Guide** 1 *synagogue[sínəgɑ̀g]: 유대교회당 *establish[istǽbliʃ]: 설립(제정)하다 2 *expectant [ikspéktənt]: 출산을 앞둔, 기대하는 3 *postpone[poustpóun]: 연기하다 4 amongst: among

---

해석 1. 섬 최초의 유대교회당이 그 도시에 세워졌지만 1692년의 지진으로 파괴되었다. 2. 모든 출산을 앞둔 부모는 자신의 아이가 자라서 행복한 사람이 되기를 바란다. 3. 그는 자신의 팀과 뉴욕 양키즈의 경기를 보기 위해 500 마일을 운전해 갔지만, 게임이 연기된 사실을 알게 되었다. 4. 서로 싸울 만큼 어리석은 가지들이 달린 나무는 없다. 5. 나는 다음 크리스마스까지 살지 못할 것이다. 6. 말할 필요도 없이 그들의 요구는 무시되었다. 7. 그들은 헬멧은 말할 것도 없고 모자도 쓰지 않았습니다. 8. 그들은 그를 지지할 정도로 무지했다.

✅ have enough on one's plate

'할 일이 많이 있다'는 뜻으로, "I have enough on my plate." 또는 "I've got a lot on my plate."라면 나는 '할 일이 많다, 바쁘다'의 뜻이 된다.

5 to 부정사의 주어 표시

1. There was nothing for it but **for them to walk** to camp on foot.
2. It was **stupid of him to claim** the election was rigged.
3. It was **cruel of him to remind** me of the nightmare.
4. **It was important for people to learn** new skills and enhance their marketability.

1 *there is nothing for it but to 부정사: ~하는 도리밖에 없다 2 rig: (부정수법으로) 조작하다 4 *marketability[mɑ̀:rkitəbíləti]: 시장성

*to 부정사의 주어는 앞에 for + 주어(인칭대명사는 목적격)로 표시되며(예문 1) stupid, kind, foolish, cruel, nice, rude, selfish, generous 등 사람의 성격을 나타내는 형용사는 일반적으로 그다음에 of를 사용하여 to 부정사의 주어를 표시한다(예문 2,3). 예문 1의 for them과 to walk, 2의 of him과 to claim, 3의 of him과 to remind는 당연히 주어와 동사의 관계로 해석된다.

*예문 4의 important와 essential, necessary, vital, convenient, dangerous, safe, difficult, easy, hard, possible, advisable, better, desirable 등의 형용사는 it is + 형용사 + for A to B 구조를 만들어 'A가 B 하는 것은 ~하다'의 뜻으로 많이 쓰이는 표현들이다.

[해석] 1. 그들은 걸어서 캠프로 가는 수밖에 없었다. 2. 그가 선거가 조작되었다고 주장하는 것은 어리석은 짓이었다. 3. 그가 나에게 그 악몽을 상기시켜주는 것은 잔인한 짓이었다. 4. 사람들이 새로운 기술을 배우고 그들의 시장성을 높이는 것이 중요했다.

⊘ sell someone short
'short selling'은 투자가가 빌린 주식을 가격하락을 예상하고 파는 것을 말한다. (판 다음 주가가 하락하면 낮은 가격으로 더 많은 주를 사들여 빌린 주식을 갚고 나머지 이득을 취함.) 여기서 유래된 sell ~ short는 '~를 과소평가하다'는 뜻이다. 예 Don't sell him short. (그를 과소평가하지 마라.)

🔍 Further Study

1. It was <u>foolish of you to trust</u> them.
2. It was <u>difficult for me to get</u> a timely appointment with a specialist.
3. It is <u>cruel of a hawk to kill</u> a squirrel.
4. It is <u>important for both parents to understand</u> that <u>for their children to develop</u> a healthy emotional and psychological attitude, the love of both of their parents is required.
5. It was <u>rude of you to act</u> indifferent.

📕 **Guide** 2 *specialist[spéʃəlist]: 전문의, 전문가 3 *hawk[hɔːk]: 매 4 *emotional [imóuʃənl]: 감정의, 정서의

> 해석 1. 너는 어리석게도 그들을 믿었다. 2. 나는 전문의와 적시에 약속을 잡기가 어려웠다. 3. 매가 다람쥐를 죽이는 것은 잔인한 짓이다. 4. 자녀들이 건전한 정서적, 심리적 태도를 기르기 위해서는 부모 모두의 사랑이 필요하다는 것을 부모 두 사람이 이해하는 것이 중요하다. 5. 네가 무관심하게 행동한 것은 무례한 짓이었다.

⊘ mouthful of marbles
구슬(marble)을 한입(mouthful) 가득 넣고 말한다면 알아듣기 힘들 것이다. speak with a mouthful of marbles는 '중얼거리듯 알아듣기 힘들게 말하다'의 뜻으로 "He spoke as if he had a mouthful of marbles."는 그가 (입안에 구슬을 가득 넣은 것 같이) 알아듣기 힘들게 말했다는 뜻이다.

⊘ pipe dream
아편이 성행하던 옛 시절에 파이프로 아편을 피운 후 몽롱한 상태에서 가지는 꿈, 생각에서 유래한 이 표현은 '몽상, 허황된 꿈'의 뜻으로 널리 쓰인다. 예 That's a pipe dream. (그것은 헛된 꿈이다.)

6 be(supposed) to be (supposed) to have pp

1. Our Groundhog Day event **is to take place** on February 2.
2. You **are not to play** dolls with my figurines.
3. If you **are to be** a successful teacher, you must love your students.
4. The deceased singer **was to have kicked off** his tour yesterday.
5. You **are supposed to** differentiate between fiction and reality.
6. He **was supposed to have left** for Kentucky yesterday with his choir.
7. He **was supposed to** go to Oregon, but ended up in Nebraska.

1 *Groundhog Day: 그라운드호그(마멋)가 겨울잠에서 깨어난다는 2월 2일 2 *play dolls: 인형놀이하다 *figurine: (사람, 동물 모양 등의 장식용) 작은 입상 4 *kick off: (경기 등) 시작하다 *tour:[tuər]: 순회공연, 관광 5 *differentiate[difərénʃièit]: 구별하다 *fiction[fíkʃən]: 허구, 소설 6 *choir[kwaiər]: 합창단, 성가대

am/are/is to + 동사원형	'~하기로 되어있다, 할 예정이다'(예문 1), '해야 한다'(2), '~하기를 원하다'(3) 등을 나타낸다.
was/were to have pp	~하기로 되어있었지만 일어나지 않았던 일을 뜻함 (예문 4)
am/are/is supposed to + 동사원형	~하기로 되어있다, 해야 한다 (be to보다 약한 의미, 예문 5)
was/were supposed to have pp	~하기로 되어있었지만 일어나지 않았던 일을 뜻함 (예문 6)
was/were supposed to + 동사원형	~하기로 되어있었다(예문 7과 같이 실현되지 않은 일을 나타낼 때 많이 쓰이며, 이 경우 was/were supposed to have pp와 같은 뜻임)

해석 1. 우리의 Groundhog Day 행사는 2월 2일 개최될 예정이다. 2. 나의 피겨린으로 인형 놀이를 해서는 안 된다. 3. 성공한 교사가 되려면 학생들을 사랑해야 한다. 4. 사망한 그 가수는 어제 순회공연을 시작하기로 되어있었다. 5. 허구와 현실을 구별해야 한다. 6. 그는 합창단과 함께 어제 켄터키로 떠나기로 되어있었는데 그러지 못했다. 7. 그는 오리건주로 가기로 되어있었지만, 결국은 네브래스카로 갔다.

🔍 Further Study

1. We <u>are to blame</u> for your loss.
2. I <u>was supposed to be born</u> a boy, but I was born a girl instead.
3. The exhibit <u>was supposed to have been put</u> on display last fall, but it was delayed.
4. If we <u>are to make</u> a massive investment in a new transportation system, then the return should by rights be equally massive.
5. The exhibition <u>was to have opened</u> on April 15, but the museum put it on ice in March.
6. He often thinks about how <u>lucky he was to have had</u> such opportunities.

🫙 **Guide** 1 *be to blame for~: ~에 대한 책임이 있다 3 *exhibit[igzíbit]: 전시하다, 전시품, 전람(회) *be put on display: 전시되다 4 *return: (투자 등의) 수익, 수입 *by rights: 공정하게, 당연한 권한으로 *massive[mǽsiv]: 대규모의, 거대한 5 *put something on ice: ~를 연기(보류)하다 6*예문 6의 to have pp는 앞의 형용사 lucky를 수식하는 완료형 부정사로 이 문장은 앞에서 설명한 be to have pp 구조와 모양은 같지만, 의미상 구분된다.

> 해석 1. 우리는 당신의 손실에 대한 책임이 있습니다. 2. 나는 남자로 태어나기로 되어 있었는데 여자로 태어났다. 3. 그 전시품은 지난 가을에 선보일 예정이었지만, 지연되었다. 4. 새로운 교통시스템에 대규모 투자를 하려면 수익도 당연히 같은 규모이어야 한다. 5. 전시회는 4월 15일에 열릴 예정이었으나 박물관은 3월에 이를 연기했다. 6. 그는 자신이 그런 기회들을 가졌던 것이 얼마나 다행이었는지에 대해 자주 생각한다.

⊘ fat chance

fat chance는 '매우 희박한 가능성'을 뜻하는데, 혼동을 피하기 위해 기회(chance)가 뚱뚱하면 가능성의 좁은 문을 통과하기 힘들다고 생각하면 된다. 예 A: Do you think he'll ask me out? (그가 나에게 데이트 신청을 할 것 같니?) B: Fat chance! (흥!)

7 too~to/enough to

1. As a businessman he was **too shrewd to accept** the first offer.
2. The world is changing **too rapidly for us to look** backwards.
3. The winds were **powerful enough to uproot** trees.
4. The pregnant bear was too heavy to run **fast enough to avoid** the collision.
5. It was **too good a chance to turn down**.

1 *shrewd[ʃruːd]: 약삭빠른, 기민한 2 *rapidly[rǽpidli]: 급속히, 빠르게

예문 1,2	too + 형용사/부사 + to 부정사	'너무 ~해서 ~하지 않다, ~하기에는 너무 ~하다'의 뜻이며, too 다음에는 형용사(1)나 부사(2)가 온다.
3,4	형용사/부사 + enough to 부정사	'~ 할 만큼 (충분히) ~하다'의 뜻이며, enough 앞에는 형용사(3)나 부사(4)가 온다.
5	too ~to 사이에 명사가 왔으며, 일반적으로 관사가 부사, 형용사 앞에 오지만 이 구조는 형용사(good) 뒤로 관사(a)가 숨는다.	

해석 1. 사업가로서 그는 첫 번째 제안을 받아들이기에는 너무 기민한 사람이었다. 2. 세상은 우리가 뒤돌아보기에는 너무 급속히 변화하고 있다. 3. 바람은 나무를 뿌리째 뽑을 만큼 강했다. 4. 임신한 곰은 너무 무거워서 충돌을 피할 수 있을 만큼 빨리 달릴 수 없었다. 5. 너무 좋은 기회라서 거절할 수 없었다.

🔍 Further Study

1. My younger sister is <u>mature enough to</u> babysit.
2. It is <u>too soon to say</u> whether the scheme will succeed or not.
3. It's <u>too early to celebrate</u>.
4. Some parents are <u>not good enough to</u> keep their children.

> 해석 1. 나의 여동생은 아기를 돌볼 만큼 성숙하다. 2. 그 계획의 성공 여부를 말하기는 너무 이르다. 3. 축하하기에는 너무 이르다. 4. 일부 부모는 자녀를 양육할 자질이 없다.

8 to 부정사의 시제

1. He **is believed to be** in Chicago.
2. She **hopes to build** an international career.
3. The woman **is believed to have crossed** into the US to see her child.
4. The Pontiff was said **to be breathing** normally and eating.
5. He seems **to have been spying** for both sides.

4 *Pontiff: 로마교황(Pope)

*to 부정사의 시제는 단순부정사(to + 동사원형)와 완료부정사(to have pp)로 나누어 지며, 단순 부정사는 부정사 앞의 주어부분과 시제가 일치하거나 want, wish, hope, expect, promise, intend 등의 동사와 함께 쓰이면 미래를 나타낸다. 예문 1에서 단순부정사 to be 앞부분 동사의 시제는 현재(is)이며 to be도 같은 현재가 되어 '그는 (현재) 시카고에 있는 것으로 (현재) 생각된다'는 뜻이며, 2에서는 희망하는 것(hopes)은 현재이지만 (경력을) 쌓는 것(to build)은 미래를 나타낸다.

*to have pp(완료부정사)는 앞의 내용보다 먼저 일어났던 일을 표현한다. 예문 3에서 그 여자가 '~라고 생각되는 것'은 현재(is believed)이고, 그 여자가 국경을 넘어서 미국으로 간 것은 이보다 앞선 과거이기 때문에 to have pp를 사용했으며 문장의 뜻은 '그 여자는 (과거에) 자신의 아이를 보기 위하여 국경을 넘어서 미국으로 갔던 것으로 (현재) 생각된다'이다. 4의 to be ~ing 는 단순부정사의 진행형이며, 5의 to have been -ing은 완료형 부정사의 진행형이다.

해석 1. 그는 시카고에 있는 것으로 추정된다. 2. 그녀는 국제적 경력을 쌓기를 희망한다. 3. 그 여자는 자신의 아이를 보기 위하여 미국으로 건너간 것으로 보인다. 4. 교황은 정상적으로 숨을 쉬고 식사를 하는 것으로 전해졌다. 5. 그는 양쪽을 위하여 스파이 활동을 해 왔던 것으로 보인다.

🔍 Further Study

1. Sunlight <u>is said to be</u> the best of disinfectants.
2. Mr. Truman <u>is considered to have been</u> one of the best presidents of the 20th century.
3. He was the first patient <u>to be diagnosed</u> with Ebola.
4. He <u>is expected to step down</u> this week.
5. This place <u>is believed to be haunted</u>.
6. She is rumored <u>to be doing</u> a show in Glasgow today.
7. He is said <u>to have been living</u> in a mobile home for the last few years.
8. He <u>is rumored to have been</u> seen wandering down a Florida highway recently.
9. He <u>is believed to have been</u> reincarnated as a warrior-philosopher.

📔 **Guide** 1 *disinfectant[dìsinféktənt]: 소독제, 살균제 2 *is considered to have been~: (과거에) ~였던 것으로 (현재) 여겨진다 5 *is believed to be~: ~로 생각되다, 믿어지다 7 *He is said to have been -ing: 그가 ~해 오고 있는 것으로 말하여진다(사람들이 말한다) 8 *is rumored to have been seen wandering: (과거에) 돌아다니고 있던 모습이 목격된 소문이 (현재) 나돈다 9 *reincarnate[rì:ink ɑ́:rneit]: 환생시키다 *is believed to have been reincarnated: (과거에) 환생 된 것으로 (현재) 믿어진다 (다음 페이지 to 부정사의 수동태 참고)

해석 1. 햇빛이 최고의 살균제라고 한다. 2. 트루먼 씨가 20세기 최고 대통령 중의 한 명이었던 것으로 여겨진다. 3. 그는 에볼라 진단을 받은 최초의 환자였다. 4. 그는 이번 주에 사임할 예정이다. 5. 이곳은 귀신이 나온다고 믿어진다. 6. 그녀는 오늘 글래스고에서 쇼를 한다는 소문이 있다. 7. 그는 지난 몇 년간 이동주택에서 살고 있는 것으로 알려졌다. 8. 그는 최근 플로리다 고속도로를 돌아다니는 것이 목격되었다는 소문이 있다. 9. 그는 전사 철학자로 환생했다고 믿어진다.

✅ many moons

오랜 기간을 말하는 표현으로, "Our golden age was many moons ago."는 우리의 황금시대는 오래전에 지나갔다는 뜻이다.

9 to 부정사의 수동태

> 1. The law calls for minorities **to be given** special consideration in employment.
> 2. They are likely **to have been kidnapped**.
>
> 1 *call for: ~를 요구하다 *minority[minɔ́:rəti/mainɔ́rti]: 소수(민족, 집단)

*단순 부정사(to + 동사원형)의 수동태는 to be pp이며, 완료형 부정사(to have pp)의 수동태는 to have been pp이다.

[해석] 1. 그 법은 소수민족들이 고용에 있어서 특별배려를 받을 것을 요구한다. 2. 그들은 납치되었던 것 같다.

🔍 Further Study

1. A swan is believed <u>to have been attacked</u> by dogs.
2. Some advertisements are <u>not to be trusted</u>.
3. The terms and conditions are deemed <u>to have been accepted</u> by the user.
4. It remains <u>to be seen</u> whether the public agrees.
5. The candidates <u>are to be named</u> at the next meeting.
6. His explanation leaves something <u>to be desired</u>.
7. George III was the first of the Hanoverian kings <u>to have been born</u> in Britain.

📖 **Guide** 3 *terms and conditions: (계약 등의) 조건, 약관 *deem[di:m]: ~로 여기다, 간주하다 4 It remains to be seen whether~: ~의 여부는 지켜봐야 한다 6 *leave something/much to be desired: 부족한(유감스러운) 면이 좀 있다/많다 7 *Hanoverian: (영국의) 하노버 왕가의 (사람)

[해석] 1. 백조 한 마리가 개들의 공격을 받았던 것으로 추정된다. 2. 일부 광고들은 신뢰할 수 없다. 3. 약관은 사용자가 수락한 것으로 간주된다. 4. 국민이 동의할지는 미지수다. 5. 후보자들은 다음 회의에서 지명될 것이다. 6. 그의 설명은 미흡한 점이 있다. 7. 조지 3세는 영국에서 태어난 하노버가의 왕들 중 첫 번째 왕이었다.

10 to 부정사가 따르는 동사들

1. Vermont **refused to join** the Union until 1791.
2. He **seemed to get** away with his wrongdoing.
3. Most doctors **agree to be** truthful with their terminally ill patients.

1 *Union: (남북 전쟁 때 연방 정부를 지지한) 북부의 주들, 북군 2 *get away with: (벌 등을) 교묘히 모면하다 3 *terminally ill patient: 말기의 환자

*다음의 동사들은 동명사가 아닌 to 부정사가 목적어로 따른다: refuse, seem, agree, afford, appear, arrange, ask, beg, claim, consent, decide, demand, deserve, expect, fail, hesitate, struggle, hope, learn, manage, need, offer, plan, prepare, pretend, promise, swear, threaten, volunteer, wait, want, wish 등(refuse to, seem to..등으로 시간 날 때마다 100번 이상 정도 흥얼거리면 익숙해짐.)

해석 1. 버몬트주는 1791년까지 Union 가입을 거부했다. 2. 그는 자신의 잘못을 모면하는 것 같았다. 3. 대부분의 의사들은 말기 환자들에게 진실을 밝히는 것에 동의한다.

⊘ be in the loop

be in the loop은 '(중요한 일을 다루는) 핵심의 일원인'의 뜻으로 쓰이며, 반대는 be out of the loop(핵심의 일원이 아닌)이다. 예를 들어 "You are in the loop throughout the project."라면 "당신은 프로젝트 기간 내내 핵심 일원입니다."의 뜻이며, 'keep somebody in the loop'은 'somebody에게 정보 등을 계속 제공하다, 알려 주다'의 뜻으로 "We will keep you in the loop with all our activities."는 우리의 모든 활동에 대해서 당신에게 계속 알려 주겠다는 뜻이다.

Further Study

1. I can't <u>afford to</u> delay having a baby any longer.
2. He <u>begged to</u> be understood.
3. He <u>offered to</u> ghostwrite my thesis.
4. They <u>demanded to</u> enter his home.
5. Almost everyone <u>fails to</u> pass the driver's test on the first day.
6. The judge <u>refused to</u> invalidate gun safety measures.
7. He didn't <u>deserve to</u> win the election.
8. The men <u>volunteered to</u> remain in the city.
9. I am <u>waiting to</u> be vaccinated.

Guide 1 *can't afford to: ~할 여유가 없다 3 *ghostwrite[góustràit]: 대필을 해주다 *thesis[θíːsis]: 학위논문 5 *driver's test: 운전면허시험(driving test) 6 *invalidate [invǽlədèit]: ~를 무효화하다, 법적 효력을 없애다 *gun safety measure: 총기안전 대책 7 *deserve[dizə́ːrv]: ~를 받을만하다, 자격이 있다

해석 1. 나는 더 이상 아기를 가지는 것을 미룰 수 없다. 2. 그는 이해해 달라고 간청했다. 3. 그는 나의 논문을 대필해 주겠다고 제안했다. 4. 그들은 그의 집에 들어가기를 요구했다. 5. 거의 모든 사람들이 첫날 운전면허시험을 통과하지 못한다. 6. 판사는 총기 안전조치를 무효화시키기를 거부했다. 7. 그는 선거에서 이길만한 인물이 아니었다. 8. 남자들은 자진해서 그 도시에 남겠다고 했다. 9. 나는 예방접종 받기를 기다리고 있다.

11 타동사 + 목적어 + to 부정사

1. **Encourage your children to walk** or ride their bikes.
2. An airline employee **told me to follow** him.
3. The professor **forbids students to use** cell phones in class.
4. What **caused you to change** your mind?
5. The curriculum **requires teachers to spend** two hours weekly on science.

1 *encourage A to~: A에게 ~하도록 격려하다 2 *tell A to~: A에게 ~하도록 말하다 3 *forbid A to~: A가 ~하는 것을 금하다(= forbid A from -ing) 4 *cause A to ~: A가 ~하게 하다 5 *require A to~: A가 ~하도록 요구하다

*위 동사들 외에도 타동사 + 목적어 + to 부정사의 구조를 취하는 동사는 다음의 것들이 있다: teach, order, ask, allow, permit, want, force, need, warn, expect, persuade, urge, request, instruct, enable, compel, train, advise, convince, oblige 등.

해석 1. 자녀들에게 걷거나 자전거를 타도록 권장하십시오. 2. 한 항공사 직원이 나에게 그를 따라오라고 했다. 3. 교수님은 학생들이 수업 중 휴대폰을 사용하는 것을 금한다. 4. 마음을 바꾼 이유가 무엇입니까? 5. 교육과정은 교사들이 매주 두 시간을 과학에 할애하도록 요구한다.

⊘ dye 대신 color를, bill 대신 check을

의미의 혼동을 피하려고 dye대신 color를 사용해야 하는 경우가 있다. 우스운 예로, 험상궂게 생긴 이발사가 손님의 목 주변을 면도하면서 베이스 목소리로 "You wanna dye too?"(염색도 하시겠소?)라고 물으면 손님은 이를 'die'로 알아듣고 까무러쳐 버릴 수도 있다. 이 상황에서는 'You wanna color your hair too?'로 말해야 그 손님이 다시 찾을 것이다. 다른 한 예는 북미 출장 중인 모 회사 과장이 미국 식당에서 식사 후 "Bill please!"(계산서 주세요!)라고 했는데 웨이터는 beer로 잘못 알아듣고 맥주를 한 병 더 가져다주는 경우가 있었다. 그 이후 그 과장은 bill 대신 'Check please!'라고 말하니 그런 경우가 없어졌다고 한다. 동의어 (synonym) 공부의 중요성을 말해 주는 예다.

1. My father <u>wants me to get</u> a nine-to-five job.
2. State rules <u>allow students to transfer</u> to another district if their safety is at risk.
3. The army <u>teaches soldiers to be</u> optimistic.
4. Parks and Recreation officials are <u>asking residents to clean</u> up after their pets.
5. You must <u>train your brain to stay focused</u>.
6. He <u>convinced the king to cut</u> oil production and raise prices.
7. What <u>compelled them to wage war</u> against their own King?
8. Serving on a jury <u>forces a man to make up his mind</u> about something.

Guide *want A to~: A가 ~하기를 원하다 2 *allow A to~: A가 ~하도록 허락하다 *at risk: 위험에 처한 *district[dístrikt]: school district(학구), 지역, 행정구 3 *teach A to~: A에게 ~하도록 가르치다 *optimistic[ὰptəmístik]: 낙관적인 4 *ask A to~: A에게 ~하도록 요청하다 *clean up after someone's pet: ~의 애완동물의 배설물을 치우다 5 *train A to~: A에게 ~하도록 가르치다 6 convince A to~: A에게 ~하도록 설득하다 7 *compel/force A to~: A에게 ~하도록 강요하다, ~하게 만들다 *wage war against: ~와 전쟁을 하다 8 *serve on a jury: 배심원으로 봉사하다

해석 1. 아버지는 내가 9시에 출근하여 5시에 퇴근하는 직장을 구하기를 원한다. 2. 주 규정은 학생들이 안전에 위협을 받으면 다른 학군으로 편입하는 것을 허용한다. 3. 군은 병사들에게 낙관적이도록 가르친다. 4. 공원 및 레크리에이션 당국은 주민들에게 애완동물의 배설물을 치우도록 요청하고 있다. 5. 정신을 집중하도록 두뇌를 단련시켜야 한다. 6. 그는 왕에게 산유량을 줄이고 가격을 올리도록 설득했다. 7. 무엇이 그들이 그들의 왕과 전쟁을 하도록 만들었는가? 8. 배심원단에서 봉사하면 무엇에 대한 결단을 내리게 된다.

⊘ knock it off

'그만해'의 뜻으로, 상대방이 성가시거나 어리석은 짓을 할 때 쓸 수 있다. 예 Hey, knock it off! I'm tired of your whining. (야, 그만해! 너의 징징거리는 소리에 질렸다.)

Unit

13

동명사

동명사

동명사(gerund)는 현재분사와 생긴 모양이 같아 이 둘을 구분하지 못하는 경우가 많다. 동명사는 동사의 원형에 ~ing가 붙어 명사로 변화되기 때문에 동명사의 이름이 붙었다고 이해하면 된다. 즉 ~ing 가 붙은 명사이기 때문에 문장 내에서 주어, 목적어, 보어로 쓰인다.

1 주어, 목적어, 보어로 쓰이는 동명사

1. **Pushing** the envelope means **trying** to exceed the normal limits of something.
2. Nobody admitted to **being** an insider.
3. She likes **being** alone most of the time.
4. His punishment will be **knowing** what he has done and **having** to live with it.
5. The city is 533 years old, but how old are its **buildings**?

2 *being an insider: 내부자인 것 3 *being alone: 혼자 있는 것 4 *live with: (좋지 않은 사실을) 참다(참고 살다), 받아들이다 (= put up with, tolerate)

*동명사(동사원형 + ing)는 주어, 목적어, 보어로 쓰여 '~하는 것, 하기'의 뜻을 가진다. 예문 1에서 pushing은 주어로 쓰였고, trying은 타동사 means의 목적어이며, 2에서 being은 전치사 to의 목적어, 3에서 being은 likes의 목적어이며, 4의 knowing과 having은 보어로 쓰였다. 동명사는 3인칭 단수 취급을 받기 때문에 예문 1에서 동사 mean 뒤에 s가 따랐다.

*예문 5의 building은 동명사인데 예외적으로 복수형으로 취할 수 있다는 사람들과 이 단어는 동명사가 아니고 -ing가 붙은 가산명사이므로 당연히 s를 붙일 수 있다고 주장하는 파로 나누어지는데, 양쪽이 동의하는 것은 'building' 뒤에

's'를 붙여 복수로 만들 수 있다는 것이고, 다음의 단어들도 이에 속한다: drawing(스케치, 그림), bombing(폭격), meeting, painting(그림), warning(경고), suffering(고통), feeling, shooting(총격, 사격), showing(전시, 상영), saying(속담) 등. (우스갯소리로 '건물'은 짓는 중인 것이 아니고 이미 지어진 것이기 때문에 진행을 뜻하는 -ing가 붙은 'building'이 아니라 과거형인 'built'로 불러야 한다는 기발한 사람들도 있음.)

해석 1. Pushing the envelop은 어떤 것의 일반적인 한계를 넘어서려고 노력하는 것을 뜻한다. 2. 아무도 내부자임을 인정하지 않았다. 3. 그녀는 대부분의 시간을 혼자 있는 것을 좋아한다. 4. 그의 벌은 자신이 했던 짓을 알고 그것을 감수하며 살아야 하는 것이 될 것이다. 5. 그 도시는 533년 되었는데, 그 도시의 건물들은 얼마나 오래되었습니까?

🔍 Further Study

1. She could feel the <u>trembling</u> of the house under her feet.
2. <u>Being</u> ambitious is <u>believing</u> in yourself.
3. <u>Lowering</u> your salt intake measure may actually be hazardous.
4. Change happens as a result of <u>taking</u> action.
5. I have mixed <u>feelings</u> about meeting him again.

📙 Guide 1 *tremble[trémbl]: 떨다, 진동하다 3 *lower [lóuər]: 내리다, 낮추다 (낮아지다) *intake[íntèɪk]: 섭취, 흡입 *intake measure: 섭취량 4 *take action: 행동(조치)을 취하다 5 *have mixed feelings about: ~에 대해 복잡한 감정을 품다

해석 1. 그녀는 발밑에서 집이 떨리는 것을 느낄 수 있었다. 2. 야망이 있다는 것은 자신을 믿는 것이다. 3. 소금 섭취량을 줄이는 것은 실제로는 위험할 수 있다. 4 변화는 행동의 결과로서 일어난다. 5. 그를 다시 만나는 것에 대해 마음이 복잡하다.

✅ skeleton in the/your closet
벽장 속에 감춰 둔 해골은 '당혹스러운(말 못할, 수치스러운) 비밀'로 "Do you have any skeletons in your closet?"은 "숨겨진 비밀들이 있습니까?"의 뜻이다.

2 동명사가 따르는 동사들

1. Your employees will **appreciate being** recognized for their hard work.
2. She **finished weaving** a scarf. 2 *weave[wiːv]: 짜다
3. The paramedic **admitted making** mistakes.

*다음의 동사들은 뒤에 to 부정사가 아닌 동명사가 목적어로 따른다: admit, anticipate, appreciate, avoid, consider, delay, deny, dislike, enjoy, finish, keep, mind, miss, postpone, practice, quit, recall, resent, resist, risk, suggest 등.

해석 1. 당신의 직원들은 그들의 노고에 대해 인정받는 것을 감사히 여길 것입니다. 2. 그녀는 스카프 짜기를 끝냈다. 3. 구급의료대원은 실수를 인정했다.

🔍 Further Study

1. Doctors <u>suggest using</u> a clean cloth and soap.
2. He <u>disliked teaching</u> graduate students.
3. You have to <u>avoid driving</u> in the area or <u>risk being</u> stuck in traffic jams.
4. They <u>resented being</u> in debt.
5. They announced they would <u>postpone lifting</u> the ban.
6. They all <u>practiced walking</u> together holding a long piece of rope.
7. I didn't <u>anticipate staying</u> here for so long when I arrived last year.

📖 **Guide** 2 *graduate student: 대학원생 4 *in debt: 빚을 진 7 *anticipate [æntísəpèit]: 예상하다, 기대하다

해석 1. 의사들은 깨끗한 천과 비누를 사용할 것을 권한다. 2. 그는 대학원생들을 가르치는 것을 싫어했다. 3. 그 지역의 운전을 피하거나, 그러지 않으면 교통체증에 걸릴 위험을 감수해야 할 것이다. 4. 그들은 빚을지고 있는 것에 대해 분개했다. 5. 그들은 금지 해제를 연기하겠다고 발표했다. 6. 그들 모두는 긴 밧줄을 잡고 함께 걷는 연습을 했다. 7. 작년에 왔을 때 나는 이곳에 이렇게 오래 머물 줄 몰랐다.

3 타동사＋동명사/부정사

> 1. I **started walking** toward the gate.
> 2. The plants are **starting to droop**.
> 3. Consumers **preferred shopping** in a store to online shopping.
> 4. A lot of young people **prefer to** play computer games rather than do outdoor activities.
> 2 *droop[druːp]: 축 늘어지다, 처지다 3 *prefer A to B: A를 B보다 좋아하다 = prefer A rather than B

*다음의 동사들은 to 부정사나 동명사가 모두 목적어로 따를 수 있으며, 의미상의 차이는 (거의) 없다: begin, like, intend, hate, start, love, bother, continue, prefer 등.

해석 1. 나는 게이트 쪽으로 걷기 시작했다. 2. 식물들이 시들기 시작한다. 3. 소비자들은 온라인 쇼핑보다는 매장 쇼핑을 선호했다. 4. 많은 젊은이들은 실외활동보다는 컴퓨터 게임을 선호한다.

🔍 Further Study

1. The golf club <u>began rejecting</u> membership applications from individuals who can't speak English.
2. The queen <u>began to pace</u> her royal chamber.
3. The city <u>continues to outlaw</u> the sale of food by street vendors.
4. He <u>hated being</u> regarded as a paragon of virtue.
5. I won't even <u>bother asking</u> if you like cheesecake.
6. You need to <u>start training</u> your mind to focus on the positive.
7. They still <u>prefer to use</u> landline phones at work.

📱 Guide 2 *pace [péis]: vt. (어떤 장소를) 왔다 갔다 하다, 보조를 맞추어 걷다 *royal chamber: 왕실 3 *outlaw[áutlɔ̀ː]: 금지하다, 불법화하다 *street vendor: 노점상 5 *bother: (부정문에서) 일부러 ~하다 7 *landline phone: 유선전화기

> 해석 1. 그 골프 클럽은 영어를 못하는 사람들의 회원신청을 거절하기 시작했다. 2. 여왕은 자신의 왕실을 왔다 갔다 하기 시작했다. 3. 시 당국은 노점상들의 음식판매를 계속 금지한다. 4. 그는 미덕의 귀감으로 여겨지는 것을 싫어했다. 5. 네가 치즈 케이크를 좋아하는지는 아예 묻지도 않겠다. 6. 너의 마음을 긍정적인 것에 집중시키는 훈련을 시작할 필요가 있다. 7. 그들은 여전히 직장에서 유선전화기의 사용을 선호한다.

4 부정사/동명사에 따라 뜻이 달라지는 동사들

1. Never **regret lending** a helping hand to a friend.
2. We **regret to inform** you that this product is temporarily out of stock.
3. **Remember to redeem** your Air Miles before they expire.
4. He couldn't **remember winning** his third world heavyweight title.

1 *lend a helping hand to~: ~를 돕다 2 *regret to inform you that~: ~를 알리게 되어서 유감입니다 *out of stock: 품절(매진) 되어 3 *redeem[ridíːm]: 상품 등과 교환하다, 상환하다 *Air Miles: 항공(탑승)마일리지 *redeem Air Miles: 항공 마일리지를 사용하다 *expire[ikspáiər]: 기한이 만료되다

*아래 동사들은 to 부정사 또는 동명사가 따를 수 있지만, 의미가 달라진다.

regret -ing	과거에 했던 일을 후회하다	regret to	~하게 되어서 유감이다
remember to	(할 일을)잊지 않다, 명심하다	remember -ing	과거의 일을 기억하다
try to	노력하다	try -ing	해보다, 시도하다
stop to	~하기 위해 멈추다 (= stop in order to)	stop -ing	하던 것을 멈추다
forget to	~할 것을 잊다	forget -ing	(과거에) ~했던 일을 잊다

해석 1. 친구를 도운 것을 절대로 후회하지 마십시오. 2. 이 제품은 일시적으로 품절되었음을 알리게 되어 유감입니다. 3. 항공마일리지는 잊지 말고 유효기간이 만료되기 전에 사용하십시오. 4. 그는 자신이 세 번째 세계 헤비급 타이틀을 획득했던 사실을 기억하지 못했다.

⊘ **potty mouth**
potty는 '유아용 변기'를 말하며 'potty mouth' 는 'shitty mouth'(형편없는 입, 더러운 입)의 완곡한 표현(euphemism)으로 '상스러운 말씨 또는 그 말씨를 쓰는 사람, 습관'이라는 뜻이며, "She is/has a potty mouth."라면 그녀의 입이 상스럽다는 뜻이 된다.

🔍 Further Study

1. They ordered the temple to <u>stop breeding</u> tigers.
2. I <u>regret to hear</u> that your experience as a resident at York House has not been a pleasant one.
3. I don't <u>regret doing</u> it.
4. She <u>tried to shake</u> off the bad memories.
5. I <u>forgot to turn</u> the lights off. I should have turned them off.
6. <u>Remember to give</u> way to the ambulance behind you when you drive.
7. She <u>remembers being</u> hungry and always <u>being</u> cold when she was young.
8. I'll never <u>forget seeing</u> our goal keeper score the winning goal.
9. Our room was very hot. We <u>tried opening</u> a window but the noises from cars made it impossible to sleep.
10. He <u>stopped to collect</u> himself.
11. Please <u>stop complaining</u>.

📔 **Guide** 1 *breed[briːd]: (동물을) 사육하다, 기르다, 수정(번식)시키다 2 resident [rézədnt]: 거주자, 주민 4 shake off: 떨쳐버리다 6 *give way to: ~에게 길을 양보하다 10 *collect oneself: 마음을 가라앉히다

> 해석 1. 그들은 호랑이를 번식시키는 행위를 중단하라고 그 사원에 명했다. 2. York House에서 거주하신 귀하의 경험이 만족스럽지 못했다니 유감입니다. 3. 그렇게 한 것을 후회하지 않는다. 4. 그녀는 나쁜 기억들을 떨치려고 노력했다. 5. 불 끄는 것을 잊었다. 내가 껐어야 했다. 6. 운전할 때는 뒤따르는 구급차에 길을 양보하는 것을 명심하십시오. 7. 그녀는 어렸을 때 배고팠던 것과 항상 추웠던 것을 기억한다. 8. 나는 우리 골키퍼가 결승 골을 넣는 것을 보았던 것을 절대 잊지 못할 것이다. 9. 방이 매우 더웠다. 우리는 창문을 하나 열어 보았으나 자동차 소음 때문에 잠을 잘 수가 없었다. 10. 그는 마음을 가라앉히기 위해 멈추었다. 11. 불평 좀 그만하십시오.

✓ make too much of
'~에 지나치게 신경을 쓰다, ~를 너무 중요시하다'는 표현으로, "Don't make too much of the TOEFL scores."는 토플 점수에 너무 신경 쓰지 말라는 뜻이다.

5 동명사의 주어

1. He objects to **children's selling** things door to door.
2. There would not be the least chance of **your coming** back unscathed.

1 *sell door to door: 집집마다 판매하는 2 *there would not be the least chance of: ~의 가능성은 전혀 없을 것이다 *unscathed: 다치지 않은, 상처가 없는

*동명사의 주어는 앞에 소유격으로 표시된다. 예문 1의 children's와 selling, 2의 your와 coming은 주어와 동사 관계이며, informal 한 영어에서는 동명사의 주어를 children selling, you coming과 같이 apostrophe + s('s)를 없애거나 인칭대명사의 목적격으로도 표현한다.

해석 1. 그는 어린이들이 집집마다 다니며 물건을 파는 것에 반대한다. 2. 네가 무사히 돌아올 가능성은 전혀 없을 것이다.

Further Study

1. The party will celebrate both <u>our finishing</u> the term and <u>your getting</u> a new job.
2. <u>Her remembering</u> my birthday made me feel a whole lot better.
3. <u>Allison's constant bickering</u> is getting on my nerves.
4. The paparazzi <u>objected to him</u> swearing at them. (informal)

Guide 3 *bickering[bíkərin]: 언쟁(하기) *get on someone's nerves: ~의 신경에 거슬리다, ~를 초조하게 하다 4 *him은 informal 한 표현이며, essay writing 등 formal 한 영어에서는 동명사 swearing의 주어를 소유격 his로 표현할 것.

해석 1. 그 파티는 우리가 학기를 마친 것과 네가 새 직장을 얻은 것을 축하할 것이다. 2. 그녀가 내 생일을 기억해서 내 기분이 훨씬 좋아졌다. 3. 앨리슨의 끊임없는 언쟁이 신경에 거슬린다. 4. 파파라치들은 그가 그들에게 욕설을 하는 것에 반대했다.

6 동명사의 관용표현들

1. Luck is **of our own making**.
2. **There's no knowing** what he'll do next.
3. The land was spacious and **theirs for the taking**.
4. Doctors who had ignored her before **made a point of speaking** to her.
5. You **keep looking** out the window.
6. **On leaving** school, he went into business.

of one's own -ing	자신이 ~한	there is no knowing (telling)/denying	알 수가/부인할 수가 없다
one's for the taking	~가 원하면 쉽게 가질 수 있는	make a point of -ing	으레(애써, 꼭) ~하다
keep(on) -ing	계속~하다	on -ing	~하자마자

해석 1. 행운은 우리가 만드는 것이다. 2. 그가 다음에 뭘 할지 알 수가 없다. 3. 땅은 넓었으며 그들이 원하면 쉽게 가질 수 있었다. 4. 이전에 그녀를 무시했던 의사들이 으레 그녀에게 말을 걸었다. 5. 너는 계속 창밖을 보고 있구나. 6. 학교를 떠나자마자 그는 사업을 시작했다.

⊘ armed to the teeth
옛날 해적들이 싸울 때는 권총과 단검(dagger)을 여러 자루 몸에 지니고 심지어는 dagger를 이빨에까지 물고서 전투에 임한 데서 유래됐다는 위 표현은 '완전무장한'의 뜻이다. 예 The police were armed to the teeth. (경찰은 완전무장을 하고 있었다.)

7. The book is **worth reading** intensively.
8. I **cannot help thinking** that they are only interested in their appearance.
9. **It goes without saying** that the aquarium glass must always be clean.
10. We **had a good time discussing** current issues.
11. **There/It is no use asking** him for help.
12. I am **busy writing** my master's thesis.
13. I **feel like eating** chicken nuggets.
14. They **took turns peering** through a microscope.

9 *aquarium[əkwέəriəm]: 수족관 12 *master's thesis[θíːsis]: 석사 논문

worth -ing	~할 가치가 있는
can't help -ing	~하지 않을 수 없다 (= can't help but + 동사원형)
it goes without saying	~는 말할 나위도 없다
have a good time -ing	~하면서 좋은 시간을 보내다
there/it is no use -ing	~해 봐야 소용없다
busy -ing	~하느라고 바쁘다
feel like -ing	~하고 싶다
be on the point/verge/brink of -ing	막 ~하려고 하는, ~하기 직전의
be in the habit of -ing	~하는 습관이 있다
take turns (in) -ing	교대로(돌아가며) ~하다
to one's liking	~의 기호에 맞는

해석 7. 그 책은 정독할 가치가 있다. 8. 나는 그들이 자신들의 외모에만 관심이 있다고 생각하지 않을 수 없다. 9. 수족관 유리는 항상 깨끗해야 하는 것은 말할 나위도 없다. 10. 우리는 현재의 문제들에 대해서 토론하며 좋은 시간을 보냈다. 11. 그에게 도움을 청해 봐야 소용이 없다. 12. 나는 석사 논문 쓰느라 바쁘다. 13. 치킨 너겟이 먹고 싶다. 14. 그들은 교대로 현미경을 들여다보았다.

🔍 Further Study

1. He got caught in a trap <u>of his own making</u>.
2. If you want the job, it's <u>yours for the asking</u>.
3. Many people are <u>in the habit of uploading</u> their photos to Facebook.
4. He <u>makes a point of letting</u> his congregation know he takes care of them.
5. The terms of the agreement are not <u>to his liking</u>.
6. The show was <u>on the verge of</u> being canceled due to low ratings.
7. <u>There's no telling</u> when the teachers' strike will end.
8. It <u>goes without saying</u> that you are to wear formal attire to the annual party.
9. They <u>took turns transporting</u> Mr. Bennet to his doctor's appointments.
10. Some people <u>make a point of</u> keeping all their receipts.
11. <u>There is no use</u> arguing.

📖 Guide 4 *congregation[kὰŋgrigéiʃən]: 신자(신도)들

해석 1. 그는 자신이 만든 덫에 걸렸다. 2. 그 일자리를 원하면 부탁하면 된다. 3. 많은 사람은 자신의 사진을 페이스북에 업로드하는 습관이 있다 4. 그는 신도들에게 자신이 그들을 돌본다는 것을 알게 한다. 5. 계약조건이 그의 마음에 들지 않는다. 6. 그 쇼는 시청률이 낮아서 취소되기 직전이었다. 7. 교사들의 파업이 언제 끝날지는 알 수 없다. 8. 연례파티에 정장을 입어야 하는 것은 말할 나위 없다. 9. 그들은 교대로 베넷 씨를 진료 약속장소에 데리고 갔다. 10. 어떤 사람들은 모든 영수증을 항상 보관한다. 11. 다투는 것은 아무 소용이 없다.

✅ a blessing in disguise
'변장한 축복'으로 해석되는 이 표현은 '(처음에 불행해 보이지만 나중에 보니) 오히려 좋은 것, (문제인 줄 알았던 것이 가져다준) 뜻밖의 좋은 결과, 이득'을 뜻한다. 예 Losing my job was a blessing in disguise. I have received a better job offer. (실직이 오히려 더 잘된 일이었다. 더 좋은 일자리를 제안받았다.)

7 동명사의 과거형/수동태

1. They were grateful to him for **having contributed** to the expedition.
2. Irene liked **being talked to** better than talking.
3. **Being defeated** by the first question may cause you to lose your heart.
4. The tenants were upset at **having been evicted** from their homes.

1 *be grateful to: ~에게 감사하다 *expedition[èkspədíʃən]: 탐험, 원정 3 *defeat [difíːt]: 패배시키다, 이기다 *being defeated by: ~에 의해 패배당하는 것 *lose someone's heart: 용기를 잃다, 낙담하다 4 *upset[ʌpsét]: 속상한, 마음이 상한

*완료동명사(having pp)는 동명사의 과거형으로, 주절의 동사보다 앞서 일어났던 일을 나타낸다. 예문 1에서 '그들'이 감사하기 이전에 그가 기부했기 때문에 'having contributed'를 사용했으며, 2,3의 being + pp.는 동명사의 수동태로 '~하여지는 것, 되는 것'의 뜻이고, 4의 having been pp는 완료동명사의 수동태로서, at having been evicted는 because they had been evicted와 같은 뜻이다.

해석 1. 그들은 그에게 탐험에 기부한 것에 대해 감사했다. 2. 아이린은 이야기를 하는 것보다 듣는 것을 좋아했다. 3. 첫 번째 질문을 풀지 못하면 낙담할 수 있다. 4. 세입자들은 자신들의 집에서 쫓겨난 것에 화가 났었다.

🔍 Further Study

1. <u>Being passed</u> over for promotion is extremely demotivating.
2. The safe showed no signs of <u>having been touched</u>.
3. We greatly appreciate <u>having been invited</u> to the Committee.
4. The soccer player said, "I am used to <u>being kicked</u> now."
5. The captain was accused of <u>having deserted</u> his ship.

📖 Guide 1 *be passed over for promotion: 승진대상에서 제외되다 *demotivate [diːmóutəvèit]: ~의 의욕을 꺾다 *demotivating: 의욕을 꺾는

해석 1. 승진대상에서 제외되는 것은 매우 의욕이 꺾이는 일이다. 2. 금고는 손댄 흔적이 없었다. 3. 우리는 위원회에 초대받았던 것에 대해 깊은 감사를 드립니다. 4. 그 축구선수는 "나는 이제 차이는 것에 익숙합니다."라고 말했다. 5. 선장은 자신의 배를 버린 혐의로 기소되었다.

Unit

14

명사절

명사절

문장을 만들려면 주어나 목적어 또는 보어가 필요하고, 이 주어, 목적어, 보어 부분에 절(s + v)이 오게 되면 주절, 목적적, 보어절이 되며, 이 절들을 명사절 (noun clause)이라 한다. 명사절은 접속사 that, if, whether, 의문사 등에 의해 소개된다.

1 의문사절과 간접의문문

---

1. **What you do for a living** is irrelevant.
2. What matters is **what you do**, not **what you think**.
3. Explain **what your kidneys do**.
4. I wonder **who stole my plant** off my porch.

1 *irrelevant[iréləvənt]: 무관한 4 *porch[pɔːrʧ]: 현관, 베란다

---

*의문사절이 명사절로 쓰일 때는 의문사 + (주어) + 동사의 어순을 취한다. 예문 1은 의문사 + 주어 + 동사가 주절(What you do for a living)로, 2는 보어절로, 3에서는 타동사(explain)의 목적절로 쓰였다.

*"What do your kidneys do?"는 상대방에게 직접 물어보니까 당연히 '직접의문문'이라 하며, 이를 "신장이 무엇을 하는지 너는 아느냐?"로 물으면 "Do you know <u>what your kidneys do</u>?"로 어순이 변화된다. 그 이유는 직접 의문문 "What do your kidneys do?"가 타동사 'know'의 목적절이 될 때는 '의문사(what) + 주어(your kidneys) + 동사(do)'로 변화되기 때문이며(직접 의문문을 만들려고 사용한 조동사 do는 없어짐), 이와 같이 의문문이 타동사의 목적절이 되어 의문사 + 주어 + 동사로 변화되는 구조를 간접의문문이라 한다. 다른 예로 직접 의문문 "Why are your lungs important to maintain life?"를 "왜 폐는 생명을 유지하기 위해 중요한지 설명하시오."로 바꾸면, "Explain <u>why your lungs are</u> important to maintain life."로, 즉 직접 의문문이 타동사 explain의 목적절이 되면서 의문사(why) + 주어(your lungs) + 동사(are)의 간접의문문으로 변화된다.

*4번은 타동사 wonder의 목적절을 만들 의문사 who가 의문문의 주어이기 때문에 다음에 바로 동사 'stole'이 왔다. 다른 예로 "Who scratched my car?"에서 'Who'는 주어이기 때문에 "누가 내 차를 긁었는지 아니?"는 "Do you know who(의문사 주어) + scratched(동사) my car?"로 말한다.

해석 1. 당신이 생계를 위해서 무엇을 하는지는 무관합니다. 2. 중요한 것은 행하는 것이지 생각하는 것이 아니다. 3. 신장이 하는 일을 설명하시오. 4. 누가 나의 베란다에서 식물을 훔쳐갔는지 궁금하다.

5. **Why do you think it's funny**?
6. **Who do you suppose married** my sister?

*앞에서 공부했던 구조와는 달리 think, suppose, believe, guess, imagine 등의 동사는(생각 동사라고도 함) 5,6번 예문에서 보듯이 의문사(Why, Who)를 문장 맨 앞으로 밀어내고 간접의문문구조를 만든다. 이 동사들은 생각할 게 많아 머리 아픈데 의문사까지 옆에서 Why? What? When? 라면서 깐족대니 앞으로 차버렸다고 생각하고, 예문 6은 'Who'가 뒤 동사 'married'의 주어이므로 'Who do you suppose' 다음에 다른 주어가 또 오지 않고 'married'로 연결됨.

해석 5. 왜 그것이 재미있다고 생각하십니까? 6. 누가 내 여동생과 결혼했다고 생각합니까?

7. I don't know **whether I should laugh or cry**.
8. We never know **if he is in the building or not**.

*7은 직접 의문문 "Should I laugh or cry?"가 타동사 'know'의 목적절이 되면서 내용상 whether(~인지 아닌지) + 주어(I) + 동사(should laugh)로 변화되었으며, 8은 "Is he in the building or not?"이 know의 목적절이 되면서 내용상 if + 주어(he) + 동사(is)로 변화되었다.

해석 7. 웃어야 할지 울어야 할지 모르겠다. 8. 우리는 그가 건물 안에 있는지 없는지를 절대 알 수 없다.

⊘ **Peekaboo!** [píːkəbùː]
우리의 까꿍 놀이와 같은 것으로, 손으로 얼굴을 가렸다 갑자기 아기에게 내보이면서 "Peekaboo!"(까꿍!) 라면서 아기를 방긋방긋 웃게 한다.

Further Study

1. We have to put our money <u>where our mouth is</u>.
2. <u>When do you believe</u> school should start?
3. He inquired <u>where the young man lived.</u>
4. She asked me <u>whether I needed any help</u>.
5. <u>Who do you think voters will choose</u> for the award this year?
6. <u>What do you suppose</u> wild rabbits eat?
7. <u>Do you know when</u> the best time to write is?
8. No mention is made of <u>where they came from</u>.

Guide 1 *put one's money where one's mouth is: (informal) 자기가 한 말을 실제 행동으로 보여 주다 5 *who는 타동사 choose의 목적어로서 '누구를(whom)'의 뜻.

해석 1. 우리는 우리의 말을 행동으로 보여 주어야 한다. 2. 학교가 언제 시작해야 한다고 생각합니까? 3. 그는 그 젊은이가 어디에 사는지 물었다. 4. 그녀는 나에게 도움이 필요한지 물었다. 5. 올해 투표자들은 누구를 그 상의 수상자로 선택할 것 같습니까? 6. 야생토끼는 무엇을 먹는다고 생각합니까? 7. 글쓰기 가장 좋은 시간이 언제인지 아십니까? 8. 그들이 어디서 왔는지에 대한 언급이 없다.

⊘ DUI(DWI)

음주운전은 동서양을 막론하고 절대금물이다. '음주(약물/마약복용)운전'은 DUI(Driving Under the Influence) 또는 DWI(Driving While Intoxicated)로 표현되며, "He was arrested for DUI."는 "그는 음주(약물/마약복용)운전으로 체포되었다."는 뜻이다. 여기서 'Driving Under the Influence'는 다음에 of alcohol(또는 drugs)이 생략된 표현으로 under the influence of alcohol(drugs)은 '알코올(약물/마약)의 영향 아래' 즉 '술(약물/마약)에 취하여'의 뜻이고, intoxicated[intάksikèitid] 역시 '술, 마약 등에 취한' 뜻의 형용사이며, DUI와 DWI에 관한 정의는 주마다 차이가 있다.

2 명사절을 이끄는 that

1. **That** he is a seditious man is evident to anyone who has ever heard him speak.
2. **It** has been brought to our attention **that** some employees have been using foul language in the workplace.
3. The reason we care about rain forests is **that** we care about our own survival.
4. The lack of reliable mass transit means **that** even those struggling to pay rent own cars.
5. They **think** the situation will get better.

1 *seditious[sidíʃəs]: 선동적인 2 *be brought to someone's attention: ~의 주목을 끌다 *foul language: 상스러운 말 3 *rain forest: 열대우림 4 *lack[læk]: 부재, 부족, 결핍 *mass transit: 대중교통, 대량수송 *those struggling to pay rent: 집세 내기를 힘들어하는 사람들(struggling to pay rent는 those 수식)

*접속사로 쓰이는 that은 명사절을 이끈다. 예문 1은 that이 'man'까지의 주절을 이끌며, 2는 that이 이끄는 'workplace'까지의 주절을 뒤로 보내고 그 빈자리에 가주어 it을 놓은 구조이며, 3의 that은 주격보어절을 이끌며, 4는 that 이하가 타동사 means의 목적절이다.

*say, know, think(예문 5), learn, discover, find, feel 등의 동사 다음의 that은 informal 한 구어체에서 생략하는 경우가 많다. 다음은 that절을 이끄는 타동사들이다: wish, regret, indicate, pretend, acknowledge, remember, hope, realize, dream, assume, read, believe, hear, notice, confirm, predict, suppose 등

1. 그가 선동적인 사람인 것은 누구든지 그가 말하는 것을 들어본 사람은 명백하게 알 수 있다. 2. 일부 직원이 직장에서 상스러운 말을 사용해오는 사실이 우리의 주목을 받았다. 3. 우리가 열대우림에 관심을 가지는 이유는 우리 자신의 생존에 관심이 있기 때문이다. 4. 믿을만한 대중교통수단이 없다는 것은 집세를 내기도 벅찬 사람들조차도 자동차를 소유하고 있다는 것을 뜻한다. 5. 그들은 상황이 나아질 것으로 생각한다.

🔍 Further Study

1. He is <u>convinced that</u> he will overcome the hurdle.
2. Our young people <u>believe that</u> politics doesn't have the tangible results that they wish that it did.
3. The only thing she regrets <u>is that</u> she didn't love enough.
4. <u>It's a miracle that</u> he's alive.
5. I told her I'd be back by eleven o'clock but she said she had to meet me at ten.
6. The company <u>acknowledged that</u> the personal information of their customers was hacked last year.
7. They <u>informed me that</u> my tax refund was sent to me last month.

Guide 1 *overcome[òuvərkʌ́m]: 극복하다 *형용사 convinced(확신하는)는 be동사＋convinced(sure, certain, afraid, pleased, sorry, surprised, worried 등)＋(that) 절의 구조를 취할 수 있다. 예 I am sure (that) it was food poisoning. (나는 그것이 식중독이었다고 확신한다.) 2 *tangible[tǽndʒəbl]: 유형의, 만질 수 있는 *it: politics 5 told her 다음 that 생략, she said 다음 that 생략 7 *tax refund: 세금 환불

[해석] 1. 그는 그 장애를 극복할 것이라고 확신한다. 2. 우리 젊은이들은 정치가 그들이 바라는 가시적인 결과를 얻지 못한다고 믿는다. 3. 그녀가 유일하게 후회하는 것은 그녀가 충분히 사랑하지 않았다는 것이다. 4. 그가 살아있는 것이 기적이다. 5. 나는 그녀에게 11시까지 돌아오겠다고 말했지만, 그녀는 10시에 나를 만나야 한다고 말했다. 6. 회사는 고객들의 개인정보가 작년에 해킹당한 것을 인정했다. 7. 그들은 나의 세금환급금이 지난달에 나에게 보내졌다고 통보했다.

3   It seems that

1. **It seems unlikely that** Heather will remember your name.
2. **It turned out that** he had faked many of the research results.
3. **It appears that** the initial infection occurred before 1950.
4. **It occurred to me that** my ears had deceived me.
3 *initial infection: 초기 감염

*it seems/appears that~(~인 것 같다), it seems unlikely that~(~할 것 같지 않다), it turns out that~(~임이 나타나다, 밝혀지다), it occurred to me that~(나에게 ~의 생각이 떠올랐다), it is believed that~(~라고 믿어진다), it is proved/proven that~(~가 증명되다), it is recommended that~(~가 권장된다) 등의 구조에서 that은 절을 동반한다. (이 사실을 이해하고 익히는 것이 중요하며, that 절이 주절이냐 보어절이냐, 몇 형식문장이냐 등을 가린다고 시간을 낭비할 필요는 없다. 즉 불필요하게 문법을 깊이 파고드는 것은 비능률적이며, 그 시간에 문장 한 줄 더 읽고 단어 하나 더 익히는 것이 smart 한 학습방법이다.)

해석 1. 헤더가 당신의 이름을 기억할 것 같지 않습니다. 2. 그는 많은 연구결과를 조작했던 것으로 밝혀졌다. 3. 초기 감염은 1950년 이전에 발생한 것으로 보인다. 4. 내 귀가 나를 속였다는 생각이 떠올랐다.

⊘have nine lives
'위험한 상황들을 잘 모면하다, (위험한 상황 때마다) 운이좋다.'는 표현으로, "I can't believe he survived the horrible car accident. He must have nine lives."는 "그 끔찍한 자동차 사고에서 그가 살아남았다는 것이 믿기지 않는다. 목숨이 9개인(운이 좋은) 것이 분명해." 의 뜻이다. *lives [laivz]: life의 복수

🔍 Further Study

1. <u>Did it occur to you that</u> he wanted to be left alone?
2. <u>It turned out that</u> those medical professionals were wrong.
3. <u>It appears that</u> this little parrot was wild-caught and then thrown into this cage.
4. <u>Has it been proven that</u> smoking is a cause of lung cancer?
5. <u>It is recommended that</u> the parent complete the questions as a proxy if the child is less than 10 years old.

📑 **Guide** 3 *wild-caught: 야생으로 잡힌 5. it is recommended that + 주어(the parent) + 동사원형(complete)의 구조임(다음 페이지 참고).

> 해석 1. 그가 혼자 있고 싶어 한다는 생각이 당신에게 들었습니까? 2. 그 의료전문가들이 틀린 것으로 밝혀졌다. 3. 이 작은 앵무새는 야생에서 잡혀 이 새장 안에 가두어진 것 같다. 4. 흡연이 폐암의 원인이라는 것이 증명되었습니까? 5. 자녀가 10세 미만일 경우 부모가 대리인으로 질문에 답할 것을 권합니다.

⊘ punch above your weight

라이트급 권투선수(lightweight)가 자기보다 높은 체급인 웰터급선수(welterweight)에게 펀치를 가하면 이것은 분명히 큰 도전이고 성과다. 위 표현은 '개인, 국가 등이 능력이나 기대 이상의 성과를 내다(활동을 하다, 영향력을 행사하다, 힘을 가지다)'의 뜻이며, 남녀 관계에서는 '외모나 지위 등이 본인보다 높은 수준의 이성을 사귀다'는 뜻으로도 쓰인다. 예 When he married her, he knew he was punching above his weight. (그녀와 결혼 할 때, 그는 자신보다 나은 사람과 결혼하는 것을 알았다.) The country has historically tried to punch above its weight. (그 나라는 역사적으로 기대 이상의 영향력을 행사하려고 애써왔다.)

4 order/suggest/demand/request + that절

1. The judge **ordered that** the man **be** placed under electronic monitoring.
2. The dermatologist **advised that** he **reapply** sunscreen every one to two hours.
3. She **requested that** authorities **not disclose** her identity.
4. The **recommendation that** tax on sugary soft drinks **be** increased to discourage their consumption was accepted.
5. It is **important that** cancer **be** diagnosed and treated as early as possible.
6. For democracy to survive, **it is imperative that** the average citizen **be** able to develop informed opinions about important policy issues.

2 dermatologist[də̀:rmətάlədʒist]: 피부과 전문의 6 *informed [infɔ́:rmd]: 잘 아는, 정통한

*formal 한 영어에서는 주장, 제안, 명령, 요구, 충고 등을 나타내는 insist, suggest, order, propose, demand, advise, recommend, command, request, ask, require 등의 동사나 이들의 명사 형태인 proposal/suggestion(제안), recommendation(추천) 등과, it is important, necessary, desirable(바람직한), crucial(중대한), essential(필수의), imperative(긴요한), urgent(긴급한), vital (필수적인) 등의 형용사는 다음에 that + 주어 + 동사원형 구조의 절을 이끌 수 있으며, 이 구조에서 that 절의 부정문은 예문 3과 같이 동사 앞에 not이 위치한다.

해석 1. 판사는 그 남자를 전자 감시하에 두라고 명령했다. 2. 피부과 전문의는 그에게 1~2시간마다 선 스크린을 다시 바르도록 조언했다. 3. 그녀는 당국에 자신의 신원을 공개하지 말도록 요청했다. 4. 설탕이 든 음료수들의 소비를 억제하기 위해 이에 대한 세금을 인상하라는 권고가 받아 들여졌다. 5. 암은 가능한 한 빨리 진단과 치료를 받는 것이 중요하다. 6. 민주주의의 생존을 위해서는 일반 시민들이 중요한 정책문제들에 관해서 정통한 견해를 형성할 수 있어야 하는 것이 필수적이다.

7. It's **important that** she **attend** the meeting.
8. It's **important (that)** she **attends** the meeting.

*예문 8은 that을 생략하고 동사 끝에 s를 붙여 현재형으로 바꾼 표현으로 생활영어에서 많이 쓰이며, 위 문장들은 'It's important **for her to attend** the meeting.'으로 표현할 수도 있다. 해석 7,8. 그녀가 회의에 참석하는 것이 중요하다.

Further Study

1. Our Meat Inspection Act <u>requires that beef be stored</u> at temperatures of 4°C or lower.
2. <u>It is essential that the university be governed</u> by principles of fairness, morality, and decency.
3. <u>It is very important that you be present</u> and closely monitor the interaction between your baby and dog.
4. The restaurant owner <u>requested that she remove</u> the review from Google.
5. Psychologists and psychiatrists will tell you that it is <u>of utmost importance that a disturbed child receive</u> professional attention as soon as possible.
6. <u>It is necessary that they be</u> warned of the risks. (formal)
7. <u>It is necessary they are</u> warned of the risks. (informal)

Guide 2 govern[gʌvərn]: 운영, 통치하다 *fairness[fɛərnis]: 공정성 *morality [mərǽləti]: 도덕(성) *decency[díːsnsi]: 품위, 고상함 3 *interaction[ìntərǽkʃən]: 상호작용 5 *psychologist[saikɑ́lədʒist]: 심리학자 *utmost [ʌ́tmoust]: 최고의, 극도의 *of utmost importance: 극히 중요한 *disturbed[distə́ːrbd]: 정신적 장애가 있는, 불안한 *professional attention: 전문적 치료(보살핌)

해석 1. 우리의 육류검사법은 쇠고기를 4°C 이하에서 보관하도록 규정하고 있다. 2. 대학은 공정성과 도덕성 및 품위의 원칙에 따라 운영되어야 한다. 3. 옆에서 아기와 개의 상호작용을 주의 깊게 관찰하는 것이 매우 중요합니다. 4. 식당 주인은 그녀에게 리뷰를 구글에서 삭제해 달라고 부탁했다. 5. 심리학자와 정신과 의사들은 정신장애 아동이 가능한 한 빨리 전문적인 치료를 받는 것이 몹시 중요하다고 말할 것이다. 6,7. 그들은 그 위험들에 대해 경고를 받을 필요가 있다.

5 명사절을 이끄는 what

1. **What he did** was morally wrong.
2. Educators teach **what they know**.
3. The lackluster planning is **what worries me most**.
4. He spent **what (little) money he had** on basic necessities.

2 *educator [édʒukèitər]: 교사, 교육학자 3 *lackluster: (lack + luster) 신통치 않은, 생기가 없는, 광택이 없는

*what은 주절(1), 목적절(2), 보어절(3)을 이끌며, 여기서 what은 '~한 것(들), 즉 the thing(s) that과 같은 뜻으로, 선행사 the thing(s)을 포함하기 때문에 관계대명사라고도 하지만 다른 관계대명사들과는 달리 명사절을 이끈다. 예문 4 의 what (little) money he had는 all the (little) money that he had로 '그 가 가지고 있던 (얼마되지 않는) 모든 돈'의 뜻이다.

해석 1. 그가 한 일은 도덕적으로 잘못되었다. 2. 교육자들은 그들이 아는 것을 가르친다. 3. 신통치 않은 그 계획이 내가 가장 염려하는 것이다. 4. 그는 가지고 있던 (얼마되지 않는) 모든 돈을 기본 생필품에 썼다.

⊘ **somebody's eyes are bigger than their stomach/belly**
위 표현은 '다 먹지도 못할 걸 욕심을 부리다'는 뜻으로, 다 먹지도 못할 음식을 잔뜩 담아 오 는 사람을 보고 "Your eyes are bigger than your stomach!"(다 먹지도 못할 걸 욕심부 리네!)라고 할 수 있겠다.

1. <u>What happened in the '90s</u> was a minor recession for most of the country.
2. <u>What we breathe</u> impacts our health.
3. I reckon he's got <u>what it takes to be an international soccer player</u>.
4. I lost <u>what little control I had left</u> and snapped.
5. I shouldn't have said <u>what I said</u>.
6. The reaction was not <u>what I expected</u>.

📖 **Guide** 2 *breathe[bri:ð]: 호흡하다 3 *reckon[rékən]: think *have what it takes to~: ~에 필요한 재능(자질, 미모 등)이 있다 4 *what little~: 있을까 말까 한 정도의~, 거의 없는~ *snap[snæp]: 화내다, (감정이) 폭발하다, (딱하고) 부러지다

해석 1. 90년대에 일어났던 일은 나라 대부분 지역에서 있었던 경미한 불황이었다. 2. 우리가 호흡하는 것은 우리의 건강에 영향을 미친다. 3. 나는 그가 국제 축구선수가 될 자질이 있다고 생각한다. 4. 나는 남아있던 약간의 자제력을 잃고 화를 냈다. 5. 내가 했던 말을 하지 말았어야 했다. 6. 반응은 내가 예상했던 것과는 달랐다.

✅ **What's the catch?**
너무 좋은 조건 등을 제시받았을 때 의심을 나타내는 표현으로, 구두쇠 친구가 점심을 사겠다면 "What's the catch?"(무슨 속셈이냐? 조건이 뭐냐?)와 같이 물을 수 있다. 여기서 catch는 '숨겨진 문제, 함정, 노리는 것, 조건'을 뜻한다.

6 복합관계사(의문사 + ever)

1. **Whoever is not for us** is against us.
2. **However repellent the regime is**, its collapse would be worse.
3. You may sit **wherever you want**.
4. **Whosever idea it is**, it's preposterous.
5. Can I leave my estate to **whomever I choose**?
6. She teaches English to **whoever wants** to learn.
7. You can hire **whoever you believe is** the best qualified person.

2 *repellent[ripélənt]: adj. 역겨운, 혐오감을 주는, n. 방충제 *regime [reiʒíːm]: 정권
4 *preposterous[pripάstərəs]: 터무니없는

*의문사 + ever(복합관계사)는 명사절(예문 1)이나 부사절(예문 2, 3)을 이끈다.

*전치사나 타동사 다음에는 목적격이 오지만 예문 5~7과 같이 복합관계사 절이 따르는 경우는 복합관계사 이하 부분의 문장구조를 보고 whoever나 whomever의 사용을 결정한다. 예문 5에서 whomever I choose 부분을 떼어놓고 보면 choose는 타동사로서 목적어가 필요하므로 목적격 whomever를 사용했으며, 6의 whoever wants to learn에서는 동사 wants는 주어를 필요로 하기 때문에 앞에 주격 whoever가 왔으며, 예문 7에서 you believe는 삽입절로서 없다고 보면, whoever is가 남고, 동사 is는 주어가 있어야 하므로 주격 whoever를 사용했다.

[해석] 1. 우리를 지지하지 않는 자는 누구든지 우리를 반대한다. 2. 그 정권이 아무리 혐오스러워도 붕괴되면 더 나빠질 것이다. 3. 어디든지 원하는 곳에 앉으십시오. 4. 그것이 누구의 생각이든 간에 터무니없다. 5. 나의 재산을 누구든지 내가 선택하는 사람에게 물려줄 수 있습니까? 6. 그녀는 누구든지 배우고 싶어 하는 사람들에게 영어를 가르친다. 7. 당신이 가장 적임자라고 생각하는 사람은 누구든지 채용할 수 있습니다.

whoever	~하는 사람은 누구나, 누가 ~이라도	whichever	어느 쪽이든 ~한 것, 누구든 ~한 사람
whenever	~할 때는 언제든지, ~할 때 마다, 언제~하더라도	whatever	~하는 것은 무엇이든, 무엇을 ~하더라도, 어떤 ~일지라도
wherever	어디로(~서, ~에) ~하여도	however	아무리 ~일지라도
whomever	~하는 사람은 누구에게나, 누 구를(에게)~하든지	whosever	누구의~이든지, 누구 것이든 지

🔍 Further Study

1. <u>Whoever</u> is kind is loved.
2. We'll stay until 11:45 or until we catch 100 fish, <u>whichever</u> comes first.
3. She is single, so she is entitled to see <u>whomever</u> she wants.
4. We will continue to fly, sail and operate <u>whenever and wherever</u> international law allows.
5. Give the booklet to <u>whoever</u> answers the door.
6. I will donate my talent to <u>whoever</u> needs it most.

Guide 5 *booklet[búklit]: 소책자 6 *donate[dóuneit]: 기증(기부)하다

해석 1. 누구든지 친절하면 사랑받는다. 2. 우리는 11:45분까지 또는 100마리의 물고 기를 잡는 것 중 어느 쪽이든 먼저 될 때까지 있을 것이다. 3. 그녀는 싱글이기 때문에 그녀가 원하는 사람은 누구든지 만날 자격이 있다. 4. 우리는 국제법이 허용하는 곳에서 는 언제 어디서나 비행과 항해 및 작전을 계속 수행할 것이다. 5. 그 소책자를 누구든지 문을 열어주는 사람에게 주십시오. 6. 나의 재능을 누구든지 가장 필요로 하는 사람에게 기부할 것이다.

Unit

15

관계대명사(부사)

관계대명사(부사)

관계대명사는 두 문장을 연결하는 접속사와 앞의 명사(선행사)를 대신하는 대명사의 역할을 겸하며, 단순한 두 문장을 한 문장으로 연결하여 비교적 복잡하고 세련된 문장을 만들기 때문에 이를 잘 이해하고 활용할 수 있어야 중급이상의 수준으로 도약할 수 있으며, 관계대명사를 이해하면 관계부사는 쉽게 알 수 있다.

ⓛ 관계대명사(relative pronouns)

선행사	주격	소유격	목적격(생략 가능)
사람	who	whose	(whom)
동물, 사물	which	whose/of which	(which)
사람, 동물, 사물	that	없음	(that)

ⓛ 관계부사(relative adverbs)

선행사	관계부사
the place	where
the time	when
the reason	why
the way	how (the way, how 중 하나를 생략하여 표현)

주격 관계대명사 who/which/that, those who

---

1. **The father who went off to war** was not **the one who came home**.
2. **The households which had a dishwasher** used on average 50% less water than **the households that didn't own a dishwasher**.
3. The restaurant needs **doors that push outward** so customers can easily exit.
4. We honor **those who use** their education to change the world.

1 *who went off to war는 the father 수식, who came home은 the one 수식 2 *which had a dishwasher는 The households 수식, that didn't own a dishwasher는 the households 수식 3 *that push outward는 doors 수식 *outward: adj. 밖으로 향하는 ad. 바깥쪽으로 4 *who~the world는 those 수식

---

*주격 관계대명사는 다음에 동사가 따르며, 앞의 명사(선행사)를 수식하는 형용사절을 만든다. 선행사가 사람이면 who(예문 1), 동물/사물이면 which(예문 2)를 사용하며, that(예문 2,3)은 사람, 동물, 사물 모두에 사용할 수 있다. 예문 4의 those who는 '~하는 사람들'의 뜻으로 다음에 동사가 따른다.

*예문 2와 같이 관계대명사절(which had a dishwasher)이 문장 가운데 위치한 구조에서 그 형용사절이 어디까지 인지를 판단하는 요령은 문장의 주어(The households)에 따르는 동사(used)를 찾고, 그 앞까지(which had a dishwasher)를 형용사절로 보면 된다(which와 that의 사용은 7의 '제한적용법과 계속적용법' 참고).

[해석] 1. 전쟁에 나간 아버지는 집으로 돌아온 아버지가 아니었다. 2. 식기세척기가 있는 가정들은 없는 가정들보다 평균 50%의 물을 덜 사용했다. 3. 그 식당은 고객이 쉽게 나갈 수 있도록 밖으로 밀어주는 문이 필요하다. 4. 우리는 자신이 받은 교육을 세상을 변화시키기 위해 사용하는 사람들을 존경한다.

🔍 Further Study

1. He had the confidence of someone <u>who had been treated as a wunderkind at home</u>.
2. He had <u>one habit that got under my skin</u>.
3. <u>Those who couldn't walk</u> were carried on stretchers.
4. She weighed the mouse on a small scale <u>which was really meant for weighing letters</u>.
5. Any business arrangement <u>that is not profitable to the other person</u> will in the end prove unprofitable for you.
6. <u>Those who skipped breakfast</u> were found to have a higher risk of heart attack.
7. Money often unmakes the men <u>who make it</u>.
8. <u>Those who are quick to promise</u> are generally slow to perform.
9. The <u>boughs that bear most</u> hang lowest.
10. They linked up in a silent demonstration of support for the school <u>which is being threatened with closure</u>.

📖 **Guide** 1 *wunderkind[vúndərkìnd]: 신동, 귀재 3 *stretcher[strétʃər]: 들것 5 *profitable [práfitəbl]: 이익이 되는 7 *unmake: ~를 망치다, 원상으로 돌리다 9 *bough[bau]: (나뭇) 가지 10 *link up: 연결하다, 동맹을 맺다

> 해석 1. 그는 집에서 신동으로 여겨졌던 사람의 자신감이 있었다. 2. 그는 나를 짜증 나게 하는 버릇이 하나 있었다. 3. 걷지 못하는 사람들은 들것에 실려 갔다. 4. 그녀는 편지의 무게를 재는데 사용하는 작은 저울에 그 쥐의 무게를 달았다. 5. 어떤 사업협정이든지 상대편에게 득이 되지 않으면 결국은 자신에게도 득이 되지 않는다. 6. 아침 식사를 거른 사람들이 심장마비에 걸릴 위험이 더 많은 것으로 밝혀졌다. 7. 돈은 종종 돈을 버는 사람을 망친다. 8. 약속을 빨리하는 사람은 일반적으로 실행이 더디다. 9. 가장 많은 열매를 맺는 가지가 가장 낮게 매달려 있다. 10. 그들은 폐교위협을 받고 있는 학교를 지지하는 침묵시위에서 연결되었다.

✅ it's someone's call
someone이 뭔가에 대한 결정을 내려야 한다는 표현으로 "Should I buy this car?" (이 차를 내가 사야 하나?)에 "It's your call."이라면 네가 결정해야 한다는 말이다.

2 **주격 관계대명사＋be동사의 생략**

---

1. A truck **carrying watermelons** overturned.
2. A tall door **made of solid wood** is prone to warping.
2 *solid wood: 원목 *warp[wɔ́ːrp]: 휘어(뒤틀어)지다, 휘게 하다, 왜곡하다 *prone to: ~하는 경향이 있는

---

*주격 관계대명사＋be동사는 생략되는 경우가 많으며, 이때의 관계대명사절은 형용사구로 변화된다. 예문 1은 carrying 앞에 that was가, 예문 2는 made of 앞에 that is가 생략되었다.

[해석] 1. 수박을 실은 트럭이 전복했다. 2. 원목으로 만든 높은 문은 휘어지기 쉽다.

 Further Study

1. <u>The dye used to stamp the grade and inspection marks onto a meat carcass</u> is made from a food-grade vegetable dye and is not harmful.
2. <u>People left to their own devices</u> tend not to do their job unless they are supervised.
3. The Act permits the seizure of <u>property used to commit an offence</u>.
4. <u>Some students surveyed</u> admitted cheating on a test in the past year.
5. Drone video showed <u>apartments teetering perilously close to the eroding cliff</u>.

Guide 1 *dye[dai]: 염색제, 염료 *carcass[kɑ́ːrkəs]: (큰 동물의) 시체, 도살된 몸통 2 leave ~to one's own devices: ~를 자기 뜻대로 하게 두다, (감독이나 도움 없이) 혼자 처리하도록 두다 *supervise[súːpərvàiz]: 감독하다 3 *Act: 법률 *commit an offence: 범죄를 저지르다 *offence(영) = offense(미) 4 survey[sərvéi]: (설문) 조사하다 5 *teeter [tíːtər]: (넘어질 듯이) 불안정하게 서다(움직이다) *perilously [pérələsli]: 위태롭게

[해석] 1. 고기 몸통에 등급과 검사표시를 찍는데 사용되는 염료는 식품 등급의 야채 염료로 제조되며 무해하다. 2. 자기 뜻대로 하도록 두는 사람들은 감독받지 않으면 자신의 일을 하지 않는 경향이 있다. 3. 그 법은 범죄에 사용된 재산의 압류를 허용한다. 4. 조사에 참여한 일부 학생들은 지난해에 시험에서 부정행위를 했다고 인정했다. 5. 드론 비디오는 침식하는 절벽 가까이에 위태롭게 서 있는 아파트들을 보여 주었다.

3 소유격 관계대명사 whose

1. Students **whose parents are undocumented** are eligible for financial aid.
2. There are some people **whose opinion I value and respect**.

1 *undocumented[ʌndάkjumèntid]: (이주) 증명서를 가지지 않은 *undocumented person: 밀입국자 *eligible[élidʒəbl]: 자격이 있는, 가능한 *financial aid: (대학생에 대한)학자금지원

*whose는 선행사 다음에 whose + 명사 + (주어) + 동사의 형용사절을 만들어 선행사를 꾸며준다. 예문 1은 'Students are eligible for financial aid.'와 'Their parents are undocumented.'의 두 문장이 연결된 것으로, 두 번째 문장의 'Their'는 앞 'Students'를 대신하는 소유격 대명사이기 때문에 소유격 관계대명사 whose로 바꾼 다음, 이 whose가 이끄는 형용사절 'whose parents are undocumented'를 선행사 Students 다음으로 보내어 연결시킨 문장이다.

*예문 2는 'There are some people.'과 'I value and respect their opinion.'에서 두 번째 문장의 'their opinion'이 소유격 whose opinion으로 바뀌면서 선행사 people 뒤로 이동하여 만들어진 문장이다.

해석 1. 부모가 이주 증명서가 없는 학생들은 학자금 지원을 받을 수 있다. 2. 내가 의견을 소중히 여기고 존중하는 일부 사람들이 있다.

🔍 Further Study

1. They own an original Picasso painting <u>whose value is over a million dollars</u>.
2. Children <u>whose parents smoke</u> are more likely to lag behind in their school work.
3. Opportunities for college graduates <u>whose degrees are in computer science</u> are on the upswing.
4. Virginia Woolf was a prolific writer <u>whose successes include works of fiction, biography, and essay</u>.
5. The school is specially for children <u>whose schooling has been disrupted by illness</u>.
6. Group No. 2 refers to <u>those students whose</u> parents have finished the twelfth grade.
7. The rents of the homes of <u>those serving</u> as soldiers shall be paid by <u>those whose</u> lives and homes are defended.

📖 **Guide** 3 *upswing: (레벨 등의) 증가(향상) 4 *prolific[prəlífik]: 다작하는 *success[səksés]: 성공작 *biography[baiάgrəfi]: 전기 7 *those serving as soldiers: 군인으로 복무하는 사람들 *those whose lives and homes are defended: 생명과 가정을 보호받는 사람들

> 해석 1. 그들은 가치가 100만 불이 넘는 피카소 원작 한점을 소유하고 있다. 2. 부모가 흡연자인 어린이들은 학업이 뒤처질 가능성이 더 크다. 3. 컴퓨터공학 학위를 가진 대학 졸업자들의 기회가 증가하고 있다. 4. 버지니아 울프는 다작 작가로서 그녀의 성공작들은 소설, 전기 및 수필을 포함한다. 5. 그 학교는 특히 질병으로 학업에 지장을 받은 아이들을 위한 것이다. 6. 2번 그룹은 부모가 12학년을 마친 학생들을 말한다. 7. 군인으로 복무하는 사람들의 집 임대료는 생명과 가정을 보호받는 사람들이 지불해야 한다.

⊘ the pot calling the kettle black

서부영화 시절의 냄비(pot)와 주전자(kettle)는 까맣게 그을려 있다. pot이 kettle을 보고 검다고 하면 '제 허물은 생각 않고 남의 허물을 들추어내다'는 뜻으로 "It's a case of the pot calling the kettle black."은 "숯이 검정 나무라는 격이다."는 뜻이다.

4 (대)명사＋of whom/which/whose 구조

1. The mayor married 50 couples today, **some of whom** had already lived together.
2. I tried on six pairs of shoes, **none of which** I liked.
3. Orlando has a lot of visitors, **most of whom** visit Walter Disney World.

*(a) few, (a) little 등 수나 양을 나타내는 표현은 선행사 다음 comma(,)＋(a) few, (a) little, some, many, much, most, none, half, neither, each, all, both, the rest, several, a number 등＋of which (whom, whose) 등의 어순을 이루며, 이 which, whom, whose는 comma 앞의 선행사를 대신하며, comma 이하 부분은 and, but 등의 접속사＋대명사의 의미를 지닌다. 즉, 예문 1의 some of whom은 and some of them(＝the couples), 2의 none of which는 내용상 but none of them(＝the shoes), 3의 most of whom은 and most of them(＝the visitors)의 뜻이다.

[해석] 1. 시장은 오늘 50쌍을 결혼시켰는데, 그들 중 일부는 이미 함께 살고 있었다. 2. 여섯 켤레의 신발을 신어봤지만, 어느 것도 내 마음에 들지 않았다. 3. 올란도에는 방문객들이 많으며, 그들의 대부분이 월터 디즈니 월드를 방문한다.

⊘ **bum somebody out** (US informal: ～를 실망시키다, 짜증나게/슬프게하다)
His comment bummed me out. (그의 말이 나를 실망시켰다.)

Further Study

1. Shown below is the pedigree of a family, <u>some of whose members</u> exhibit red-green color blindness.
2. The company faces a significant number of competitors, <u>many of which</u> have broader product lines, and lower priced products.
3. Law enforcement officers have unique job functions, <u>some of which</u> can be physically demanding and dangerous.
4. Typically, the nucleus of each cell contains 23 pairs of chromosomes, <u>half of which</u> are inherited from each parent.
5. The accident prompted a torrent of questions, <u>only a few of which</u> have been answered.
6. The fee amounts to $40 per resident, <u>some of whom</u> can afford it, <u>some of whom</u> cannot.

Guide 1 *pedigree[pédəgrìː]: 가계, 혈통, 계통 3 *law enforcement officer: (경찰 등) 법 집행관 *unique[juːníːk]: 고유의, 독특한, 특이한 *demanding[dimǽndin]: 힘든, 부담이 큰 4 *nucleus[njúːkliəs]: 핵, 세포핵 *chromosome[króuməsòum]: 염색체 5 *prompt[praːmpt]: v. 촉발하다 *torrent[tɔ́ːrənt]: 급류, (질문 등의) 연발 6 *amount to: (합계가)~에 이르다

해석 1. 아래에 보이는 것은 한 가족의 가계도이며, 이 가족 구성원들의 일부는 적록색 맹을 보인다. 2. 그 회사는 상당수의 경쟁업체에 직면해 있으며, 이들 중 많은 업체는 더 넓은 제품라인과 더 낮은 가격의 제품을 보유하고 있다. 3. 법 집행관들은 고유의 직무 기능을 가지고 있는데, 그중 일부는 신체적으로 힘들고 위험할 수 있다. 4. 전형적으로, 각 세포의 핵은 23쌍의 염색체를 포함하며, 그중 절반은 각 부모로부터 물려받는다. 5. 그 사고에 대한 많은 질문이 쏟아졌지만 그중 몇 개에 대한 답변만 있었다. 6. 요금은 주민 당 40달러인데, 낼 수 있는 사람도 있고, 없는 사람도 있다.

목적격 관계대명사(whom/which/that)

1. The woman **whom you described as beautiful and intelligent** is our professor.
2. It was the very house **that they had thrown eggs at**.
3. Moms are usually pretty suspicious of **the girls their sons like**.
4. **The inflatable dinghy they were using** capsized.

4 *inflatable[infléitəbl]: (공기, 가스로) 부풀리게 되어있는 *dinghy[díŋgi]: 소형보트
*capsize[kǽpsaiz]: (배 등) 뒤집(히)다

*목적격 관계대명사 whom, which, that은 다음에 주어＋동사 구조의 형용사절이 따라 선행사를 수식하며(예문 1,2), 이 목적격은 생략하는 경우가 많다. 예문 3의 girls 다음에 whom/that이, 4는 dinghy 다음에 that이 각 생략되었다.

해석 1. 당신이 아름답고 지적이라고 했던 그 여자는 우리의 교수님입니다. 2. 그 집은 그들이 달걀을 던졌던 바로 그 집이었다. 3. 엄마들은 보통 아들이 좋아하는 여자아이들을 상당히 의심한다. 4. 그들이 사용하던 소형 공기주입식 보트가 전복되었다.

⊘ the last straw

영미 속담 "It is the last straw that breaks the camel's back."(낙타의 등을 부러뜨리는 것은 마지막 지푸라기다.)에서 나온 이 표현은 '더 이상 견딜 수 없는 한계, (하중에 견디지 못하게 되는) 마지막의 한 가닥 무게'의 뜻으로 "She yelled at me and told me to go to hell. That was the last straw."라면 "그녀는 나에게 고함지르고 나보고 지옥에나 가라고 하더라. 그 말에 더 이상 참을 수가 없었지."의 뜻이 된다.

🔍 Further Study

1. <u>The best plan we can have</u> is to remove aircraft from all areas impacted by severe snowstorms.
2. <u>The little money I had saved</u> began to run short.
3. <u>This book that I bought</u> does not describe the struggle of the blacks to win their voting rights.
4. Who first made <u>the steel needle we use today</u>?
5. I see <u>the rocking chair I used when my grandchildren were young</u>.

📖 **Guide** 1 *plan 다음에 that 생략 *impact[ímpækt]: v. 영향(충격)을 주다 n.[ímpækt]: 영향, 충격 impacted by severe snowstorms는 앞의 all areas를 수식(심한 눈보라의 영향을 받는 모든 지역들) 2 money 다음 that 생략 *run short: 떨어지다, 부족하다 3 *struggle[strʌɡl]: 투쟁(하다), 싸우다 4 the steel needle 다음 that 생략 5 *rocking chair: 흔들의자, the rocking chair 다음 that 생략

> 해석 1. 우리가 가질 수 있는 최선의 계획은 심한 눈보라의 영향권에 있는 모든 지역에서 항공기를 치우는 것이다. 2. 모아 두었던 약간의 돈이 바닥나기 시작했다. 3. 내가 산 이 책에는 흑인들의 투표권을 얻기 위한 투쟁에 관한 내용은 없다. 4. 오늘날 우리가 사용하는 강철바늘은 누가 처음 만들었습니까? 5. 손주들이 어렸을 때 내가 사용했던 흔들의자가 보인다.

⊘ The grass is always greener on the other side.
'남의 떡이 더 커 보인다'는 뜻으로 영미인들이 즐겨 쓰는 위 표현은 '다른 편 잔디가 항상 더 푸르게 보인다'는 뜻으로 줄여서 "The grass is always greener."로도 표현한다.

1. The author **about whom I wrote my report** was featured in the newspaper.
2. The author **(whom) I wrote my report about** was featured in the newspaper.
3. He is a typical English man **in that** he never demonstrates his emotion.

1 *feature[fíːʧər]: ～를 특집기사로 다루다　3 *in that: ～한 점에서　*demonstrate [démənstrèit]: 보여주다, 입증하다, (감정 등을) 겉으로 드러내다

*예문 1의 전치사(about)＋목적격 관계대명사(whom)는 다음에 주어＋동사의 형용사절을 이끌어 앞의 선행사를 수식하며, 이 구조에서는 목적격 관계대명사를 생략하지 않는다. 위 예문과 같이 전치사가 오는 이유는 문장을 분리해 보면 쉽게 이해가 된다. 즉 예문1은 아래의 두 문장이 관계대명사로 연결되었다.

1. **The author** was featured in the newspaper.
2. I wrote my report about **the author**.

*연결 요령은 2의 author는 1의 author와 같은 사람이므로 두 번째 author를 목적격 관계대명사 whom으로 바꾸면(전치사 about 다음의 명사는 전치사의 목적어) 문장은 I wrote my report about whom으로 변화된다. 이 전치사＋목적격 관계대명사(about whom)를 선행사가 될 첫 문장의 author 다음에 연결하여 The author about whom으로 변화시킨 다음, 2번 문장의 나머지 부분 I wrote my report를 다음에 연결하면 The author about whom I wrote my report가 되며, 다음에 첫 문장의 나머지 was 이하 부분을 연결하면 예문 1이 만들어진다.
*예문 1과 같이 선행사 author 다음에 전치사＋목적격 관계대명사가 오는 구조는 formal 한 영어이며, 2처럼 목적격 관계대명사만 선행사 뒤로 이동시키고 전치사를 뒤에 두는 것은 informal 한 표현으로 이 경우 목적격 관계대명사를 생략하는 경우가 많으며, whom을 that으로 바꿀 수도 있으며 구어체에서 whom 대신 who를 쓰기도 한다.

*예문 1에서는 whom을 목적격 that으로 바꿀 수 없으며, 그 이유는 전치사+관계대명사 that은 결합해서 쓰지 않기 때문이며, 예문 3에서의 in that은 전치사+관계대명사가 아닌 '~이므로, ~라는 점에서'의 표현이다.

해석 1,2. 내가 리포트를 썼던 작가가 신문에서 특집기사로 다루어졌다. 3. 그는 감정을 절대로 드러내지 않는 면에서 전형적인 영국 남자다.

🔍 Further Study

1. They conducted <u>a test in which dogs were asked to shake hands over and over again</u>.
2. The <u>rain through which they had run</u> was hard and cold.
3. Gone are <u>the days in which their policies dictated the course of history in the Middle East</u>.
4. <u>The moments in which the sun is entirely obscured</u> will last a few minutes.
5. He knew how to please <u>the very interlocutors from whom he wanted support</u>.

Guide 1 *conduct[kəndʌ́kt]: v. 실시(수행, 지휘)하다 n. [kɑ́ndʌkt] 행위, 품행, 지휘, 수행 *over and over again: 반복해서 3 *gone are the days: ~하던 시절은 지났다 *dictate[díkteit]: ~를 좌우하다, 받아쓰게 하다, 지시하다 4 *obscure [əbskjúər]: ~를 보이지 않게 하다 adj. 잘 보이지 않는, 무명의, 모호한 5 *interlocutor[intərlɑ́kjutər]: 대화자, 교섭 상대

해석 1. 그들은 개들이 반복해서 악수요청을 받는 실험을 했다. 2. 그들이 뚫고 달려갔던 빗줄기는 거세고 차가웠다. 3. 그들의 정책이 중동에서 역사의 흐름을 좌우하던 시절은 지났다. 4. 태양이 완전히 가려지는 순간이 몇 분간 지속될 것이다. 5. 그는 자신이 도움을 원하는 대화상대를 만족시키는 법을 알고 있었다.

7 제한적용법과 계속적 용법

> 1. The man **who does not read good books** has no advantage over the man **who cannot read them**.
> 2. Alvin, **who is forty-three and brawny,** has been in business for three years.
> 3. She was much more affectionate towards her oldest son than she was towards the others, **which** made the others jealous.
>
> 1 *have advantage over: ~보다 유리하다 2 *brawny[brɔːni]: 건장한 3 *affectionate towards: ~에게 다정한 *than she was 다음 affectionate가 생략

*예문 1에서 'who does not read good books'와 'who cannot read them' 절은 없으면 the man이 어떤 사람인지 알 수 없는 필수정보이다. 이러한 경우는 관계대명사 앞에 comma를 쓰지 않으며 이러한 필수정보를 제공하는 관계대명사의 용법을 제한적(한정적) 용법이라 한다.

*반면에 예문 2의 who 절은 생략해도 문장의 주된 내용에는 큰 영향을 미치지 않는 추가정보이며, 이런 형용사절은 시작과 끝에 comma로 표시하며, comma 다음에 추가정보를 더하는 관계대명사의 이런 용법을 비제한적(계속적) 용법이라고 한다. 참고) 선행사가 동/사물이면 that/which를 다 사용할 수 있지만, comma가 있는 계속적 용법에서는 that이 아닌 which를 쓰며, 제한적 용법에서는 which보다 that을 사용하여 which와 that의 용법을 구별하는 경향이 있다. ᐁ Their house, **which** they bought last December, is close to their daughter's school. (작년 12월에 샀던 그들의 집은 딸의 학교에서 가깝다.), The house **that** they want to buy is close to their daughter's school. (그들이 사고 싶은 집은 딸의 학교와 가깝다.)

*예문 3은 관계대명사 which가 앞 문장의 내용을 가리키는 경우이며, 이때에도 comma가 앞에 온다.

해석 1. 좋은 책을 읽지 않는 사람은 그 책들을 읽을 수 없는 사람보다 유리한 것이 없다. 2. 43세의 건장한 Alvin은 3년 동안 사업을 해 왔다. 3. 그녀는 다른 자녀들보다 큰아들에게 훨씬 더 애정을 주었는데, 이것이 다른 자녀들의 질투심을 불러일으켰다.

🔍 Further Study

1. Janet, <u>to whom</u> she hasn't spoken for many years, comes to see her.
2. There were far more private schools than public ones, <u>which</u> was especially true in more upscale areas.
3. The flimsy stairs wobble beneath my feet as I climb into the attic, <u>which</u> smells of must and mold.
4. <u>With</u> <u>pancreatic cancer, which is often diagnosed late,</u> the average length of time between diagnosis and death is usually less than six months.
5. <u>Mr. Wilson, whose father is the nation's longest-serving governor,</u> apologized about all the political talk.
6. They are addicted to <u>the euphoric feeling</u> <u>they get from conquering their fears.</u>

📓 **Guide** 2 *upscale[ʌpskèil]: 부자의, (수입, 교육 등) 평균 이상의 3 *flimsy [flímzi]: 조잡한, 엉성하게 만든 *wobble[wάbl]: 흔들(리)다 *which: the attic *smell of: ~의 냄새가 나다 *must: 곰팡이 *mold[mould]: 곰팡이, 주형 4 *pancreatic [pænkriǽtik]: 췌장의 *pancreatic cancer: 췌장암 *diagnosis[dàiəgnóusis]: 진 단 6 *be addicted to: ~에 중독된 *euphoric[juːfɔ́ːrik]: 도취(감)의, 행복의 *feeling 다음에 목적격 관계대명사 that 생략

> 해석 1. 그녀와 수년 동안 말하지 않고 지냈던 재닛이 그녀를 보러온다. 2. 공립보다는 사립학교가 훨씬 많았으며, 이것은 더 부유한 지역에서 특히 그러했다. 3. 엉성한 그 계단은 내가 다락에 올라갈 때 발아래서 흔들거리며, 다락은 곰팡내가 난다. 4. 늦게 진단 받는 경우가 많은 췌장암은 진단에서 사망까지의 평균 기간이 보통 6개월 미만이다. 5. 자신의 아버지가 국내에서 가장 오래 재임하는 주지사인 윌슨 씨는 모든 정치적 이야 기에 대해 사과했다. 6. 그들은 두려움을 극복할 때 얻는 행복감에 중독되어 있다.

✅ suck it up
'(어려움을) 잘 받아들이다'는 표현으로 "This homework is too much."라고 불평하는 동생에게 "Come on, suck it up."이라면 불평하지 말라는 뜻이 된다.

8 선행사와 관계대명사의 분리/두 개의 관계대명사절

1. **Trees** appeared **that they had never seen before**.
2. There are **things that** interest me **that** don't interest you.
3. There has never yet been **a man** in our history **who** led a life of ease **whose** name is worth remembering.

3 *a life of ease: 안일(편안)한 생활

*선행사 바로 뒤에 보통 관계대명사절이 따르지만 위 예문 1과 같이 분리되는 경우도 있다. 1번 문장을 Trees that they had never seen before appeared로 표현하면 문장의 주부가 너무 길어지기 때문에 that 이하의 형용사절을 동사 다음으로 보내어 문장의 균형을 잡았다고 보면 된다. 2와 3의 예문은 한 문장에서 두 개의 관계대명사절이 선행사 things와 a man을 각각 수식하는 구조이다(이중 제한적용법).

해석 1. 그들이 전에 본 적이 없는 나무들이 나타났다. 2. 나에게는 흥미롭지만 너에게는 흥미롭지 않은 것들이 있다. 3. 우리 역사상 편안한 삶을 살았던 사람 중 그 이름을 기억할 가치가 있는 자는 아직 아무도 없다.

⊘**sit on your hands**
양손 위에 앉아있으니 '수수방관하다, 열의를 보이지 않다'는 뜻으로, 할 일이나 문제를 두고도 처리하지 않는 상황을 나타내는 표현이다. 예 Why don't you help us instead of just sitting on your hands? (가만히 있지 말고 우리를 좀 도와주는 게 어때?)

Further Study

1. There are a lot of <u>people who</u> still live here <u>who</u> were here when I was little.
2. <u>A sign</u> is posted <u>that says that breakfast will be available at 8:30</u>.
3. <u>Talks</u> are under way <u>that could lead to the resignation of the president</u>.
4. There are <u>people</u> in this world <u>who don't have the ability to defend themselves</u>.

Guide 1 *who가 이끄는 두 개의 관계대명사절이 선행사 people을 수식 2 *that says 이하는 A sign을 수식 3 *that 이하는 talks를 수식 *talks: 협의, 회담 *under way: 진행 중의 4 *who 이하는 people을 수식

> [해석] 1. 내가 어릴 때 여기에 살던 사람들이 아직도 많이 살고 있다. 2. 8:30분에 아침 식사가 된다는 안내판이 붙어있다. 3. 대통령의 퇴진으로 이어질 수 있는 회담이 진행 중이다. 4 이 세상에는 자신을 방어할 능력이 없는 사람들이 있다.

⊘ tongue in cheek

'농담조로, 진지하지 않게'의 뜻인 위 표현은 19세기 영국인들이 상대방을 무시하는 표시로서 혀(tongue)를 볼(cheek) 쪽으로 밀어 보인 데서 유래했다는 말도 있고, 또 다른 설은 웃음을 참으려고 혀를 볼 속으로 밀어 넣은 데서 유래했다고 한다. ▣ I thought it was tongue in cheek. (난 그게 농담이라고 생각했다.)

⊘ shoot from the hip

서부개척 시절에 권총집(holster)에서 총을 뽑자마자 들어 올리지도 않고 바로 쏘는 데서 유래한 이 표현은 '(생각 없이)충동적/직설적으로 말하다, 성급하게 반응하다'의 뜻으로 충동적으로 급하게 말하는 사람에게 "Don't shoot from the hip (충동적으로 말하지 마라)." 라고 할 수 있다.

9 유사(의사)관계대명사

1. We will take **such** action **as** we deem necessary.
2. You can work **as** many hours **as** you want if you have a work permit.
3. They use **the same** formula **as** was used in 1995.
4. Don't take on **more** responsibility **than** you can handle.
5. Appearances are deceptive, **as** is often the case.

3 *formula[fɔ́ːrmjulə]: (약품·식품 등) 제조(조리)법, 공식 5 *appearance[əpíərəns]: 외모 *deceptive[diséptiv]: 남을 속이는, 기만적인 *as is often the case: 흔히 그렇듯이

*예문 1~4의 such/as/the same/비교급 + 명사 + as/than + (주어 +) 동사 구조에서 뒤의 as나 than 이하가 앞의 명사를 꾸미거나, 예문 5와 같이 as가 앞 문장을 가리킬 때의 as와 than은 관계대명사의 용법과 유사하다고 하여 유사(의사)관계대명사라고 한다.

해석 1. 우리는 필요하다고 생각되는 조치를 취할 것이다. 2. 취업허가증이 있으면 원하는 시간만큼 일할 수 있다. 3. 그들은 1995년에 사용되었던 것과 같은 제조법을 사용한다. 4. 감당할 수 있는 것 이상의 책임을 지지 마라. 5. 흔히 그렇듯이 외모는 속임수다.

🔍 Further Study

1. We can't expect <u>such</u> prosperity <u>as</u> we enjoyed in the 1990s.
2. They will use <u>the same</u> method <u>as</u> they did last time.
3. We bought <u>more</u> food <u>than</u> is needed.
4. The sales grew by 32% last year, <u>as</u> shown in the report.
5. Students can spend <u>as</u> much time <u>as</u> they need for each question.

해석 1. 우리는 1990년대에 누렸던 것과 같은 번영은 기대할 수 없다. 2. 그들은 지난 번과 같은 방법을 사용할 것이다. 3. 우리는 필요 이상의 음식을 샀다. 4. 보고서에 나타나 있듯이 매출은 작년에 32% 증가했다. 5. 학생들은 각 질문에 필요한 만큼의 시간을 쓸 수 있다.

10 관계부사

1. The road serpentined through **woods where** swampy pools glittered.
2. Ramadan is **the month when** devout Muslims fast.
3. One of **the reasons** the use of pesticides should be restricted is that pesticides kill good and bad insects indiscriminately.
4. Your bathroom is **where** the majority of serious accidents happen.
5. He wanted to do things **the way he wanted to**.

1 *serpentine[sə́:rpəntì:n]: 구불구불 구불어지다 adj. 뱀 같은 *swampy[swampi]: 습지의, 늪이 많은 *glitter[glítər]: 반짝반짝 빛나다 2 *devout[diváut]: 독실한 3 *pesticide[péstisàid]: 살충제 *indiscriminately[ìndiskrímənətli]: 마구잡이로, 무차별로 5 *wanted to: wanted to do

*관계부사 where, when, how, why는 앞의 명사를 꾸며주는 형용사절을 이끌며, 선행사가 장소면 where, 때는 when, 이유는 why, 방법을 나타낼 때는 how를 쓰며, 예문 3과 같이 선행사(the reason) 다음에 관계부사(why)가 생략되거나 4와 같이 선행사(the place)가 관계부사 앞에서 생략되기도 하며, the way와 how는 함께 쓰지 않고 하나는 없앤다. ("This is how we solve problems." 같이 선행사가 없는 how 이하의 문장은 보어절, 즉 명사절이 되며, how는 선행사 the way와 함께 쓰이지 못하여 선행사를 수식하는 형용사절을 이끌지 못하기 때문에 영어권에서는 관계부사에서 제외되기도 함.) 3의 the use of pesticides should be restricted까지 선행사 the reasons을 수식함.

[해석] 1. 도로는 늪지대가 반짝이는 숲 사이로 구불구불하게 나있었다. 2. 라마단은 독실한 이슬람교도들이 금식하는 달이다. 3. 살충제 사용이 제한되어야 하는 이유 중의 하나는 살충제가 좋은 곤충과 나쁜 곤충을 무차별적으로 죽이기 때문이다. 4. 욕실이 대부분의 심각한 사고들이 발생하는 곳이다. 5. 그는 자신이 원하는 방식으로 일을 하고 싶어 했다.

⊘He has guts.

'gut a fish'에서 gut은 '내장을 제거하다'는 뜻의 동사이며, 명사로서 gut은 '내장, 창자'의 의미고, gut feeling은 '직감'의 뜻이 된다. 복수형 guts는 '용기, 배짱'의 의미로, 위 구어체 표현은 그는 배짱이 있다는 뜻이다. (= He is gutsy. *gutsy: 배짱 있는, 대담한)

🔍 Further Study

1. The cavernous classrooms became silent in <u>2020 when</u> the school closed.
2. You can tell a lot about a person by <u>the way he or she</u> treats a waiter.
3. His quirky swing is <u>the reason why</u> he's so good at golf.
4. He ran with cries for help in <u>the direction where</u> help was least likely to be.
5. <u>The way we</u> teach math to millions of other students is deeply flawed.
6. <u>The way you</u> manage your money is about <u>the way you</u> live your life.
7. <u>The reason she</u> is not motivated is that she does not see any reason for acting.

📕 **Guide** 1 *cavernous[kǽvərnəs]: 휑뎅그렁한, 넓은, 동굴 같은 3 *quirky[kwəːrki]: 독특한, 기발한

해석 1. 휑뎅그렁한 그 교실들은 2020년에 폐교되면서 조용해졌다. 2. 웨이터를 대하는 태도를 보면 그 사람에 대해 많은 것을 알 수 있다. 3. 그의 독특한 스윙이 그가 골프를 잘 치는 이유다. 4. 그는 도움이 가장 없을 것 같은 방향으로 도와달라고 소리치며 달렸다. 5. 우리가 수백만의 다른 학생들에게 수학을 가르치는 방법은 심각한 결함이 있다. 6. 돈을 관리하는 방식은 당신이 당신의 삶을 사는 방식에 관한 것입니다. 7. 그녀가 의욕이 없는 이유는 행동할 이유가 없기 때문이다.

⊘ wild goose chase

기러기(wild goose)를 쫓아가는 것, 즉 '불가능한 것을 얻으려는 부질없는 시도, 헛된 노력'의 뜻으로, 재능도 없는 가수 지망생에게 "You're on a wild goose chase."라면 헛된 노력을 하고 있다는 뜻이다.

Unit

16

대등/상관접속사

대등/상관접속사

1 대등(등위)접속사

1. This is information about health **and** safety.
2. All customers, regardless of age, are required to have a username and password to make a purchase **or** apply for a license.
3. She remained silent, **for** she knew she was wrong.
4. The immigrant did not face discrimination, **nor** did he see any.
5. These terms are often used interchangeably, **but** they actually have different meanings.
6. There is a drought this year, **yet** my neighbor waters his lawns everyday.
7. My back started hurting, **so** I sat down on the sofa.

2 *regardless of: ～상관(관계)없이 4 *any: any discrimination 5 *interchangeable: 교체할 수 있는, 호환성이 있는 6 *lawn[lɔːn]: 잔디 7 *back: 등, 허리

*대등한 자격의 단어와 단어, 구와 구, 독립절과 독립절을 연결하는 접속사 for, and, nor, but, or, yet, so(fanboys로 기억)를 등위접속사(coordinating conjunction)라고 하며, nor(～도 아니다) 다음의 절은 의문문 어순으로 도치되는 것에 유의한다(4). 예문 1의 'and'는 단어(health)와 단어(safety), 2의 'or'는 구(make a purchase)와 구(apply for a license), 3의 'for'는 독립절(She remained silent)과 독립절(she knew she was wrong)을 연결하고 있다.

[해석] 1. 이것은 건강과 안전에 관한 정보이다. 2. 모든 고객은 나이에 상관없이 구매 또는 라이선스 신청을 위해서 사용자 이름과 비밀번호가 필요하다. 3. 그녀는 자신이 틀렸다는 것을 알았기 때문에 침묵을 지켰다. 4. 그 이민자는 차별을 받지 않았고, 차별을 본 적도 없었다. 5. 이 용어들은 종종 같은 의미로 사용되지만 실제로는 다른 의미를 지니고 있다. 6. 올해에 가뭄이 있는데도 내 이웃은 자기 집 잔디에 매일 물을 준다. 7. 허리가 아프기 시작해서 소파에 앉았다.

1. He was overweight and old, <u>yet</u> he was surprisingly agile.
2. No one entered our country, <u>nor</u> did anyone take over our land.
3. Their enrollment for the summer term is down due to the pandemic restrictions, <u>but</u> they are hopeful for the fall term.
4. Would you like to have tea <u>or</u> coffee?
5. Sales are increasing slowly <u>but</u> steadily.
6. The little girl was poorly dressed <u>yet</u> well mannered.

📖 **Guide** 2 *take over: 탈취(장악)하다, 인계받다 3 *enrollment[inróulmənt]: 등록, 입학 *pandemic [pændémik]: 전국(세계)적인 유행병

> 해석 1. 그는 비만하고 늙었지만 놀랍도록 민첩했다. 2. 아무도 우리나라에 들어오지 않았으며, 아무도 우리 땅을 탈취하지도 않았다. 3. 그들의 여름학기 등록은 세계적인 유행병 규제로 감소했지만, 그들은 가을 학기를 기대하고 있다. 4. 차나 커피를 드실래요? 5. 매출은 느리지만 꾸준하게 증가하고 있다. 6. 그 어린 소녀는 옷은 초라하게 입었지만 예의가 발랐다.

✅ **mea culpa** [méiəkʌlpə/míːəkʌlpə]
라틴어로 '나의 과실로(by my fault), 내 잘못'의 뜻으로 자신의 잘못을 인정할 때 쓰는 표현이다. 예 He issued a mea culpa for making a racist comment on Twitter. (그는 트위터에 인종차별적 발언을 한 것에 대해 사과문을 발표했다.)

2 상관접속사

1. He sparked rumors that **either** he **or** I am quitting the TV show.
2. **Neither** the moon **nor** the stars are visible.
3. **Not only** domestic corruption **but also** foreign bribery has to be tackled.
4. **Both** Andy **and** his coach are eager to make their partnership work.

1 *spark: 촉발시키다, ~를 유발하다 2 *visible[vízəbl]: 보이는 3 *bribery [bráibəri]: 뇌물수수 *tackle[tǽkl]: (힘든 문제 등을) 다루다, 해결하려고 씨름하다

*A와 B를 연결하기 위해 함께 쓰이는 아래의 접속사들을 상관접속사(correlative conjunction)라고 하며, A와 B 부분에는 단어와 단어, 구와 구 등 대등한 자격의 구조가 온다.

either A or B	A 또는 B	B에 동사를 일치
neither A nor B	A도 B도 아니다	B에 동사를 일치
not only A but also B	A뿐만 아니라 B 하다	B에 동사를 일치
both A and B	A와 B 둘 다 ~하다	B 다음에 복수형 동사가 따름

해석 1. 그는 그 또는 내가 TV쇼를 그만둔다는 소문을 냈다. 2. 달도 별도 보이지 않는다. 3. 국내의 비리뿐만 아니라 해외의 뇌물수수문제도 다루어져야 한다. 4. 앤디와 그의 코치 둘 다 그들의 파트너 관계가 잘 되기를 열망한다.

⊘ **with flying colors**
해전에서 승리한 배는 깃발을 날려 귀항하면서 승전소식을 육지에 미리 알린 데서 유래한 'with flying colo(u)rs'는 '아주 잘, 아주 높은 점수로'의 의미로 쓰이게 되었다.
예 I passed the test with flying colors. (고득점으로 시험에 합격했다.)

Further Study

1. The law was made <u>not only to reduce</u> the pollutants at their sources <u>but also to set up</u> acceptable standards of air quality.
2. <u>Neither he nor his father has</u> done anything illegal.
3. <u>Either I or he has to</u> make inquiries into the matter.
4. <u>Both measles and pertussis are</u> now back. *pertussis[pərtʌ́sis] 백일해(whooping cough)
5. Seasonal workers in the United States are <u>at once ubiquitous and invisible</u>.

Guide 1 *pollutant[pəlúːtənt]: 오염원, 오염물질 *air quality: 공기의 질, 청정도 3 *make inquiries into the matter: 그 일을 조사하다 5 *at once A and B: A이기도 하고 B이기도 하다 *ubiquitous [juːbíkwətəs]: 어디에나 존재하는

> 해석 1. 그 법은 오염원의 감소뿐만 아니라 대기의 질에 대한 허용기준을 정하기 위해 만들어졌다. 2. 그도 그의 아버지도 불법적인 일을 하지 않았다. 3. 나 아니면 그가 그 문제를 조사해야 한다. 4. 홍역과 백일해가 둘 다 이제 돌아왔다. 5. 미국의 계절 노동자들은 어디에나 존재하면서도 보이지 않는다.

right off the bat

투수의 공이 배트에 맞자마자 타자는 1루를 향해 전력 질주한다. 이 표현은 '즉시(immediately)의 뜻으로, "I knew right off the bat that something was wrong."은 즉시 뭔가가 잘못된 것을 알았다는 의미다.

3 병렬구조

1. They **came** out of the building hurriedly, **hailed** a cab, and **jumped** into it.
2. The trend of **reviving** extinct watch brands and **giving** them a new life is hot now.
3. The defense lawyer argued **that** he had a right to know their names, **and that** they had a duty to report wrongdoing if they knew about it.

1 *hail a cab: 택시를 부르다, (손을 흔들어) 택시를 세우다 2 *trend[trend]: 경향, 유행, 트렌드 *revive[riváiv]: 부활(회복, 소생)시키다 *extinct[ikstíŋkt]: 사라진, 멸종된 *hot: (informal) 인기 있는 3 *defense lawyer: 피고측 변호인 *wrongdoing: 범법(부정)행위

*문장 내에서 둘 이상의 단어, 구, 절을 연결할 때는 단어와 단어, 구와 구, 절과 절로 연결시켜 균형을 맞추며 이를 병렬구조(parallel structure)라고 한다. 예문 1은 동사(came), 동사(hailed), and 동사(jumped), 2는 the trend of 동명사(reviving) and 동명사(giving)의 병렬구조를 이루고 있으며, 3은 argue의 목적어가 that절, and that절로 연결되고 있다.

[해석] 1. 그들은 서둘러 건물 밖으로 나와서는 택시를 불러 급히 올라탔다. 2. 사라진 시계 브랜드를 부활시켜 새 생명을 주는 추세가 지금 강하다. 3. 피고 측 변호인은 자신이 그들의 이름을 알 권리가 있으며, 그들이 범법행위에 대해서 알고 있었다면 이를 신고할 의무가 있었다고 주장했다.

⊘ out on a limb
'(하나의) 팔, 다리'를 뜻하는 limb[lɪm]은 '나뭇가지'의 뜻도 있다. 누군가가 나무에 올라가 한 가지(limb)에 매달려 바깥쪽으로 나가게 되면 'go out on a limb'의 상황이 된다. 여기서 유래한 out on a limb 은 '(남의 도움이나 지지가 없는) 위험한 상황에 처한'의 뜻이다. 예 He went out on a limb to help her. (그는 그녀를 돕기 위해서 위험을 무릅썼다.)

🔍 Further Study

1. When people work alone, feeling powerful helps them process information more effectively, think more creatively, and focus for longer stretches of time. (help them + process~, think~, and focus~)

2. She crossed the yard, leaped the porch steps, and barreled through the living room. (crossed~, leaped~, and barreled~)

3. He spent his boyhood in Vienna playing piano, watching American films, and studying the classics of Western literature. (spent ~ playing, watching, and studying)

4. He renewed promises to provide sophisticated defense technology to the country and to invite the country's prime minister to the White House. (promises to provide~ and to invite~)

5. Oregano is used to treat respiratory tract disorders, gastrointestinal disorders, and urinary tract disorders. *treat + 명사(respiratory tract disorders), 명사(gastrointestinal disorders), and 명사(urinary tract disorders)

📖 **Guide** 1 *stretch[stretʃ]: 일련의 기간, (손발 등) 한껏 뻗다, 잡아당겨 늘이다 *for a long stretch of time: 장시간에 걸쳐 2 *barrel[bǽrəl]: (미·비격식) v. 빠르게 달리다, 질주하다 4 *renew[rinjúː]: 거듭(재차) 강조하다, 갱신(연장)하다 *sophisticated [səfístəkèitid]: 정교한, 세련된, 세상 물정에 익숙한 *defense technology: 국방기술 5 *respiratory[réspərətɔ̀ːri]: 호흡의 *respiratory tract: 기도 *gastrointestinal [gæ̀strouintéstənl]: 위장의 *urinary tract: 요로

해석 1. 사람들이 혼자 일 할 때는, 그들이 강력하다고 느끼는 것이 정보를 보다 효과적으로 처리하고, 보다 창의적으로 생각하고, 더 오랜 시간 집중할 수 있도록 도운다. 2. 그녀는 마당을 가로질러 현관계단을 뛰어올라서 거실을 지나 달려갔다. 3. 그는 소년 시절을 비엔나에서 피아노를 치고, 미국영화를 보고, 서양 고전문학을 공부하면서 보냈다. 4. 그는 정교한 국방기술을 그 나라에 제공하고, 그 나라의 수상을 백악관으로 초청할 것을 다시 약속했다. 5. 오레가노는 호흡기 장애, 위장장애 및 요로 장애를 치료하는데 사용된다.

Unit

17

부사절

Unit 17 부사절

부사절(adverb clause)은 때, 이유, 조건, 양보, 목적 등을 나타내는 접속사로 시작되며 홀로서기를 못 하는 종속절(subordinate/dependent clause)이기 때문에 앞이나 뒤에 나타나는 주절(main clause)에 종속되며 주절을 꾸민다.

1 시간의 부사절

1. TV shows beep **when** they bleep out swear words.
2. We are strongly encouraging all students to sign up to get a vaccine **as soon as** they are eligible to receive one.
3. **As** we were cutting blowdowns, out jumped a black bear.

1 *beep[biːp]: 삐 소리를 내다 *bleep out: 삐 소리 내고 지우다 2 *sign up: ~에 등록 (신청)하다 3 *blowdown: 바람에 넘어진 나무 *out jumped a black bear: a black bear jumped out

*시간의 부사절을 이끄는 접속사: by the time(~할 때까지는, 무렵), as soon as(the moment, the minute, the instant, the second: ~하자마자), after, before, when, while(~ 하는 동안에), since(~한 이래 쪽), until/till(~까지), whenever/ every time~(~할 때마다), the first time~(처음으로 ~할 때), the next time ~(다음번 ~할 때), the last time~(마지막으로/지난번~했을 때), as(~하면서, 할 때) 등.

해석 1. TV 쇼에서 욕설을 지울 때는 삐 소리를 낸다. 2. 우리는 모든 학생이 백신 접종을 받을 자격이 되는 즉시 백신 접종신청을 할 것을 강력히 권장합니다. 3. 우리가 쓰러진 나무들을 자르고 있는데 흑곰이 튀어나왔다.

Further Study

1. It's not safe to pass <u>when</u> the lines in the middle of the road are solid.
2. The islands waxed and waned <u>as</u> the steamer approached and left them behind.
3. He made a beeline for the washroom <u>the second</u> he entered the building.
4. She said human rights begin <u>the instant</u> a human egg is fertilized.
5. He gave a final bow <u>just as</u> the curtains came down.
6. <u>As soon as</u> the man left, Owen clasped his hands behind his back and started pacing again.
7. <u>The last time</u> we went to Vancouver, it rained every day.

Guide 1 *pass: 앞지르다, 추월하다 *solid[sɔ́lid]: 끊긴 데가 없는, 연속된, 고체의, 견고한 *solid line: 실선, 연속선 2 *wax and wane: 점점 커졌다 작아지다, (달이) 차고 기울다 *steamer[stíːmər]: 증기선 3 *make a bee line for: (informal) 곧장 ~로 가다 4 *fertilize[fə́ːrtəlàiz]: 수정시키다 5 *take/give a bow: (환호하는 청중에게) 절하다 *just as~: ~하자, 막 ~할 때 6 *부사절(As soon as the man left)이 주절 앞에 오는 경우 부사절 다음에 comma를 하며, 1~5와 같이 부사절이 뒤로 가는 경우는 comma를 하지 않는 것이 일반적이다.

해석 1. 도로의 중앙선이 실선이면 추월하는 것은 안전하지 않다. 2. 섬들은 증기선이 다가갔다 뒤로 두고 떠나면서 커졌다가 작아졌다. 3. 그는 건물에 들어서자마자 화장실로 곧장 갔다. 4. 그녀는 인권은 인간의 난자가 수정되는 순간 시작된다고 하였다. 5. 막이 내리자 그는 마지막 절을 했다. 6. 그 남자가 떠나자마자 오웬은 뒷짐을 지고는 다시 왔다 갔다 하기 시작했다. 7. 우리가 마지막으로 밴쿠버에 갔을 때는 매일 비가 내렸다.

all thumbs
엄지손가락(thumb)만 있는 손으로 무엇을 한다면 서툴고 우스꽝스러울 것이다. 'all thumbs'는 '손재주가 없는, 손놀림이 서투른'의 뜻으로 "I'm all thumbs when it comes to painting."이라면 "나는 그림에는 재주가 없다."는 뜻이 된다.

2 조건/이유의 부사절

1. The husky won't attack **unless** he is provoked.
2. **Now that** he's crawling, my baby boy is tormenting our dog.
3. **Suppose** you lost your job, how would you support yourself?
4. They may be admitted to our university **on condition that** they complete their academic year successfully.
5. The beach is a great place **providing that** you can afford the heavy parking fees.
6. **If** you have an open blood vessel from bleeding gums, bacteria will gain entry to your bloodstream.

6 *blood vessel: 혈관 *gum[gʌm]: 잇몸 *gain entry to: ~에 들어가다

---

*조건의 부사절을 이끄는 접속사에는 as long as(~하는 한: so long as), providing(that)/provided(that): ~라면, on condition that(~라는 조건으로), unless(~하지 않으면), in case(~한 경우에 대비해서, ~이면), suppose(that)/supposing(that)(만약 ~라면 = if), once(일단 ~하면) 등이 있고, 이유의 접속사는 since, as, now that, for, because(~이니까, 이기 때문에) 등이 있다.

해석 1. 허스키는 화나게 하지 않으면 공격하지 않을 것이다. 2. 나의 사내아기가 기어 다니니까 우리의 개를 괴롭히고 있다. 3. 직장을 잃는다면 어떻게 자신을 부양하겠습니까? 4. 그들은 학년을 성공적으로 마치는 조건으로 우리 대학의 입학허가를 받을 수 있다. 5. 비싼 주차비를 감당할 수 있으면 그 해변은 좋은 곳이다. 6. 잇몸 출혈로 혈관이 열리면, 박테리아가 혈류로 유입된다.

⊘ bury the hatchet

북미 원주민들이 적과 화해의 표시로서 손도끼(hatchet)를 땅에 묻는 관습에서 비롯되었다는 이 표현은 '화해하다'의 뜻이다. 예 She apologized profusely, so we finally buried the hatchet. (그녀가 거듭 사과를 해서 마침내 우리는 화해했다.)

🔍 Further Study

1. There's no annual fee <u>provided that</u> you use the credit card at least six times a year.
2. <u>Supposing</u> all electricity supplies were cut off for one day, how would your life be affected?
3. A trained hawk would rarely miss its mark <u>unless</u> it were shunted off course by a distraction.
4. Odors are expressible in language, <u>as long as</u> you speak the right language.
5. They spoke <u>on condition that</u> they not be named in the press reports.
6. <u>Since</u> we don't know which way the market will go, we have to think about capital preservation.
7. <u>Now that</u> she is dead, this is a lonelier place.
8. More millennials have been writing wills <u>in case</u> they die unexpectedly.
9. They will strike a bargain with you <u>providing that</u> your price is competitive.
10. We fenced off the lake <u>in case</u> the children should fall in.

📓 **Guide** 1 *annual fee: 연회비 3 *rarely[réərli]: 좀처럼 ~하지 않는 *shunt [ʃʌnt]: 이동시키다, 옆으로 밀어내다, 비키게 하다 4 *expressible[iksprésəbl]: 표현할 수 있는 6 *capital preservation: 자본보존 8 *millennials: 밀레니얼세대(1980~90년대에 태어남) 9 *strike a bargain with: …와 매매 계약을 맺다, 협정하다 10 *fence off~: ~를 울타리로 구분하다

> [해석] 1. 신용카드를 일 년에 최소 여섯 번 사용하면 연회비가 없습니다. 2. 모든 전기 공급이 하루 동안 중단된다면 당신의 생활은 어떤 영향을 받겠습니까? 3. 훈련된 매는 주의를 산만하게 하는 것 때문에 코스를 벗어나지 않는 한 표적을 놓치는 경우가 거의 없을 것이다. 4. 냄새는 올바른 언어만 구사하면 언어로 표현할 수 있다. 5. 그들은 자신들의 이름이 언론에 보도되지 않는 조건으로 말했다. 6. 시장이 어느 쪽으로 갈지 모르니 자본보존을 우리는 생각해야 한다. 7. 그녀가 죽었으니 여긴 더 외로운 곳이다. 8. 예기치 않게 사망할 경우를 대비하여 유언장을 작성하는 밀레니엄 세대가 늘어나고 있다. 9. 당신의 가격이 경쟁력이 있다면 그들은 당신과 거래를 할 것입니다. 10. 우리는 아이들이 떨어질 경우를 대비하여 호수에 울타리를 쳤다.

✅ set in stone

계약이나 규정 등이 돌에 새긴 것 같이 '확정되다, 고정불변이다' 는 뜻이다. 예 Nothing is set in stone yet. (아직 확정된 것은 아무것도 없다.)

3 양보절

1. **No matter how hard she tried**, she felt she was still underweight.
2. **While** there was no conclusive evidence, people knew he was guilty.
3. **Even though** my children are too old to put plastic bags over their heads, I still knot dry-cleaning bags in several places.
4. Women could not vote until 1920 **although** they could own property.
5. **Granted that** his story is true, there is nothing I can do about it.

1 *no matter + 의문사: ~하더라도 No matter how hard she tried: However hard she tried(그녀는 아무리 열심히 노력해도) 2 *conclusive[kənklúːsiv]: 결정적인 3 *knot: 매듭(을 묶다)

*no matter + 의문사(= 의문사 + ever: ~하더라도, 일지라도), while(~이긴 하지만), granting(that)/granted(that)(~이라 하더라도), although/(even) though/even if(~이지만, ~에도 불구하고) 등은 양보의 부사절을 이끈다.

해석 1. 그녀는 아무리 열심히 노력해도 여전히 체중 미달이라고 느꼈다. 2. 결정적 증거는 없었지만, 사람들은 그가 유죄인 것을 알았다. 3. 내 아이들은 플라스틱 봉지를 머리에 쓸 나이는 지났지만 나는 아직도 드라이클리닝용 봉지들을 여러 군데 매듭을 묶어놓는다. 4. 여성은 재산을 소유할 수는 있었지만, 투표는 1920년까지 할 수 없었다. 5. 그의 이야기가 사실이더라도, 내가 그것에 대해 할 수 있는 것은 아무것도 없다.

⊘ **play it by ear**

낱장 악보(sheet music) 없이 음악을 연주하다(to play music without sheet music)에서 유래한 이 표현은 어떤 일을 규칙이나 계획을 세우기보다는 '그때그때 사정에 따라 직감적으로 처리하다, 임기응변으로 대처하다'는 뜻이다. 예 Sometimes you should be able to play it by ear. (때때로 임기응변으로/사정에 따라 직감적으로 대처할 수 있어야 한다.)

🔍 Further Study

1. <u>However quiet and hidden it may have been</u>, a good deal of progress has been made in the treatment of spinal cord injuries.
2. <u>Granting that</u> your principle is right, I think that the means to the end is the question.
3. <u>Although</u> his soldiers were winning every battle, somehow they were losing the war.
4. <u>No matter how</u> much you exfoliate and scrub your skin, you have microscopic critters crawling all over your face.
5. People with dementia can feel happier when a relative comes to see them <u>even if</u> they do not recognize the visitor.

📖 Guide 1 *spinal cord: 척수 2 *end: 목적 *means to the end: 목적달성을 위한 수단 3 *somehow: 어떻게든, 왠지 4 *exfoliate[eksfóulièit]: (피부의 죽은 세포를) 벗겨 내다 *microscopic[màikrəskάpik]: 미세한 *critter[krítər]: 생물

> [해석] 1. 아무리 조용하고 숨겨져 있었더라도 척수부상 치료에 있어서 상당한 진전이 있었다. 2. 당신의 원칙은 옳을지라도 목적달성을 위한 수단이 문제라고 생각합니다. 3. 그의 병사들은 모든 전투에서 승리하고 있었지만, 왠지 전쟁에서는 패하고 있었다. 4. 아무리 피부의 각질을 제거하고 문질러도 얼굴 전체에는 미세한 생물들이 기어 다닌다. 5. 치매 환자는 친척이 방문 오면 그들을 알아보지는 못해도 더 행복함을 느낄 수 있다.

⊘ be no skin off somebody's nose
남이 어떻게 (생각)하든 '~가 알 바 아닌, ~에게는 상관없는'의 뜻으로, "It's no skin off my nose if they don't come."은 그들이 안 와도 나에게는 상관없다는 뜻이다.

4 양보 뜻의 as와 동사원형

1. Sam arrived home late, but **late as it was**, he got out his diary before he turned in for the night.
2. **Much as you might try**, it's hard to keep up with teens and their trends.
3. **Try as I might**, I can't get the incident out of my mind.
4. She was hanging out her washing. **Hot as the sun was**, it seemed to me it would be dry before she got it on the line.
5. **Come what may**, he will never let her know what he is doing for her sake.

1 *turn in: 잠자리에 들다 3 *try as I might: 아무리 내가 노력해도 4 *hang out: (빨래를) 밖에 널다 *washing[wɑ́ʃiŋ]: 빨래 *hot as the sun was: as the sun was hot (문맥상 이유를 뜻함) *it seemed to me (that)~: 나에게는 ~같이 보였다 5 *for her sake: 그녀를 위해서

*예문 1~3의 형용사(late), 부사(much), 동사(try) + as + 주어 + 동사는 양보절로서, 이때의 as는 'though(~이지만)'와 같은 뜻이지만, 이 구조는 4와 같이 이유를 뜻할 수도 있으므로 문맥에서 잘 판단해야 한다.
*예문 5는 3과 같이 동사원형으로 시작되는 양보절이며 '무슨 일이 있어도'의 뜻이다.

해석 1. 샘은 집에 늦게 도착했으며, 늦었지만, 그는 잠자리에 들기 전에 일기를 꺼냈다. 2. 네가 아무리 노력하더라도 십대들과 그들의 트렌드를 따라가기는 힘들다. 3. 아무리 노력해도 나는 그 사건을 마음에서 지울 수가 없다. 4. 그녀는 빨래를 밖에 널고 있었다. 햇살이 뜨거웠기 때문에 그녀가 빨래를 줄에 널기도 전에 말라버릴 것 같았다. 5. 무슨 일이 있어도, 그는 자신이 그녀를 위해서 무엇을 하고 있는지를 결코 그녀에게 알리지 않을 것이다.

1. <u>Be it ever so small and poor</u>, New Orleans can't help but remain New Orleans, which is to other cities what a poem is to prose.
2. <u>Try as I might</u>, I couldn't understand what she was saying.
3. I could tell he felt something, <u>be it genuine contrition or the fear of being reprimanded</u>.
4. <u>Strange as it may seem</u>, there is no accurate scientific method for determining the age of a living person.
5. <u>Come what may</u>, we'll still be here in June.

🫙 **Guide** 1 *prose[prouz]: 산문 3 *contrition[kəntríʃən]: 회개, 뉘우침

> [해석] 1. 아무리 작고 초라하더라도 뉴올리언스는 뉴올리언스로 남아 있지 않을 수 없으며, 이곳의 다른 도시들에 대한 관계는 한 편의 시가 산문에 대한 관계와 같다. 2. 아무리 노력해도, 그녀가 무슨 말을 하는지 이해할 수 없었다. 3. 나는 그가 참된 뉘우침이건 아니면 질책받을 것을 두려워하든 무언가를 느꼈다는 것을 알 수 있었다. 4. 이상하게 들리겠지만, 살아있는 사람의 나이를 알아내는 정확한 과학적 방법은 없다. 5. 무슨 일이 있어도 우리는 6월에 여전히 여기 있을 것입니다.

⊘ **Says who?**
'누가 그래?'의 이 표현은 상대방의 말을 믿지 못하거나 부인하는 경우에 쓴다. 예 I will lose the election? Says who? (내가 선거에서 질 거라고? 누가 그래?)

⊘ **down-to-earth**
이 표현은 '소박한, 솔직한, 현실적인'의 뜻으로 "The celebrity was a down-to-earth man with no pretensions."이라면 그 유명인은 가식이 없는 소박한 남자였다는 뜻이다. *pretension[priténʃən]: 가식, 허위

5 목적절

1. Pilots can report near-misses without fear of penalty **so** the information **can** be used to make their next flight safer.
2. We carved their names on the stone **in order that** the future generations **might** know what they had done.
3. He dared not spend the money **lest someone should** ask where he got it.
4. The whistle blower wanted to disappear **for fear that** he was in danger.
5. He seldom spoke, **so that** many people thought he'd never learned to talk.

1 *near-miss: (항공기 등의 충돌할 것 같은) 이상 접근, 위기일발(상황) 4 *whistle blower: 내부 고발자 5 *he'd: he had

예문 1,2	so (that)/in order that + 주어 + may/can/will	~하기 위하여, 할 목적으로
3,4	lest + 주어 + (should) + 동사원형 for fear that + 절	~할까 염려되어, ~하지 않도록
5	so that (= so)	'그래서 ~하다'는 뜻으로 쓰이는 경우

해석 1. 이상접근에 관한 정보가 다음 비행을 더 안전하게 만드는 데 사용될 수 있도록 하기 위하여 조종사들은 이상접근을 처벌받을 두려움 없이 보고할 수 있다. 2. 우리는 후손들이 그들이 무엇을 했는지를 알 수 있도록 그들의 이름을 돌에 새겼다. 3. 그는 그 돈의 출처를 누가 물어볼까 염려되어 감히 쓰지 못했다. 4. 내부 고발자는 자신이 위험에 처했는지 염려되어 잠적하고 싶었다. 5. 그는 좀처럼 말을 하지 않아서 많은 사람은 그가 말을 배운 적이 없다고 생각했다.

🔍 Further Study

1. He was terrified <u>lest he should</u> slip on the icy rocks.
2. Life and business began early in the South <u>so</u> the coolest part of the day <u>can be taken advantage of</u>.
3. He wrote his diary in code <u>so that</u> his family <u>wouldn't</u> be able to read it.
4. A mother may become especially fearful of caring for her baby whenever it is crying, <u>for fear that</u> she might do something impulsive or dangerous.
5. They cowered behind a tree <u>lest</u> anyone <u>see</u> them.
6. The land was burnt off <u>so that</u> corn <u>could</u> be planted.

📖 **Guide** 2 *the South: 미국 남부의 여러 주 *take advantage of: ~를 이용하다 4 *fearful[fíərfəl]: 두려워(염려, 걱정)하는 *impulsive[impʌ́lsiv]: 충동적인

해석 1. 그는 얼음 바위에서 미끄러질까봐 겁이 났다. 2. 남부에서는 하루 중 가장 시원한 때를 이용하기 위해서 생활과 비즈니스가 일찍 시작되었다. 3. 그는 가족이 읽을 수 없도록 일기를 암호로 썼다. 4. 아기가 울 때마다 엄마는 아기 돌보는 것을 특히 두려워할 수도 있는데, 이는 자신이 충동적이거나 위험한 행동을 할까 봐 염려되어서이다. 5. 그들은 누가 그들을 볼까 봐 나무 뒤에 몸을 숨였다. 6. 땅은 옥수수를 심을 수 있도록 불태워졌다.

⊘ beef up

육우를 잘 먹여서 살찌게 기르는 데서 유래한 beef up은 '강화하다, 보강하다'는 뜻이며, beef는 '불만'의 뜻도 있다. 예 Security will have to be beefed up during the rally. (집회가 열리는 동안 보안이 강화되어야 할 것이다.) Why do you have a beef with me? (왜 나에게 불만이 있나?)

6 so/such ~ that

1. He clenched his hands **so tightly that** his knuckles turned white.
2. He has forced out **so many aides and ministers that** he is left mainly with yes-men.
3. Even the traffic lights were in her favor. One changed to green in **such a timely fashion that** her foot didn't even have to touch the brakes.

1 *clench[klenʧ]: 꽉 쥐다 *knuckle[nʌkl]: 손가락 관절, 손가락 마디 2 *force out: 강제사직 시키다 *aide[eɪd]: 보좌관, 측근 *yes-man: 아첨꾼 3 *in someone's favor: ~에게 유리하게, ~의 마음에 들어

*so+형용사/부사+that 구조는 '(너무)~해서 ~하다'는 뜻으로, 다음에 결과의 부사절이 따르며(예문1) so ~ that 사이에는 명사가 오지 않지만, 이 사이에 many, much, little, few 같은 수량형용사가 오면 뒤에 명사가 따를 수 있으며(2), *such(a/an) ~ that...(~해서...하다) 사이에는 명사가 위치한다(3). (관사는 such 뒤로 감)

[해석] 1. 그는 양손을 너무 꽉 쥐어서 손마디가 하얗게 변했다. 2. 그는 많은 보좌관과 장관들을 해임 시켜 예스맨들과 주로 남게 되었다. 3. 신호등조차도 그녀에게 유리하게 작동했다. 때맞춰서 녹색으로 바뀌는 신호등 덕분에 그녀의 발은 브레이크에 닿을 필요조차 없었다.

Further Study

1. She's <u>so tall that</u> she has to have her clothes made for her.
2. He was making <u>so much noise that</u> she hammered on their shared wall to get him to stop.
3. Photography has been brought to <u>such a degree of perfection that</u> there is scarcely an object in nature that is beyond the reach of camera.

Guide 3 *that is beyond the reach of camera는 앞의 an object를 꾸밈

[해석] 1. 그녀는 키가 너무 커서 옷을 맞추어 입어야 한다. 2. 그가 너무 시끄럽게 해서 그녀는 그를 멈추게 하려고 그들의 공유 벽을 세게 두드렸다. 3. 사진술은 자연 속에서 카메라가 닿지 않는 물체가 거의 없을 정도로 완벽한 경지에 이르렀다.

7 구, 절, 독립절, 단문

1. He and his family looked after elderly people.
   그와 그의 가족은 노인들을 돌보았다.
*look after: ~를 돌보다(take care of)

*구(phrase)는 한 문장에서 두 개 이상이 단어가 모여 특정한 하나의 의미를 만드는 단위이며, 주어+동사의 관계를 만들지 않는다. 예를 들어 위의 'He and his family'는 네 단어가 모여 주어를 만드는 하나의 구이며, 'looked after'는 두 단어가 모여 구를 만들어 동사 역할을 하고 있으며(구동사), 'elderly people'은 두 단어가 결합해 구동사 looked after의 목적어가 되는 또 다른 구를 만들고 있다. 구는 명사(명사구), 형용사(형용사구), 부사(부사구), 동사(동사구)의 역할을 한다.

*절(clause)은 두 단어 이상이 모여 주어+동사 관계를 이루는 것을 말한다. 위 문장은 주어(He and his family)+동사(looked after)가 목적어(elderly people)까지 결합하여 하나의 완전한 절을 만들며, 절 하나만으로 완전한 문장이 되는 절을 독립절(independent clause)이라고 하며, 독립절 하나만으로 구성되는 문장을 단문(simple sentence)이라고 한다.

*구동사(phrasal verb)와 동사구(verb phrase): 구동사는 동사+전치사/부사의 구조가 동사로 쓰이는 것을 말하며(예 call off, look into, come up with), 동사구는 조동사와 본동사가 결합한 구를 말한다. 예를 들어 'She was smiling.'에서 'was smiling'은 동사구이며(was는 조동사, smiling은 본동사, "Unit 4 조동사" 첫 페이지 참고), 'He has been studying since this morning.'에서 'has been studying'은 동사구(has been은 조동사, studying은 본동사), 'You can't eat here.'의 'can't eat'은 동사구이다.

---

1. **You are an adult** and **you ought to be living on your own**.
2. **When I was five years old**, I thought my room was haunted.
3. One of the couple's two sons, **who lives with them**, is a pharmacist.
4. My cat meows **when I pet her**.

1 *on your own: 독립하여, 혼자 힘으로, 혼자서 3 *pharmacist[fɑ́ːrməsist]: 약사

해석 1. 너는 성인이며 독립하여 살아야 한다. 2. 나는 다섯 살 때 나의 방에서 귀신이 나온다고 생각했다. 3. 그 부부의 두 아들 중 한 명은 그들과 함께 사는데, 약사이다. 4. 내 고양이는 내가 어루만져주면 야옹거린다.

*두 개의 독립절이 등위접속사(for, and, nor, but, or, yet, so)로 연결된 1과 같은 문장을 중문(compound sentence)이라고 한다. *예문 2의 'When I was five years old'는 뒤의 주절과 결합해야 완전한 문장이 될 수 있으며, 이처럼 종속절과 독립절로 이루어지는 문장을 복문(complex sentence)이라고 하며, 형용사절을 이끄는 관계대명사 that, which, who(m) 등이나(예문 3) 부사절을 이끄는 접속사 when(예문 4), after, although, as, because, before, even though, if, since, though, unless, whenever 등이 이끄는 종속절은 주절과 함께 복문을 만든다. 예문 3은 주절(One of the couple's two sons is a pharmacist) 사이에 형용사절(who lives with them)이 삽입되고, 4는 주절(My cat meows) 다음에 부사절(when I pet her)이 따르는 구조의 복문들이다.

The car that I am using is not mine, so I am going to buy a new one.
해석 내가 사용 중인 차가 내 것이 아니라서 새것을 하나 사려고 한다.

---

*중복문(compound-complex sentence)은 둘 이상의 독립절과 하나 이상의 종속절을 가지는 문장을 말한다. 위 예문은 두 개의 독립절('The car is not mine'과 'I am going to buy a new one')과 첫 번째 독립절의 종속절이 되는 형용사절('that I am using'은 앞의 명사 'car'를 수식)로 이루어진 중복문의 구조이다.

Unit

18

분사

분사

현재분사(present participle)는 진행형이나 목적격보어(I saw him **laughing**) 등으로 사용되며, 과거분사(past participle)는 목적격보어(I had my car **repaired**) 및 수동태, 완료형 시제(현재완료, 과거완료, 미래완료)를 만들고, 현재분사와 과거분사는 이 장에서 소개되듯이 명사를 수식하는 형용사로도 쓰이며, 19장에서는 분사구문을 만들기도 한다.

 1 현재분사와 과거분사의 뜻

---

1. **Soaring** prices deny them basic foods.
2. The **fried** chicken was wonderful, but the **grilled** beef was tough.
3. He's a **boring** person. I feel **bored** when I am alone with him.

1 *deny somebody something: somebody에게 something을 주지 않다, 허락하지 않다 2 *grilled[grild]: 그릴(석쇠)에 구운

---

*형용사로 쓰이는 현재분사(동사원형 + -ing)는 능동의 뜻(~하는), 과거분사는 수동(~하여진, 되어진)의 의미로, 위 예문 1의 soaring은 '급상승하는', 2의 fried는 '튀겨진', grilled는 '그릴에 구워진'의 뜻이다.

*3의 a boring person은 남을 지루하게 하는 사람의 뜻이며, 사람의 감정은 I'm excited(신이 난, 흥분한), amused(즐거운), bored(지루한), flattered(상대방의 칭찬 등을 받아 기분 좋은), amazed(놀란), exhausted(지친), flabbergasted(크게 놀란), astonished(깜짝 놀란) 등과 같이 과거분사로 표현한다.

해석 1. 치솟는 물가로 그들은 기본적인 식품을 사지 못한다. 2. 프라이드 치킨은 훌륭했지만, 그릴에 구운 비프는 질겼다. 3. 그는 지루한 사람이다. 그와 단둘이 있으면 지루하다.

🔍 Further Study

1. He has become the world's most <u>respected</u> politician.
2. Her <u>low-heeled</u> shoes were unlaced.
3. His eyes blinked behind his gold-<u>rimmed</u> spectacles.
4. The snow has gone from the garden except the <u>shaded</u> parts.
5. The results were <u>surprising</u>. We were <u>surprised</u> by the results.
6. He stamped his foot angrily on the <u>polished</u> floor.
7. The deliverymen left the <u>damaged</u> fridge in our kitchen.

📖 **Guide** 2 *low-heeled: 굽이 낮은 *unlace[ʌnléɪs]: (신발 등) 끈을 풀다, 늦추다 3 *blink[blɪŋk]: 눈을 깜박이다 *rim[rim]: 가장자리, 테(를 두르다) 4 *shade: 그늘 (지게 하다) *shaded: 그늘진 6 stamp[stæmp]: 짓밟다, (발을) 구르다 *polish[pɑ líʃ]: 광(윤)을 내다 *polished[pɑ́liʃt]: 윤이 나는, 세련된 7 *fridge[fridʒ]: 냉장고 (refrigerator)

> 해석 1. 그는 세계에서 가장 존경받는 정치가가 되었다. 2. 그의 굽 낮은 신발은 끈이 풀려 있었다. 3. 그의 눈은 금테안경 뒤에서 깜박였다. 4. 그늘진 부분을 제외하고는 눈이 정원에서 사라졌다. 5. 결과는 놀라웠다. 우리는 결과에 놀랐다. 6. 그는 화가 나서 윤이 나는 바닥에 발을 굴렀다. 7. 배달원들이 파손된 냉장고를 우리 부엌에 남겨두었다.

⊘ preach to the choir

교회 합창단(choir)을 기독교로 개종시키려고 설교하는 것은 불필요한 일이다. 위 표현은 '이미 나의 의견에 동의하는 사람을 설득시키려 하다, 다 알고 있는 사실을 말하다'는 뜻이다. 예 We all agree with you. You don't have to preach to the choir. (우리는 모두 너의 말에 동의한다. 합창단에 설교할 필요는 없어.)

2 형용사로 쓰이는 분사의 위치

> 1. **Rising interest rates** mean lower bond prices.
> 2. The **Indian called Blue Duck** was frightening.
> 3. Many **women interviewed** didn't agree with the new policy.
> 4. The store had **everything including the kitchen sink**.
> 5. He had **a law** enacted **levying an excise tax upon all distilled liquors**.
>
> 1 *rising interest rates: 오르는 금리 *bond[band]: 채권 2 *frightening[fráitnin]: 무서운 5 *had a law enacted: 법을 제정했다(법이 제정되게 했다, had는 사역동사) *levy[lévi]: (세금 등) 부과하다 (세금의) 징수(액) *excise[éksaiz] tax: (국내) 소비세 *distilled liquor: 증류주

*분사 홀로 명사를 꾸밀 때는 분사(rising) + 명사(interest rate)의 어순을 이루며 (예문 1), 2와 같이 분사가 형용사구(called Blue Duck)를 만들어 명사(Indian)를 꾸며 줄 때는 명사 뒤에 위치하는 것이 일반적이다. 3은 women 다음에 who were가 생략된 구조이며, 이처럼 주격 관계대명사 + be동사가 생략되면 분사 (interviewed)가 명사 뒤에서 단독으로 앞 명사를 수식하는 구조를 만들 수 있다 (과거분사 interviewed는 '인터뷰 받은'의 수동의 뜻).

*4는 현재분사가 이끄는 형용사구(including the kitchen sink)가 앞의 대명사 everything을 꾸며주고 있으며, 5는 'a law'를 꾸며주는 levying 이하 liquors 까지의 긴 형용사구를 뒤로 보내고 목적격 보어 enacted를 앞으로 놓은 경우 이다.

해석 1. 금리 인상은 채권가격의 하락을 뜻한다. 2. Blue Duck으로 불리는 그 인디언은 무서웠다. 3. 인터뷰 받은 많은 여성이 새 정책에 동의하지 않았다. 4. 그 가게는 부엌싱크대를 포함한 모든 것을 갖추고 있었다. 5. 그는 모든 증류주에 소비세를 부과하는 법을 제정했다.

Further Study

1. Most breads contain <u>dairy products taken from farm animals</u>.
2. Good communication is one of the <u>core skills taught in medical schools</u>.
3. The <u>animals slain in the battle</u> were given a solemn funeral.
4. <u>Anyone thinking of working for the government</u> should take a second look.
5. They want young conservative <u>politicians opposed to same-sex marriage</u>.

Guide 1 *breads는 다른 종류의 빵들을 말하기 때문에 복수형을 취했음. *dairy product: 유제품 2 *core[kɔːr]: 핵심(적인), 가장 중요한 3 *slay[slei]: 살해하다, slay-slew-slain *solemn[sɑ́ləm]: 엄숙한, 장엄한

> 해석 1. 대부분 빵은 가축에서 얻는 유제품을 포함하고 있다. 2. 좋은 의사소통은 의과 대학에서 가르치는 핵심기술 중의 하나이다. 3. 전사한 동물들에게는 엄숙한 장례식이 치러졌다. 4. 공무원이 되려는 사람은 누구든지 재고해보아야 한다. 5. 그들은 동성결혼에 반대하는 젊은 보수적 정치인들을 원한다.

⊘ Achilles heel

호머의 일리아드에 나오는 그리스 영웅 아킬레스가 태어났을 때 그의 어머니 테티스(Thetis)는 아들에게 영원한 생명을 주기 위해 스틱스(Styx)강에 그의 몸을 담갔는데, 아들을 잡고 있던 발뒤꿈치(heel) 부분을 담그지 않았기 때문에 그 부분(Achilles heel)이 유일한 약점이 되어, 아킬레스는 트로이 왕자 Paris가 쏜 독화살에 heel을 맞아 죽게 되며, 여기서 유래된 Achilles heel은 '취약점, 유일한 급소'를 뜻하는 표현으로 쓰이게 되었다. 예 She is a good person, but her short temper is her Achilles heel. (그녀는 좋은 사람이지만 급한 성미가 약점이다.)

1. He rode away **whistling**.
2. She climbed into the SUV, **feeling** the sun on her face.
3. He was sitting sprawled in his chair **with his eyes closed**.
4. The coach strolled onto the court, **her arms akimbo** and **a whistle clenched** between her teeth.
5. A hot wind kicked up, **turning back** the brim of her hat.
6. The black bear took a tour of the home, **wandering** into the bedroom.
7. Saffron is the world's most precious spice, **often rivaling** the cost of gold.

1 *ride away: 말을 타고 가버리다 3 *sprawl[sprɔːl]: 팔, 다리를 아무렇게나 벌리고 앉다 4 *stroll onto: ~(위)로 천천히, 한가로이 걸어가다 *akimbo[əkímbou]: adj. 손을 허리에 대고 팔꿈치를 양옆으로 펴고 5 *kick up: 시작하다, (약 등) 효과가 나타나다 *brim[brim]: (모자의) 챙, (컵, 사발 등의) 위 끝부분 6 *wander[wɑ́ndər]: 어슬렁거리다, 돌아다니다 7 *precious[préʃəs]: 귀중한, 값비싼

*분사는 '~하면서'란 뜻의 동시동작/부대상황, 즉 주어의 주 동작과 동시에 일어나는 다른 동작/상황을 나타낼 수 있다. 예문 1의 whistling은 그가 휘파람을 불면서 말을 타고 떠났다는 뜻이고 2의 feeling the sun on her face는 얼굴에 햇살을 느끼며 SUV에 올라탔다는 표현이다.

*예문 3과 4의 (with)+o+형용사/분사/부사(구) 등의 구조는 'o를 ~하면서, 하고서'의 뜻의 부대상황을 나타낸다. (her arms akimbo=with her arms akimbo) 예 A boy was in the passenger seat, **with his head leaning** against the window. (한 소년이 머리를 창문에 기대고 조수석에 있었다.)

*분사는 또한 5,6과 같이 앞 동작(kicked up, took a tour~)에 이어지는 연속 동작을 나타내며(turning back = and turned back/wandering = and wandered), 7과 같이 접속사+(주어)+동사를 대신하여 often rivaling은 and (it) often rivals와 같은 뜻으로도 쓰인다.

해석 1. 그는 휘파람을 불며 말을 타고 떠났다. 2. 그녀는 얼굴에 햇살을 느끼며 SUV에 올라 탔다. 3. 그는 눈을 감고 의자에 널브러져 앉아있었다. 4. 코치는 두 손을 허리에 대고 팔꿈치를 펴고서는 호루라기를 물고 코트로 천천히 걸어갔다. 5. 뜨거운 바람이 일어 그녀의 모자챙을 뒤로 젖혔다. 6. 흑곰은 집을 둘러보고는 어슬렁거리며 침실로 들어갔다. 7. 사프란은 세계에서 가장 귀중한 향신료로, 종종 금값과 맞먹는다.

🔍 Further Study

1. The space shuttle Challenger exploded 73 seconds after takeoff, <u>killing</u> all seven astronauts.
2. The wind gusted, <u>bringing</u> the sound of singing.
3. The tiger snarled, <u>baring</u> its teeth.
4. The windows were open, <u>letting in</u> the loud noise of bagpipes from the parade passing below.
5. The gray mare loped on toward Austin, easily <u>eating up</u> the miles.
6. <u>Holding</u> the rope with one hand, he stretched out the other to the boy in the water.
7. Tourism is a critical part of our economy, <u>helping</u> to pay for important services that allow us to take care of our most valuable residents.
8. The school bus stopped in front of her house <u>with the lights flashing and the stop arm out</u>.

Guide 1 *space shuttle: 우주왕복선 *takeoff: 이륙 *killing: and killed *astronaut [ǽstrənɔ̀ːt]: 우주비행사 2 *gust[gʌst]: (갑자기) 몰아치다, (물 등이) 분출하다 3 snarl [snaːrl]: 으르렁거리다 *bare [bɛər]: v. 드러내다, adj. 노출된 4 *let in: ~를 들어오게 하다 5 *mare[mɛər]: 암말, 어미 말 *lope[loup]: (말 등이) 천천히 달리다 *on: ad. 끊임없이, 계속

해석 1. 우주왕복선 챌린저호는 이륙 73초 후에 폭발하여 7명의 우주비행사 모두를 희생시켰다. 2. 바람이 몰아치면서 노래 소리를 냈다. 3. 호랑이는 이빨을 드러내며 으르렁거렸다. 4. 창문들이 열려있어서 아래를 지나가는 퍼레이드의 요란한 백파이프 소리가 들려왔다. 5. 회색 암말은 마일 수를 쉽게 단축해가면서 오스틴 쪽으로 계속 달렸다. 6. 그는 한 손으로 밧줄을 잡고, 다른 손을 물에 빠진 그 소년에게 뻗었다. 7. 관광은 우리 경제의 중요한 부분으로, 우리의 가장 소중한 주민들을 돌볼 수 있게 해주는 중요한 서비스의 비용을 지불하는 데 도움이 됩니다. 8. 스쿨버스는 불을 번쩍이며 정지 팔을 펼친 채 그녀의 집 앞에 멈춰 섰다.

Unit

19

분사구문

Unit 19 분사구문

부사절과 주절의 주어가 같을 때 부사절을 간결하게 부사구로 변화시키는 것을 분사구문(modifying adverbial phrase)이라 하며, 부사절에서 변화된 분사구문은 당연히 부사절과 같이 때, 이유, 조건, 양보 등의 의미를 지닌다. 이 장에서는 분사구문 만드는 요령과 여러 가지 형태의 분사구문 및 주의할 사항들을 살펴보자.

1. **Glancing at the car**, he was astounded to see that the woman at the wheel was knitting.
2. **Lost in thought**, he did not notice me.
3. **Given sufficient time**, iron and oxygen become iron oxide, or rust.
4. **Though exhausted**, I gave them a ride home.

1 *glance at: ~를 흘긋 보다 *astounded[əstáundid]: 몹시 놀란 *knit[nit]: 뜨개질하다 2 *be lost in thought: 생각에 잠기다 3 *iron oxide: 산화철 *rust[rʌst]: 녹

*위 예문들과 같이 현재/과거분사가 이끄는 부사구(Glancing at the car) + 주절 (he was ~)의 구조에서 이 부사구를 분사구문이라 한다. 분사구문은 때(예문 1), 이유(2), 조건(3), 양보(4) 등의 뜻으로 주절을 꾸며주기 때문에 분사구문의 주어는 주절의 주어와 같아 따로 표시되지 않는다.

*분사구문이 문장에서 어떤 의미로 쓰였는지는 주절까지 읽은 후 문맥에서 판단 하면 된다. 위 문장들을 끝까지 살펴보면 1의 Glancing at = When he glanced at, 2의 Lost in thought = As he was lost in thought, 3의 Given sufficient time = If they are given sufficient time의 뜻인 것을 알 수 있다. 4는 접속사 though를 생략하지 않은 분사구문으로 Though I was exhausted 의 뜻이며, 3과 같이 과거분사로 시작되는 분사구문은 수동의 뜻이고, 분사구문은 문장 가운데 또는 뒤에 놓이기도 한다.

해석 1. 그 차를 흘끗 보았을 때, 그는 운전 중인 여자가 뜨개질 중인 것을 보고는 몹시 놀랐다. 2. 생각에 잠겨 있었기 때문에 그는 나를 알아차리지 못했다. 3. 충분한 시간이 주어지면 철과 산소는 산화철, 즉 녹으로 변한다. 4. 지쳐있었지만 나는 그들을 집으로 태워주었다.

Further Study

1. <u>Realizing</u> that many families will struggle to put a meal on their table this Thanksgiving, the volunteers lent a helping hand to provide a good, hearty meal for the holiday.
2. <u>Asked</u> what to do when a woman cries, he replied, "I usually cry with her."
3. I booked a meeting room that is not wheelchair accessible, <u>not knowing</u> that one of my guests has a disability.
4. <u>Equipped</u> with infrared technology, drones can also home in on the heat signature of a live human.

Guide 1 *Realizing: As they(=the volunteers) realized 2 *Asked: When he was asked 3 *wheelchair accessible: 휠체어가 들어갈 수 있는 *not knowing: because I did not know *disability[dìsəbíləti]: 장애 4 *Equipped: As they(= drones) are equipped with *equipped with: ~를 갖춘 *infrared[ìnfrəréd]: 적외선의 *home in on: 목표물에 접근하다, ~를 겨냥하다 *heat signature: 열 신호

해석 1. 많은 가족이 이번 추수감사절에 한 끼의 식사를 식탁에 차리기 힘들어 할 것이라는 사실을 알았기 때문에, 자원봉사자들은 이 휴일에 좋고 푸짐한 식사를 제공하기 위해 도움의 손길을 내밀었다. 2. 여자가 울 때는 어떻게 하느냐는 질문을 받았을 때 그는 "나는 보통 그녀와 함께 울죠."라고 대답했다. 3. 내 손님 중의 한 명이 장애가 있다는 사실을 몰랐기 때문에 나는 휠체어가 들어갈 수 없는 회의실을 예약했다. 4. 적외선기술을 탑재하고 있기 때문에 드론은 또한 살아있는 사람의 열신호를 겨냥해서 갈 수도 있다.

⊘ throw (sb) a curve (ball)

'(상대방을 놀라게 하거나 혼란 시키는) 예기치 못한 행동을 하다'는 뜻으로 "The reporter threw him a curve ball by asking about his past extramarital relationship."은 기자가 그에게 과거 혼외관계에 관한 질문을 하여 그를 당황 시켰다는 뜻이다.

2 분사구문 만드는 요령/독립분사구문

1. <u>When he heard the sound of boots approaching</u>, he paused to listen.
2. <u>Because I didn't want him to ask me questions</u>, I left the place.
3. <u>As they were convinced that Lincoln would abolish slavery</u>, South Carolina legislators voted to secede from the union.
4. <u>While I was driving to work this morning</u>, I had an accident.
5. <u>If all things are equal</u>, we prefer buying our products.

1 *pause[pɔːz]: 잠시 중단하다, 멈추다 3 *legislator[lédʒislèitər]: 입법자, 의원 *secede[sisíːd]: 탈퇴하다

*분사구문은 기다란 부사절을 부사구로 간결하게 만드는 것이며, 그 요령은 접속 사로 시작하는 부사절의 주어(예문 1의 첫 번째 'he')와 주절의 주어(두 번째 'he')가 같으면 부사절의 접속사(When)와 주어(he)를 없앤 다음, 부사절의 동사(heard)는 현재분사(hearing)로 바꾸어 'Hearing the sound of boots approaching, he paused to listen.'으로 변화시킨다.

*2의 부정문은 같은 요령으로 부사절의 접속사와 주어(Because I)를 생략한 다음, 부정문을 만들기 위해 쓰인 조동사(did)를 없애고 부정어 + 현재분사로, 즉 'Not wanting him to ask me question, I left the place.'로 문장을 변화시키면 된다.

*3은 주절의 주어 'South Carolina legislators'와 같은 부사절의 주어(they)와 접속사(As)를 없애고, 'were'는 현재분사 being으로 변화되지만 이를 생략해도 뒤의 과거분사 'convinced'가 수동의 의미를 전달하기 때문에, 이런 경우 being을 없애고 줄 친 부분은 'Convinced that Lincoln would abolish slavery, South Carolina legislators ~ .'의 분사구문으로 바꿀 수 있으며, 4번은 부사절의 접속사(While)와 주어(I)를 없앤 다음, 현재/과거 진행형의 be동사(was)는 생략하고 'Driving to work this morning, I had an accident.'로 변화시키며, 접속사(While)를 없애지 않고 'While driving to work~'로 만든다면 때의 의미가 더 명확해진다(3의 '접속사 + 분사' 참고).

*5에서 부사절의 주어(All things)와 주절의 주어(we)가 다르면 부사절의 주어를 생략하지 않고 나머지는 같은 요령으로 변화시키며, 이렇게 변화되는 부사구를 독립분사구문이라고 한다. 즉 4는 'All things being equal, we prefer ~.'로 변화된다.

해석 1. 부츠가 다가오는 소리를 듣고는 그는 멈추고 귀를 기울였다. 2. 그가 나에게 질문하는 것을 원치 않았기 때문에 나는 그곳을 떠났다. 3. 링컨이 노예제도를 폐지할 것을 확신했기 때문에 사우스 캐롤라이나 주의 의원들은 연방에서 탈퇴하기로 투표하였다. 4. 오늘 아침 차를 몰고 출근하다가 사고를 당했다. 5. 모든 것이 똑같다면 우리는 우리의 제품을 사는 것을 선호한다.

🔍 Further Study

1. <u>Asked</u> if he planned to camp on the way to Dawson, he said no.
2. <u>Seen through the binoculars</u>, the swans appeared to be only a few feet away.
3. <u>Given</u> the choice, she'd rather see him miserable than herself happy.
4. <u>All things considered</u>, it's not a bad deal at all.
5. <u>Not wanting to</u> borrow money from his parents, he decided to find a job.
6. <u>Born</u> to a young single mother, she grew up keenly aware of her mother's financial hardships and thwarted dreams.

📋 **Guide** 1 *Asked: When he was asked 2 *Seen through the binoculars: When they were seen through the binoculars 3 *Given: If she were given 4 *All things considered: 모든 것을 고려해 볼 때 5 *Not wanting to: As he did not want to 6 *Born: As she was born *born to: ~에서 태어나 *keenly [kíːnli]: 강렬하게, 예민하게 *grow up keenly aware of~: ~를 잘 알고(절감하면서) 자라다 *thwart[θwɔːrt]: 좌절시키다 *thwarted: 좌절된

해석 1. Dawson으로 가는 길에 야영할 계획이 있느냐는 질문받았을 때 그는 아니라고 했다. 2. 쌍안경으로 보았을 때 백조들은 불과 몇 피트 떨어져 있는 것처럼 보였다. 3. 선택의 여지가 주어진다면, 그녀는 자신이 행복한 것보다는 그가 불행한 것을 보고 싶어 한다. 4. 모든 것을 고려해 볼 때, 그것은 전혀 나쁜 거래가 아니다. 5. 부모로부터 돈을 빌리고 싶지 않았기 때문에 그는 일자리를 구하기로 했다. 6. 어린 미혼모에게서 태어났기 때문에, 그녀는 어머니의 재정적 어려움과 좌절된 꿈을 절감하면서 자랐다.

3 접속사＋분사

1. He lost his temper fiercely **when provoked** beyond endurance.
2. The woman was putting on her eye makeup **while riding** the subway.
3. **If elected**, he will deport illegal immigrants.
4. **Before eating** breakfast, she walked her dog for an hour.

1 *lose one's temper: 화내다 *provoke[prəvóuk]: 자극하다, 성나게 하다 *beyond endurance: 참을 수 없을 만큼

*위 예문들과 같이 접속사가 생략되지 않은 분사구문을 볼 수 있으며, 이는 그 분사구문의 의미를 보다 명확하게 한다. 예문 1은 when he was provoked, 2는 while she was riding, 3은 If he is elected, 4는 Before she ate breakfast를 뜻한다. 분사구문을 영작에 활용하는 경우, 접속사를 무조건 잘라버릴 것이 아니라 명확한 의미 전달을 위해 필요하면 두어야 한다. 예문 3에서 접속사 'If'를 없애고 'Elected, he will deport illegal immigrants.'로 표현하면 의미가 애매해지며 4번의 경우는 접속사 before를 생략하면 개 산책을 아침식사 전에 시켰는지 후에 시켰는지, 아니면 동시동작을 나타내어 샌드위치 같은 아침 식사를 하면서 시켰는지 알 수 없는 문장이 되어버린다.

해석 1. 그는 참을 수 없는 자극을 받자 몹시 화를 냈다. 2. 그 여자는 지하철을 타고 가면서 아이 메이크업을 하고 있었다. 3. 당선되면 그는 불법 이민자들을 추방할 것이다. 4. 아침 식사 전에 그녀는 개 산책을 한 시간 시켰다.

⊘ by the skin of one's teeth
'겨우, 가까스로, 간신히'의 의미로, "He escaped by the skin of his teeth."는 "그는 간신히 달아났다."는 뜻이 된다.

Further Study

1. The store clerk sensed something amiss <u>when handed</u> a phony $100.
2. <u>When using</u> a microwave oven for the first time, read the instructions carefully.
3. Chicken breast has a tendency to dry out <u>when overcooked</u>.
4. <u>If elected</u>, I will make sure that the little labels on fruits and vegetables are easier to remove.
5. <u>While listening</u> to the radio, I did yoga.
6. The majority of the farmers, <u>when asked</u> if they worked on a farm or owned one, answered that they were owners.

Guide 1 *amiss[əmís]: 잘못된 *when handed: when (s)he was handed *phony[fóuni]: 가짜(인) 2 *When using: When you use 3 *when overcooked: when it is overcooked 4 *If elected: If I am elected 5 *While listening: While I was listening 6 *when asked: when they were asked

> 해석 1. 점원은 100불짜리 가짜 지폐를 건네받았을 때 뭔가 잘못되었음을 감지했다. 2. 전자레인지를 처음 사용할 때는 사용설명서를 잘 읽으십시오. 3. 닭가슴살은 너무 익히면 건조해지는 경향이 있다. 4. 당선되면, 저는 과일과 채소에 붙는 작은 라벨들을 더 쉽게 제거할 수 있도록 하겠습니다. 5. 나는 라디오를 들으며 요가를 했다. 6. 대부분의 농부는 농장에서 일하는지 또는 농장을 소유하는지에 대한 질문을 받았을 때 자신이 소유주라고 답했다.

⊘ (as) dead as a doornail
셰익스피어에 의해 유명해진 이 표현은 '완전히 죽은'의 뜻이다. doornail은 옛날 문에 장식용으로 박힌 대갈못을 뜻하며, 이 못은 문에 단단히 물려 박히기 때문에 죽은 것과 같이 움직일 수 없는 데서 유래했다. 예 The negotiation is as dead as a doornail. (협상이 완전히 결렬되었다.)

완료분사구문/무(비)인칭 독립분사구문

---

1. The servants, **having waited** for their masters to go upstairs, began to come in.
2. **Having been postponed** from 2020 because of the COVID-19 pandemic, the Tokyo Olympic Games were held in July, 2021.
3. **Never having seen** a ghost before, he naturally was terribly frightened.
4. **When visiting** an unfamiliar place, navigation apps can be a godsend.

4 *godsend[gɑ́dsènt]: 뜻밖의(하늘이 준) 선물

---

*완료분사구문(having + pp)은 주절보다 앞선 시제를 나타낸다. 예문 1의 문장 가운데 불쑥 들어간 완료분사구문 'having waited for their masters to go upstairs'는 과거시제의 주절 'The servants **began** to come in.' 보다도 앞선 과거완료시제의 뜻이다. 즉 'after they **had waited** for their masters to go upstairs'의 문장에서 접속사와 주어 after they를 생략하고 had를 현재분사 having으로 변화시킨 완료분사구문이다.

*2의 Having been pp는 완료분사구문의 수동태이며 예문 2는 After they(= the Tokyo Olympic Games) had been postponed의 문장을 접속사와 주어(After they)를 생략하고 had를 현재분사로 변화시킨 것이다. 예문 3은 'As he had never seen a ghost before'가 분사구문으로 변화된 것이며, not이나 never 등의 부정어는 분사(having) 앞에 놓는다.

*4의 부사절 'When you visit an unfamiliar place'의 주어 'you'와 주절의 주어 'navigation apps'는 다르지만, 부사절의 you는 일반인을 나타내는 주어이므로 생략하여 'When visiting an unfamiliar place'로 표현할 수 있으며, 이와 같이 일반주어를 생략하는 관용적인 표현으로는 frankly speaking(솔직히 말하면), strictly speaking(엄밀히 말하면), generally(broadly, roughly) speaking (일반적으로, 대체로, 대략 말하면), judging from(~로 판단하건대) 등이 있으며, 일반주어를 생략하는 이런 분사구문을 '무(비)인칭 독립분사구문'이라고 부른다.

🔍 Further Study

1. <u>Having read</u> the instructions, he snatched up the fire extinguisher.
2. <u>Having worked</u> with him on multiple projects for over 16 years, I can confidently say that Bob is committed to excellence.
3. She was granted a leave of absence without pay from her job, <u>not having been</u> there long enough to qualify for paid leave.
4. I could only give him two hundred dollars, <u>having spent</u> the rest.
5. Masks must be worn inside restaurants <u>when not eating or drinking</u>.

Guide 1 *Having read: After he had read *snatch up: ~를 잡아채다, 낚아채다 2 *Having worked: As I have worked *excellence[éksələns]: 뛰어남, 탁월함 *be committed to excellence: 탁월함에 전념하다 3 *not having been: because she had not been 4 *having spent: because I had spent 5 *when not eating or drinking: when people(or you) are not eating or drinking

[해석] 1. 설명서를 읽은 후에 그는 소화기를 잡아챘다. 2. 나는 16년 넘게 그와 함께 여러 프로젝트에서 일해왔기 때문에 Bob이 탁월함에 전념하는 사람인 것을 자신 있게 말할 수 있다. 3. 그녀는 무급휴가를 받았는데, 이는 유급휴가를 받을 수 있을 만큼 오래 근무하지 않았기 때문이었다. 4. 나는 나머지 돈은 다 썼기 때문에 그에게 200달러만 줄 수 있었다. 5. 식당 안에서 먹거나 마시지 않을 때는 마스크를 착용해야 한다.

✅ hang in there

'(어렵지만) 버텨라, 힘내라'는 표현으로 "Hang in there, Jessie!"라면 "Jessie 힘내!"란 뜻의 격려가 된다. 1970년대 'hang in there' 메시지가 담긴 포스터 때문에 이 표현이 유행하게 되었는데, 그 포스트에는 턱걸이(chin-up) 자세로 대나무막대기에 매달려 있는 고양이가 떨어지지 않으려고 애쓰는 모습이 담겨 있다.

Unit

20

가정법

가정법

　법(mood: 말하는 사람의 표현하려는 의도를 나타내는 동사의 형태)에는 사실을 그대로 말하는 직설법, 명령을 나타내는 명령법 및 현재나 과거 사실과 반대를 가정할 때 사용하는 가정법(subjunctive mood)이 있으며 각 법에 따라 speaker는 동사를 달리 사용하여 자신의 표현 의도를 전달한다. 사실을 사실대로 표현하는 직설법은 현재면 현재, 과거면 과거형 동사를 사용하여 직설법인 것을 알리며(예 He **is** your friend. She **was** embarrassed.) 명령법은 동사원형(예 **Help** me!)을 사용하여 명령의 뜻을 전달하며, 가정법은 현재 사실의 반대는 과거 동사(예 If he **were** alive: 그가 살아 있다면), 과거 사실의 반대는 과거완료(예 If he **had been** alive: 그가 살아 있었더라면)를 사용하여 speaker의 뜻을 전달한다.

　이 단원에서는 단순가정, 가정법 과거 및 가정법 과거완료와 if절이 도치, 생략되는 경우, 두 개의 가정법이 혼합해서 쓰이는 혼합가정법과 if절을 대신하는 표현 및 가정법의 의미가 내포된 여러 표현을 학습한다.

1 단순가정/가정법 과거

1. If a home **is** sold in an "as is" condition, the seller **is** required to disclose any observable or hidden defects.
2. If she **has** a complaint, she **will** write to the dean directly.
3. If I **were** a congressman, I **would focus** on the passage of the bill.
4. If Thomas Jefferson **were to** return to life for a day, his opinion on the Gun Control Act **would be** interesting.
5. If someone **offered** me $3 million for the information, I **wouldn't turn** it down.
6. What **would happen** to the Earth **if** humans **were to** vanish **tomorrow**?

1 *as is: (어떤 조건이나 상태이건) 있는 그대로 *disclose[disklóuz]: 공개하다, 밝히다 *observable[əbzə́ːrvəbl]: 관찰(식별)할 수 있는 *hidden[hídn]: 숨겨진 *defect[díːfekt]: 결함 2 *dean[diːn]: (대학의)학장 3 *congressman[kάːŋgrəsmən]: 국회의원, (미)하원의원 4 *Gun Control Act: 미 총기규제법 5 *turn ~ down: ~를 거절하다

*단순가정(단순조건문)은 '~라면 ~일 것이다'는 뜻의 단순한 현재나 미래의 추측을 나타내는 표현으로, if + 주어 + 현재 동사, 주어 + 현재/미래형 동사로 이루어진다(예문1,2).

*3~5의 가정법 과거는 현재 사실의 반대를 가정하는 표현으로 '~라면 ~일텐데'의 뜻이며, if + 주어 + were(to)/과거 동사, 주어 + 조동사의 과거(would, should, could, might) + 동사원형으로 이루어지며, 가정법 과거에 tomorrow 같은 미래표현(6)이 쓰여 미래사실의 반대를 가정 할 수도 있다.

*6의 were to 다음에는 동사원형이 오며, were to는 if 절이 실현 가능성이 없는 가정법이라는 것을 명확하게 강조한다고 보면 된다. 예를 들어 자살할 이유가 전혀 없는 잘 사는 친구가 고층건물 옥상에 있는 것을 보고 "If he jumped off the building, he would die."(건물에서 뛰어내리면 죽을 것이다)라고 가정법으로 말하면 'jumped'는 'jump(s)'로 들려 이 if 절은 단순가정으로도 들릴 수 있으므로 이 상황에서 "If he were to jump off the building"이라고 'were'에 강세를 주어 말하면 뛰어내릴 가능성이 전혀 없다는 speaker의 의사가 명확하게 전달된다.

*'과거' 동사를 사용한다고 가정법 '과거'라고 하지만 가정법 과거는 '현재' 사실의 반대를 가정하는 것과 주어의 인칭에 상관없이 be동사는 were로 변화되는 것에 유의해야 한다.

해석 1. 주택이 "있는 그대로" 상태로 팔리면 판매자는 눈에 보이거나 숨겨진 결함을 공개해야 한다. 2. 그녀는 불평이 있으면 학장에게 직접 편지를 쓸 것이다. 3. 내가 국회의원이라면 그 법안의 통과에 집중할 것이다. 4. Thomas Jefferson이 하루만 살아난다면, 총기규제법에 대한 그의 의견이 흥미로울 것이다. 5. 누가 그 정보를 위해 나에게 3백만 불을 제안한다면 나는 거절하지 않을 것이다. 6. 인류가 내일 사라진다면 지구는 어떻게 될까?

🔍 Further Study

1. If a person <u>does</u> not have an attorney, the court <u>will</u> appoint one.
2. What <u>would happen</u> to my children if I <u>were to die</u> suddenly tomorrow.
3. What <u>would</u> Stephanie <u>do if</u> she <u>woke up tomorrow</u> as a man?
4. How much power <u>could we</u> really <u>get if we slathered</u> every roof in America with solar panels?
5. <u>If I were to</u> join this group, I <u>would</u> have to act proud and hide my feelings of rejection and loneliness.

📖 **Guide** *1은 단순가정의 문장 *attorney[ətə́ːrni]: 변호사 4 *slather[slǽðər]: 듬뿍 바르다, 두껍게 칠하다 *solar panel: 태양 전지판

해석 1. 변호사가 없는 사람은 법원이 변호사를 정해 줄 것이다. 2. 내일 갑자기 내가 죽는다면 내 아이들은 어떻게 될까? 3. 스테파니가 내일 남자로 깨어난다면 그녀는 어떻게 할까? 4. 미국의 모든 지붕을 태양 전지판으로 덮는다면 얼마나 많은 전력을 실제로 얻을 수 있을까? 5. 만약 내가 이 그룹에 합류한다면 떳떳하게 행동하고 거부감과 외로움을 감춰야 할 것이다.

✅ devil's advocate

영미인들이 즐겨 쓰는 표현 중에 devil's advocate(악마의 옹호자)가 있다. 로마 가톨릭 교회의 시성(canonization: 죽은 사람을 성인으로 선언하는 행위) 과정에서 한 후보자의 canonization에 반대하는 역을 맡은 사람이 임명되어 반론을 제기하는 데서 비롯되었다는 이 표현은 상대방의 계획이나 생각 등에 내심 찬성할지라도 그 계획 등이 얼마나 잘 세워졌는지를 시험하려고 일부러 반대의견을 말하는 사람, 선의의 비판자를 뜻한다.

2 가정법 과거완료

---

1. If the doctors **hadn't operated** immediately, **she would have died**.
2. **I could if I had chosen have torn** you to pieces with bitter reproaches.
3. He **would have been** good-looking **if** a look of discontentment **hadn't shadowed** his features.
4. If I **hadn't been wearing** a seat belt, I'd have been seriously injured.

2 *I could if I had chosen have torn: If I had chosen, I could have torn *tear ~ to pieces: ~를 혹평하다, 산산조각으로 찢다 *reproach[ripróutʃ]: 비난, 책망(하다)
3 features: 이목구비, 얼굴, 용모 *discontentment [dìskəntɛ́ntmənt]: 불만족

---

*1의 If + 주어 + had pp, 주어 + 조동사의 과거 + have pp는 과거 사실의 반대를 가정하는 가정법 과거완료로서 '~이었더라면 ~이었을 텐데'의 뜻이다.
*if절은 예문 2와 같이 문장 가운데 올 수도 있으며(if I had chosen), 이런 문장은 일반적으로 if 절의 앞과 뒤에 comma를 하지만, 영미소설 등에서는 위 예문과 같이 comma가 없이 쓰이기도 하며, 이 경우 if 절이 어디서 끝나는지 문맥을 잘 살펴 판단해야 한다.
*예문 3은 if 절을 주절 뒤로 보내면 일반적으로 comma를 없애는 것을 보이는 문장이고, 4의 if + 주어 + had been -ing는 가정법 과거완료의 진행형이다.

[해석] 1. 의사들이 즉시 수술하지 않았더라면 그녀는 죽었을 것이다. 2. 내가 원했더라면 너를 혹독하게 비난할 수도 있었을 것이다. 3. 불만스러운 기색이 그의 얼굴에 드리워지지 않았더라면 그는 잘생겨 보였을 것이었다. 4. 안전벨트를 하고 있지 않았더라면 나는 중상을 입었을 것이다.

Further Study

1. <u>If I had lost</u> my eyes in the war, <u>I would have been</u> well taken care of.
2. <u>The air crash could have been prevented</u> <u>if authorities had paid</u> more attention to safety standards.
3. Things <u>would have been</u> different in the Far East if they <u>had not been allowed</u> to invade the country.

Guide 2 *air crash: 항공기추락(사고) *pay attention to: ~에 유의하다
*safety standard: 안전기준

해석 1. 나의 눈을 전쟁터에서 잃었더라면 나는 보살핌을 잘 받았을 것이다. 2. 그 항공기 추락 사고는 당국이 안전기준에 좀 더 유의했더라면 예방될 수 있었을 것이다. 3. 그 나라에 대한 그들의 침략이 허용되지 않았더라면 극동지역의 상황은 달라졌을 것이다.

⊘ **Do I know you?**

낯선 사람이 나에게 인사를 하면 우리는 "저를 아십니까?"(Do you know me?)로 물어보지만, 영미인들은 "Do I know you?"(제가 당신을 압니까?)를 보다 자연스럽고 공손한 표현으로 여긴다.

⊘ **gain ground**

전투에서 승리하거나 나무의 뿌리가 깊어지면 더 많은 땅을 차지하게 된다. 위 표현은 '(세력, 인기 등) 얻다, 전진하다'의 뜻으로 'They have been steadily gaining ground in national politics.'는 그들이 국가 정치에서 꾸준히 입지를 군혀오고 있다는 뜻이 된다.

1. **Had her heels been** any higher, walking would have been unfeasible.
2. **Were he white**, he believed, **he would have been voted** Manager of the Year.
3. **Should the agreement become** law, it'll be a major milestone for the workers.
4. **Had Harry Truman not made** the decision to fight to save us, **our country wouldn't** exist today.

1 *unfeasible[ʌnfíːzəbl]: 실행할 수 없는 4 *Harry Truman: 미국 33대 대통령

*가정법에서 if를 생략하면 주어와 동사의 위치가 바뀐다. 위 1~4의 예문들은 각 If her heels had been any higher, If he were white, If the agreement should become law, If Harry Truman had not made의 문장에서 if가 생략되고 주어와 동사가 도치된 문장이다. 위 예문들과 같이 가정법 과거완료 문장과 should와 were가 사용된 단순가정(단순조건문), 가정법과거의 문장은 if 생략 후 도치가 가능하다.

*예문 4는 가정법의 부정문이 도치될 때는 축약형을 쓰지 않는 것을 보여주고 있다: (×) Hadn't Harry Truman made~ (○) Were he not white (○) Should the agreement not become law

*예문 2,4는 내용상 가정법과거와 과거완료가 섞인 혼합가정법이다.

해석 1. 그녀 신발의 뒤꿈치가 더 높았더라면 걷기가 불가능했을 것이다. 2. 그는 자신이 백인이라면 올해의 매니저로 뽑혔을 것이라고 믿었다. 3. 그 협약이 법으로 제정된다면, 이것은 노동자들에게 하나의 중요한 이정표가 될 것이다. 4. 해리 트루먼이 우리를 구하기 위해 싸울 결정을 하지 않았더라면, 우리나라는 오늘날 존재하지 않을 것이다.

1. <u>Had the voters been</u> mostly white, the results would have been different.
2. I wouldn't be able to go to a private school <u>were it not for</u> my parents.
3. <u>Were she allowed</u>, she would punish him herself.
4. <u>If he were</u> professional, <u>he wouldn't have done</u> it like that.
5. <u>Had it not been for</u> climate change, global sea levels would have risen by less than half the amount they did in the 20th century.

Guide 1 Had the voters been: If the voters had been 2 were it not for: if it were not for 3 Were she allowed: If she were allowed 5 Had it not been for: If it had not been for *they did: global sea levels rose

해석 1. 유권자의 대부분이 백인이었더라면 결과는 달랐을 것이다. 2. 나의 부모님이 아니라면 나는 사립학교에 다니지 못할 것이다. 3. 그녀에게 허락된다면, 그녀가 직접 그를 처벌할 텐데. 4. 그가 프로라면 그런 식으로 하지 않았을 것이다. 5. 기후변화가 아니었더라면 지구의 해수면은 20세기에 비해 절반 이하로 상승했을 것이다.

⊘ put someone on the spot
'~를 (어려운 결정이나 질문에 답해야 하는) 곤란한 상황에 두다'는 의미로, "Don't put your friend on the spot by asking him if he can hire your nephew."는 친구에게 너의 조카를 취직시킬 수 있는지 물어서 그를 곤란하게 만들지 말라는 뜻이다.

4 if 절을 대신하는 표현들

1. **Military intervention in the country** would have probably turned into another quagmire.
2. **But for** his mediation, the deal would have ended in failure.
3. Thank goodness that I didn't move to the team. **Otherwise**, I would have quit baseball by now.
4. **Without** machinery and railroads, the agricultural revolution could not have taken place.

1 *intervention[intərvénʃən]: 개입, 중재, 간섭 *turn into: ~이 되다, ~로 변하다 *quagmire[kwǽgmàiər]: 궁지, 수렁 2 *mediation[mì:diéiʃən]: 중재, 조정 *end in: ~로 끝나다 3 *Thank goodness that~: ~라서 다행이다 4 *machinery [məʃí:nəri]: (집합적) 기계류 *agricultural revolution: 농업혁명

*명사(구), but for/without, otherwise 등은 가정법의 조건절을 대신할 수 있으며, 이는 전체문장을 살펴본 후 파악한다. but for/without가 가정법과거를 대신 할 때는 if it were not for(~가 없다면), 과거완료를 대신 할 때는 if it had not been for(~가 없었더라면)의 뜻이다.

*예문 1의 'would have probably turned'는 가정법과거완료 귀결절의 구조이기 때문에 'Military intervention in the country'는 내용상 If there had been military intervention in the country(그 나라에 군사개입이 있었더라면), it would have probably~와 같은 뜻이며, 2의 'But for his mediation' 역시 같은 이유로 If it had not been for his mediation(그의 중재가 없었더라면)을 대신하며, 3의 'Otherwise'는 내용상 If I had moved to the team(내가 그 팀으로 옮겨갔더라면)을 대신하고, 4의 'Without'은 If it had not been for machinery and railroads(기계와 철도가 없었더라면)를 대신하고 있다.

해석 1. 군사개입이 있었더라면 그 나라는 십중팔구 또 다른 수렁으로 변했을 것이다. 2. 그의 중재가 없었더라면 그 거래는 실패로 끝났을 것이다. 3. 그 팀으로 옮기지 않았던 것이 정말 다행이다. 그러지 않았더라면, 나는 지금쯤 야구를 그만두었을 것이다. 4. 기계와 철도가 없었더라면 농업혁명은 일어날 수 없었을 것이다.

1. <u>Without</u> the flood of grain flowing into the warehouses of the great cities, the industrial revolution would not have been possible.
2. I would not do so <u>in your place</u>.
3. I'm glad you told me about the game being canceled. <u>Otherwise</u> I'd have driven all the way to LA for nothing.

📖 **Guide** 1 *warehouse[wɛ́əhàus]: 창고, 저장소 *the industrial revolution 이하 주절의 문장이 가정법 과거완료이며, without는 가정법 과거완료의 if절(If it had not been for)을 대신한다. 2 in your place: if I were in your place 3 Otherwise: If you hadn't told me (about the game being canceled)

해석 1. 대도시들의 창고로 밀려 들어오는 곡물이 아니었더라면 산업혁명은 불가능했을 것이다. 2. 내가 너의 입장이라면 그렇게 하지 않겠다. 3. 게임이 취소된 것에 대해 알려 주어서 고맙습니다. 그러지 않았더라면 나는 LA까지 헛되이 운전해 갔을 것입니다.

✅ AAA와 CAA

마일리지가 높은 차를 타고 장거리 주행에 나서면 항상 염려스러운 게 "중간에서 고장 나면 어쩌지?"이다. 많은 북미인들은 AAA나 CAA에 가입하여 이런 걱정을 없애는데, AAA는 비영리단체인 American Automobile Association(미국자동차협회)의 initials(머리글자)로, A자가 3개이므로 Triple A라고 한다. 일정한 연회비를 내고 가입하면 자동차 비상사태 발생 시 견인(towing), 주유(refueling), 타이어 수리나 교체(tire repair or replacement) 등 다양한 도로 서비스 및 여행 정보를 제공받을 수 있기 때문에 오래된 차량을 소유한 사람들은 회원으로 가입해 두면 든든하다. 캐나다에서는 Canadian Automobile Association의 initials를 따 CAA라고 한다.

5 If 절이 생략된 가정법

1. **He would have been** great at politics; instead he'd worked in a car repair shop.
2. **I could have looked at** the date on that document. I didn't.

*위 예문들은 if절이 없는 가정법구조를 이루고 있으며, 이러한 문장들은 문맥에서 생략된 if절을 파악한다. 예문1은 문맥상 if he had been a politician(그가 정치가였더라면)이, 2는 if I had wanted(내가 원했더라면)가 각 문장 앞에 생략되었다고 보면 된다.

[해석] 1. 그는 정치에 능했을 테지만, 자동차수리소에서 일했다. 2. 나는 그 서류에 적힌 날짜를 볼 수도 있었지만, 그러지 않았다.

Further Study

1. Those watches look like <u>they could have been worn</u> on board the Titanic.
2. <u>Would you live</u> in a dwelling the size of a parking stall?
3. Sometimes I wish I had a time machine. <u>I could press a button and I would be back</u> in the time of the dinosaurs.
4. <u>Saturday would have been</u> his 81st birthday.

Guide 2 *dwelling[dwélin]: 주거(지), 주택 *parking stall: 주차구획

[해석] 1. 그 시계들은 타이타닉호에서 착용하고 있었을 것 같이 보인다. 2. 주차구획 하나만 한 크기의 주거지에 살겠습니까? 3. 가끔 나는 타임머신이 있으면 하고 바란다. 버튼을 누르면 공룡시대로 돌아갈 수 있을 텐데. 4. 토요일은 그의 81번째 생일이었을 것이다. (살아있었더라면)

6 as if/as though

1. He looked **as if** the burden of the whole world **sat** on his shoulders.
2. He worked miracles **as though** he **were** God.
3. She stared at me **as though** I **had come back** from the dead.
4. His uniform looked **as if** it **had been painted** on his body.
5. It sounded to me **as if** she **was looking** for a reason not to go.
6. It looks **as though** you **have** already **said** that.
7. It looks **as if** the world **is preparing** for war as nuclear threat re-emerges.

2 *work a miracle: 기적을 행하다 7 *re-emerge: 다시 나타나다

as if/ though	+ 가정법 과거(예문 1,2)	마치 ~처럼(사실과 반대)
	+ 가정법 과거완료(3,4)	마치 ~이었던 것처럼(사실과 반대)
	+ 직설법 (5,6,7)	~처럼, ~같이(사실이거나 사실일 가능성이 있음)
	*as if/though는 가정법이나 직설법구조가 따를 수 있으며, 특히 구어체에서 feel, look 등의 동사 다음에 as if/though + 직설법구조가 흔히 사용된다.	

해석 1. 그는 마치 온 세상의 짐을 어깨 위에 지고 있는 것 같이 보였다. 2. 그는 자신이 하느님인 것처럼 기적을 행했다. 3. 그녀는 내가 마치 죽음에서 돌아온 것처럼 나를 응시했다. 4. 그의 제복은 마치 그의 몸에 그려진 것처럼 보였다. 5. 나에게는 그것이 그녀가 가지 않으려는 이유를 찾는 것 같이 들렸다. 6. 당신이 이미 그 말을 했던 것 같습니다. 7. 핵 위협이 재등장하면서 세계는 전쟁준비를 하는 것 같다.

1. I remember feeling guilty for not stealing, <u>as though I were</u> wasting money.
2. She looked hard at him, <u>as if she could see</u> right through to his bones.
3. He hesitated a moment, <u>as if to tell me</u> more; but he thought better of it, and nodded goodbye.
4. When he returned, he resumed chatting with me <u>as though nothing had happened</u>.
5. When they moved into their home, they noticed a nauseating odor seeping in at all hours, <u>as if something sugary had burned</u> in the oven.
6. You look <u>as if you haven't slept</u> in days.

📖 **Guide** 2 *see through: 꿰뚫어 보다, 간파하다 3 *think better of: ~를 다시 생각하고 그만두다 *nod[nad]: 끄덕이다, 목례하다 4 *chat:[ʧæt] 담소(이야기)를 나누다 5 *nauseating[nɔ́:zièitiŋ]: 몹시 싫은, 구역질나게 하는 *seep[si:p]: (물기 등) 새어 나오다, 스며들다 *sugary[ʃúgəri]: 설탕의, 달콤한

해석 1. 나는 훔치지 않으면 마치 돈을 낭비하는 것과 같은 죄의식을 느꼈던 기억이 있다. 2. 그녀는 마치 그의 뼈까지 꿰뚫어 볼 수 있는 것처럼 그를 뚫어지게 쳐다보았다. 3. 그는 나에게 할 말이 더 있는 듯 잠시 망설이더니, 생각을 바꾸고는 고개를 끄덕여 작별인사를 했다. 4. 그가 돌아와서는 아무 일도 없었다는 듯이 나와 이야기를 다시 시작했다. 5. 그들의 집으로 이사했을 때, 그들은 마치 오븐에서 단 것이 탔을 때 나는 것과 같은 역겨운 냄새가 항상 스며드는 것을 알아차렸다. 6. 너는 며칠 동안 잠을 못 잔 것 같이 보인다.

✅ **get(have) cold feet**
'(계획했던 일에 대해) 갑자기 겁이 나다, 용기를 잃다'는 뜻 예 At the last minute, he got cold feet. (마지막 순간에 그는 겁먹었다.)

7 if only/I wish/it's time

1. **If only** the country's government **were** as beautiful as its beaches.
2. **If only** she **hadn't gone** out last night.
3. He is also a certified translator, though **he wishes he were** an astronaut.
4. **I wish** I **didn't** have to waste my time worrying about trivial matters.
5. **I wish they would talk(would have talked)** to me instead of my staff.
6. **I wish** someone **had told** me about postpartum depression.
7. **It's time to reconsider** our foreign policy.
8. **It is high time that** the government **reconsidered** its immigration policy.

6 *postpartum[pòustpά:rtəm]: 출산 후의(= postnatal[pòustnéitl])

*I wish와 if only 다음의 가정법 과거는 '~라면 좋을 텐데' 가정법 과거완료는 '~이었더라면 좋았을 텐데'의 뜻으로 각, 현재와 과거의 바램이나 불만 등을 나타낸다. 7의 it's time to~ 와 8의 it's (high/about) time (that) 주어 + 과거동사는 '~할 때이다'는 뜻이다. (It's time + 주어 + 과거 동사는 해야 하는 일을 아직 안 해서 조금 늦은 감이 있다는 의미를 내포하며, high나 about 가 time 앞에 붙으면 그 의미를 강조한다. 즉 예문 7의 it's time to~는 우리의 외교정책을 재고해야 할 때이며, 그 시기가 늦었다는 의미를 내포하지 않는 반면에, 8은 정부가 이미 이민정책을 재고해야 하는데 좀 늦었다는 의미로 들릴 수 있다.)

해석 1. 그 나라의 정부가 그곳의 해변만큼이나 아름다우면 좋을 텐데. 2. 그녀가 어젯밤에 외출하지 않았더라면 좋았을 텐데. 3. 그는 또한 자신이 우주비행사이기를 바라지만, 공인번역가이기도 하다. 4. 사소한 일로 걱정하며 내 시간을 낭비하지 않으면 좋을 텐데. 5. 그들이 내 직원에게가 아니라 나에게 말하면 좋을 텐데(말했더라면 좋았을 텐데). 6. 누군가가 나에게 산후우울증에 관해 말해 주었더라면 좋았을 텐데. 7. 우리의 외교정책을 재고할 때이다. 8. 정부가 이민정책을 재고할 때이다.

🔍 Further Study

1. <u>I wish I could</u> stay here all day.
2. <u>If only we knew</u> where to look for him.
3. <u>It's about time</u> the business <u>were</u> privatized.
4. <u>If only I could</u> glimpse into his mind.
5. <u>If only she had asked</u> someone's advice.
6. <u>He wished they had met</u> under different circumstances.
7. <u>I wish he were</u> aware of the situation.

Guide 3 *privatize[práivətàiz]: 민영화하다 4 *glimpse[glimps]: 잠깐 보다, 훑어보다 6 *circumstance[sə́ːrkəmstæns]: 상황, 환경

> 해석 1. 하루종일 여기서 지낼 수 있으면 좋을 텐데. 2. 그를 어디서 찾을 수 있는지 알 수 있으면 좋을 텐데. 3. 그 사업이 민영화되어야 할 때이다. 4. 그의 마음을 엿볼 수 있으면 좋을 텐데. 5. 그녀가 누군가의 조언을 구했더라면 좋았을 텐데. 6. 그는 그들이 다른 상황에서 만났었더라면 하고 바랐다. 7. 그가 그 상황을 인식하고 있으면 좋을 텐데.

⊘ for what it's worth

내가 말하려는 내용이 상대방에게 도움이 될지 불확실하거나, 그 내용에 대해 상대가 거부감을 느끼지 않도록 하기 위해 사용하는 표현으로, '나의 생각인데, 도움이 될지 모르겠지만'의 뜻이다. 예 For what it's worth, I don't think he meant to be mean to you. (나의 생각인데, 그가 너에게 못되게 굴려고 했던 것은 아니었던 것 같아.) *mean to: ~할 셈이다(meant-meant) *mean: adj. 심술궂은, 비열한

Unit

21

화법

화법

화법에는 남의 말을 인용부호를 사용하여 그대로 전달하는 직접화법(direct speech)과 인용부호를 쓰지 않고 남의 말을 접속사 that이나 if 등을 사용하여 간접적으로 전달하는 간접화법(indirect speech)이 있으며, 이 화법들 외에도 글쓴이가 직, 간접화법의 형식에 구애받지 않고 임의로 사용하는 혼합화법과 묘출화법도 있다.

1. "I ran when I got the news," Edwin said, his voice shaking.
2. He said, "Will you take me along with you?" But they replied, "No! you are to be left on the island."
3. "Sooner or later," **he says**, "the great men turn out to be all alike. They never stop working. They never lose a minute. It is very depressing."

3 *turn out: ~인 것으로 밝혀지다(드러나다), 모습을 드러내다 *depressing[diprésin]: 우울한, 우울하게 만드는

*남의 말을 그대로 전달하는 직접화법은 예문 1과 같이 opening double quote(")로 시작하여 피전달문을 적은 다음 끝나는 부분에서 comma(,)와 closing double quote(")를 하고 Edwin said와 같이 그 내용을 말한 사람을 알리거나(신문, 소설 등에서 많이 볼 수 있는 스타일임) 2와 같이 He said 등 + comma + opening double quote + 대문자(W)로 시작하여 남의 말을 그대로 전달한 다음 period(.)나, 의문이나 감탄문인 경우는 의문/감탄부호로 표시한 후 closing double quote(")를 더한다. (quote: quotation mark)

*3처럼 he says 등의 표현이 중간에 와 피전달문(인용부호 안의 문장)이 분리되는 경우에는 첫 부분이 끝나는 데서 comma한 다음 closing double quote를 하고, he says + comma + opening double quote를 한 다음 두 번째 인용문은 앞 문장의 계속이므로 고유명사가 아니면 소문자(t)로 시작한다.

해석 1. "그 소식을 듣고는 달려왔습니다."하고 에드윈은 떨리는 목소리로 말했다. 2. 그는 말했다. "저를 데려가 주시겠습니까?" 하지만 그들은 답했다. "안 돼! 너는 섬에 남아있어야 해." 3. "조만간" 그는 말한다. "위인들은 모두가 똑같다는 사실이 드러납니다. 그들은 절대 일을 멈추지 않으며, 절대로 1분도 지체하지 않습니다. 이것은 아주 우울한 일이죠."

4. Holmes **said** he **considered** requiring men to wear suits and ties during testimony. (= Homes said, "I consider requiring men ~ testimony.")
5. Walmart **said** most of its hourly workers **will** get raises next month.
6. He **said** he **had been called** fat.

4 *testimony[téstəmòuni]: (법정에서 하는) 증언 5 *Walmart: 미국의 대형 할인 매장 *hourly worker: 시급제 직원

4,5의 예시와 같이 that절 등을 이용하여 남의 말을 간접적으로 전달하는 간접 화법에서 that절의 시제는 주절 또는 that절의 내용에 따라 결정된다. 예를 들어 예문 4는 주절이 과거(said)이므로 that절도(said 다음 that 생략), 과거(considered)로 일치되었으며, 예문 5는 Walmart가 말 한 것은 과거(said)이지만 근로자들의 급료인상은 미래(next month)에 있을 것이기 때문에 said 이하의 목적절은 내용상 미래(will)로 표현되었다.
6의 문장은 그가 말했던 것은 과거이고, 그가 뚱뚱하다고 불렸던 것은 그 이전이기 때문에 과거완료 시제를 사용했으며 이를 직접화법으로 바꾸면 He said, "I was called fat."이 된다.

해석 1. 홈즈는 남자들이 증언할 때 정장과 넥타이를 매도록 하는 것을 고려했었다고 말했다. 5. 월마트는 대부분 시급제 직원들의 급여가 다음 달에 인상될 것이라고 했다. 6. 그는 뚱뚱하다고 불렸다고 말했다.

⊘ a/the slippery slope
눈 덮인 산비탈에서 미끄러지기 시작하면, 멈추기 힘들고 위험하다. 위 표현은 '일단 시작하면 중단하기 힘들고 더욱 악화될 수 있는 나쁜 상황이나 습관, 파멸의 길'을 뜻한다. 금주한 친구가 속상한 일이 있어 술을 마시려고 할 때, "If you drink that alcohol, you'll be on the slippery slope back to drinking again."이라면 그 술을 마시면 나쁜 음주 습관으로 되돌아간다는 뜻이 된다.

화법 II

> 7. He said that if he **were** grading her as a teacher, **he'd give** her an A.
> 8. He admitted, "My mother would say, 'You can hang up on cold-callers and still go to Heaven!'"
> 9. While I was untying my bundle Nancy came in, and now she was all smiles. She said **I am very glad to see you Grace, I am glad you have come.**
> 10. He was at a loss for words. **How dare she talk like that?**
>
> 8 *hang up on: ~의 전화를 끊어버리다 *cold-caller: (상품 판매를 위한) 전화 영업자
> 9 *untie[ʌntái]: 풀다, 끄르다 *bundle[bʌ́ndl]: 보따리, 꾸러미 *all smiles: 아주 행복해 보이는

*7의 가정법 문장은 간접화법에서 시제가 변화되지 않는다. 즉 예문 7은 직접화법으로 바꾸어도 He said, "If I **were** grading her as a teacher, **I'd give** her an A."가 된다.

8에서 알 수 있듯이 인용문 내에서 남의 말을 인용할 때는 single quotes(' ')로 표시한다.

*예문 9의 두 번째 문장은 내용은 직접화법의 피전달문이면서 인용부호가 없는 것을 보면 간접화법이다. 이런 화법을 '혼합화법'이라고 하며, 이 문장을 직접화법으로 바꾸면 다음과 같다. She said, "I'm very glad to see you Grace, I'm glad you have come." 혼합화법과 함께 영미 소설 등에서 볼 수 있는 10번의 두 번째 문장 같은 경우는 직접, 간접화법의 형식에 구애받지 않고 남이 말한 내용, 또는 작품 속 인물의 생각이나 심리를 작가가 주관적으로 표현하고 있으며, 이런 화법을 '묘출화법'이라고 한다. 학습자는 이런 화법들도 있다는 정도만 알면 된다.

[해석] 7. 그는 교사로서의 그녀에 대한 성적을 매긴다면 A를 주겠다고 말했다. 8 그는 "나의 어머니는 '콜드 콜러의 전화는 끊어도 천국 갈 수 있어!'라고 말하고는 했습니다."라고 인정했다. 9. 내가 짐을 푸는 동안 낸시가 들어왔는데, 그녀는 활짝 웃고 있었다. 나를 보고는 그레이스 만나서 반가워 라며 내가 와서 기쁘다고 그녀는 말했다. 10. 그는 말문이 막혔다. 그녀가 어떻게 감히 그렇게 말할까?

1. "I believe there are millions of archaeological sites left to find," she says.
   ⇨ She says that she believes there are millions of archaeological sites left to find.
2. I asked him, "Are you relieved that we are protecting your father?"
   ⇨ I asked him if he was relieved that we were protecting his father.
   *내용상 ~인지의 여부를 물어보았기 때문에 ask if 주어 + 동사의 구조를 사용하고 이 부분의 시제는 내용상 전달 동사(asked)와 일치시켰다.
3. Kenny said, "I'm sure I would have heard if my mother had died."
   ⇨ Kenny said that he was sure he would have heard if his mother had died.
   *피전달문의 가정법 과거완료 시제는 변화되지 않았음.
4. He said, "My words were taken out of context."
   ⇨ He said (that) his words had been taken out of context.
5. *역사적인 사실, 일반적인 사실은 간접화법에서도 시제가 변화되지 않는다.
   The teacher said, "President Richard Nixon resigned in 1974."
   ⇨ The teacher said that President Richard Nixon resigned in 1974.
   He said, "Maine is the northernmost state in New England."
   ⇨ He said that Maine is the northernmost state in New England.

📖 **Guide** 1 *archaeological site: 유적지 4 *be taken out of context: 전체 내용에서 일부만 (의도와 다르게) 인용되다

해석 1. 그녀는 발굴할 수 있는 고고학 유적지가 수백만 군데 남아 있는 것으로 믿는다고 한다. 2. 나는 그에게 우리가 그의 아버지를 보호하고 있어서 안심하는지 물었다. 3. 캐니는 자신의 어머니가 사망했더라면 분명히 그 소식을 들었을 것이라고 말했다. 4. 그는 자신의 말이 전체 내용에서 일부만 인용되었다고 했다. 5. 선생님은 "리차드 닉슨 대통령은 1974년에 사임했다."라고 말했다. 그는 "메인은 뉴잉글랜드의 최북단에 있는 주입니다."라고 말했다.

Unit

22

도치

1 부사(구, 절)/보어+동사+주어

2 so/neither/nor+동사+주어

3 부정어+의문문의 순서

Unit 22 도치

영어문장이 어려워지는 이유 중의 하나가 도치(inversion)되는 구조 때문이다. 일반 구조와는 달리 부사(구, 절), 분사, 전치사, 형용사 등으로 문장이 시작되면서 다음의 어순은 의문문이 아닌데 동사 + 주어로 바뀌는 도치 구조는 도치되는 부분이 어디까지인지와 다음에 따르는 주어와 동사 부분을 잘 파악해야 한다.

1 부사(구,절)/보어 + 동사 + 주어

1. **Only if you are bilingual can you apply** for the job.
2. **Only when he needs some help does he call** me.
3. **Tacked up on the walls are sketches** he and his colleagues have drawn.
4. **Away went Polly.**
5. **So light was her footfall, and so deep his melancholy,** that he was not aware of her presence till she spoke to him.

1 *bilingual[bailíŋgwəl]: 이중 언어를 구사하는 3 tack[tæk]:압정(으로 고정시키다) 5 *light[lait]: 가벼운 *footfall[fútfɔ̀ːl]: 발걸음, 발소리 *melancholy[mélənkɑ̀li]: 우울, 침울 *presence[prézns]: 존재

*부사(구,절)/보어 + 동사 + 주어의 어순으로 도치되는 구조는 주로 문어체에서 부사(구,절)/보어의 의미를 강조하거나 문장의 균형, 또는 영시 등에서 운율을 맞추기 위해 쓰인다. 예문 1은 'You can apply for the job only if you are bilingual.' 문장의 부사절 'only if you are bilingual'이 앞으로 가면서 남은 부분은 의문문의 어순으로 도치되었으며, 2는 'He calls me only when he needs some help.'의 문장이 같은 요령으로 부사구 'only when he needs some help'가 앞으로 가면서 나머지는 의문문 어순으로 도치되었다.
*예문 3은 보어 부분(Tacked up on the walls), 4는 부사(Away), 5는 보어 부분(So light와 so deep) 이 각 문장의 앞으로 가면서 도치된 문장들이며(5의 so deep 다음에는 was가 생략되었음) 이들의 정상 어순은 3과 4는 'Sketches he and his colleagues have drawn are tacked up on the walls.'와 'Polly went away.'이며, 5는 'Her footfall was so light and his melancholy so deep, that he ~.'이다.

해석 1. 이중 언어를 구사해야만 그 일자리에 지원할 수 있다. 2. 도움이 필요할 때만 그는 나에게 전화한다. 3. 벽에 붙어있는 것은 그와 그의 동료들이 그린 스케치들이다. 4. 폴리는 가버렸다. 5. 그녀의 발걸음이 너무나 가볍고 그의 우울감이 너무 깊었기 때문에 그녀가 말을 걸 때까지 그는 그녀의 존재를 알지 못했다.

1. <u>Gone are the days</u> when the writer's fans believed she could do no wrong.
2. <u>Taped on their dashboards</u> are photographs of their dogs.
3. <u>Stacked on my desk next to the computer</u> was a foot-high pile of newspapers.
4. <u>Only by shouting</u> was he able to make himself heard.
5. <u>With no one other than Liz</u> did Jane discuss her efforts to become a reporter.
6. <u>Where Jason was</u>, she didn't know.
7. <u>Blessed are those</u> with the emotional, physical, and economic resources to heal.

📖 **Guide** 1 *Gone are the days: The days are gone 2 *문장의 주어는 photographs of their dogs임 3 *'A foot-high pile of newspapers was stacked on my desk next to the computer.'의 도치 문장 *be stacked: 쌓이다 4 *'He was able to make himself heard only by shouting.'이 도치됨. *make himself heard: 그의 목소리가 남에게 들리게 하다 *5와 6의 정상어순은 'Jane discussed her efforts to become a reporter with no one other than Liz.', 'She didn't know where Jason was.'임. *6번 문장은 know의 목적절 where Jason was가 앞으로 간 구조임. 7 *보어 'Blessed'가 문장 앞으로 가면서 동사(are) + 주어(those~문장 끝까지)의 순서로 도치됨.

해석 1. 그 작가의 팬들이 그녀가 잘못할 수 없다고 믿던 시대는 지났다. 2. 그들의 대시보드에 테이프로 붙어있는 것은 그들의 개 사진들이다. 3. 내 책상 위의 컴퓨터 옆에 쌓여있는 것은 1피트 높이의 신문 더미였다. 4. 소리를 질러야만 그는 자신의 목소리를 들리게 할 수 있었다. 5. 제인은 리즈 이외는 누구와도 기자가 되기 위한 자신의 노력에 대해서 상의하지 않았다. 6. 제이슨이 어디에 있는지 그녀는 몰랐다. 7. 치유할 정서적, 육체적, 경제적 자원이 있는 사람들은 복 받은 자들이다.

2 so/neither/nor + 동사 + 주어

1. Smokers' breath stinks, **and so do their clothes, houses and cars**.
2. Enthusiasm encourages musicians, **but so does money**.
3. The fans do not want their team besmirched, **and neither do the team owners**.
4. We have done nothing for the nation, **and neither have they**.
5. Keith was not at home, **nor was he** at work yesterday.
6. I don't like phones that are paper light, **nor do I** like them brick heavy.
7. **As** energy industry booms, **so do related businesses**.
8. **Just as** the leg has muscles to walk with, **so does the brain** "muscles" to think with.

3 *besmirch[bismə́:rʧ]: (평판, 명예 등을) 더럽히다 *team owner: 구단주

1, 2	so + v + s	긍정문 다음에서 's도 그러하다'	*1~4에서 so, neither는 부사로 쓰여 앞에 접속사 and, but이 놓였다.
3, 4	neither + v + s	부정문 다음에서 's도 아니다'	
5, 6	nor + v + s	부정문 다음에서 's도 아니다'	*여기서 nor는 접속사로서 다른 접속사가 쓰이지 않았다.
7, 8	*as A(s + v), so B(v + s) *Just as A(s + v), so B(v + s)	*A가 ~하는(인) 것처럼 B도 ~하다(이다) *A가 ~하는(인) 것과 꼭 같이 B도 ~하다(이다)	

*so, neither, nor 다음의 동사는 앞 문장에서 쓰인 동사에 따라 결정된다. 예문 1은 앞 절에서 일반 동사(stinks)를 썼기 때문에 so 다음에 대동사 do(= stink)를 사용했으며, 4는 앞에 조동사 have가 있어 뒤에 같은 조동사 have가 따랐고 5는 앞 절에 be동사를 사용했으므로 nor 다음에도 be동사가 왔으며, 8에서도 'Just as' 절에 일반동사 has가 왔기 때문에 so 다음에 대동사 does(= has)를 사용했다. (조동사에서 다뤘듯이 have는 완료시제에서는 조동사, '가지다'의 뜻일 때는 일반 동사임.)

🔍 Further Study

1. Nationalism doesn't threaten peace, <u>nor does the EU</u> preserve it.
2. Unemployment rate rises, <u>but so does hiring</u>.
3. <u>As</u> her income rose, <u>so did her spending</u>.
4. <u>When</u> predators vanish, <u>so does the ecosystem</u>.
5. They didn't oppose the proposal, <u>but neither did they</u> approve it.

📖 **Guide** 1 *EU: European Union(유럽연합) *preserve[prizə́:rv]: 보존(유지)하다 *3과 4에서는 접속사 as와 when이 있으므로 so 앞에 다른 접속사가 필요 없음. 4 *predator [prédətər]: 포식자

[해석] 1. 민족주의는 평화를 위협하지 않으며, 유럽연합이 평화를 보존하는 것도 아니다. 2. 실업률이 증가하지만, 고용도 그러하다. 3. 그녀의 소득이 높아지면서 지출도 증가했다. 4. 포식동물이 사라지면 생태계도 없어진다. 5. 그들은 그 제안에 반대하지 않았지만, 찬성하지도 않았다.

✓ fat-finger

살찐 손가락은 키보드를 잘못 누르기 쉬운 데서 유래한 위 표현은 '실수로 한 손가락으로 두 개의 키를 누르다, 잘못 누르다'는 뜻이다. 예 You must have fat-fingered your password. (패스워드를 잘못 누른 게 분명해.)

3 부정어 + 의문문의 순서

1. **Never before have I been** asked to accept a bribe.
2. **Not only did he serve** an unprecedented four terms in office, but he was also the first president with a significant physical disability.
3. **Not until 1772 did he come** across a book on astronomy.
4. **Rarely do we ask** ourselves why we make the choices we make.
5. **On no account did he wish** to offend Your Highness.
6. **Seldom did the lawyer object** to testimony if he saw no benefit in doing so.
7. **No sooner had he shouted** at her than he regretted it.
8. **Scarcely had he completed** the 100-meter dash when he was seized with giddiness.
9. **Hardly had I spoken** before he left the room.

2 *serve a term (in office): (공직에서) 임기를 보내다 *unprecedented[ʌnprésidentid]: 전례 없는 *significant[signífikənt]: 중요한, 상당한 3 *come across: 우연히 발견하다 (만나다), 이해되다 *astronomy[əstrάnəmi]: 천문학 5 *on no account: not ~ on any account 결코(절대로) ~않다(아니다) *offend[əfénd]: 기분을 상하게(불쾌하게) 하다 *Your (Royal) Highness: 전하 6 *doing so: objecting to testimony 8 *dash: 단거리 경주 *be seized with: (공포 등에) 사로잡히다, (병 등에) 걸리다 *giddiness[gídinis]: 현기증

*부정어로 시작되는 문장은 그다음의 구조가 위 예문들과 같이 의문문의 어순으로 도치되며, 이런 문장들은 부정 부분을 강조하거나 문장에 변화의 효과 등을 준다.
*7과 8의 no sooner ~ than, scarcely~ before(when), hardly ~ when (before)는 '~하자마자, 채 ~하지 않아 ~했다'의 뜻이다.

[해석] 1. 나는 뇌물을 받도록 요청받은 적이 없다. 2. 그는 전례 없이 대통령을 네 번 지냈을 뿐만 아니라 심한 신체적 장애가 있던 최초의 대통령이었다. 3. 1772년이 되어서야 그는 천문학에 관한 책을 우연히 접하게 되었다. 4. 우리가 하는 선택에 대해서 그 이유를 자문하는 경우가 드물다. 5. 그는 결코 전하의 기분을 상하게 하고 싶지 않았습니다. 6. 그 변호사는 증언에 이의를 제기하는 것이 득이 되지 않으면 좀처럼 이의를 제기하지 않았다. 7. 그녀에게 소리를 지르자마자 그는 그것을 후회했다. 8. 100 미터 달리기를 끝내자마자 그는 현기증에 사로잡혔다. 9. 내가 말을 하자마자 그는 방을 나가버렸다.

🔍 Further Study

1. <u>No sooner had he spoken</u> than he heard three horses coming from the north. (= He had no sooner spoken)
2. <u>Scarcely had he swallowed</u> the last spoonful, when there came a soft rap at the door. (= He had scarcely swallowed)
3. <u>Seldom do I feel</u> the need to explain myself. (= I seldom feel)
4. <u>No longer do we turn</u> a blind eye to their misbehavior. (= We no longer turn)
5. <u>Never before have the party's nominees been</u> over 65. (= The party's nominees have never before been)
6. <u>Not only is prematurely going into a care home</u> bad for a senior's own health, it takes up a bed that could be used by someone more in need. (= Prematurely going into a care home is not only)

📖 **Guide** 2 *rap[ræp]: 톡톡 두드림(두드리다) 3 *explain oneself: 심중을 털어놓다, 자신의 행동(입장)을 해명(변명)하다 6 *care home: 요양원

> 해석 1. 말을 하자마자 그는 세 마리의 말이 북쪽에서 오는 소리를 들었다. 2. 마지막 한 스푼을 그가 삼키자마자 문을 가볍게 두드리는 소리가 들렸다. 3. 나 자신을 설명할 필요성을 거의 느끼지 않는다. 4. 우리는 더 이상 그들의 잘못된 행동을 외면하지 않는다. 5. 그 당의 후보자가 65세 이상인 적은 없었다. 6. 조기에 요양원에 입소하는 것은 노인 자신의 건강에 해로울 뿐만 아니라, 이것은 도움이 더 필요한 사람이 사용할 수 있는 침대를 차지하는 것이다.

⊘ Bob's your uncle

삼촌 Bob이 수상(prime minister)이면 조카가 쉽게 한자리하던 시절이 있었다. Bob's your uncle은 '(어떤 지시나 일이)단순하고 쉽다, 식은 죽 먹기다'는 뜻이다. ⓔ You just press this button, and Bob's your uncle! (이 버튼을 누르기만 해, 식은 죽 먹기야!)

부정문

Unit 23 부정문

no one, none, neither 등을 사용하여 만드는 전체부정과, '반드시 ~는 아니다'는 의미의 부분부정 및 "사건이 터지지 않는 날은 하루도 없어."와 같이 부정을 반복하여 매일 사건이 일어나는 의미를 강하게 표현하는 이중부정의 형태를 이 장에서 학습한다.

1 no one/none/neither

1. **No one likes** getting their nails done more than I do.
2. **None of the money was** retrieved.
3. **None of these awesome photos has** been digitally modified.
4. **Neither candidate is** brave enough to tackle these issues.
5. **Neither of the presidential candidates is** talking about economic growth.

1 *get nails done: 손톱 손질을 하다(받다) 3 *awesome[ɔ́:səm]: (informal) 멋진 *be digitally modified: 디지털 방식으로 수정되다 4 *issue[íʃuː]: (분쟁 중인) 문제(점), 쟁점, 논점 5 *presidential candidate: 대선후보

⊘ lose one's touch
'기량, 솜씨가 떨어지다, 감을 잃다'는 뜻으로 "Mom used to make delicious cream sauce, but she seems to have lost her touch."라면 엄마는 맛있는 크림 소스를 만들곤 했지만, 솜씨가 떨어진 것 같다는 의미다.

no one: 아무도 ～아니다(nobody)	＋단수 동사(예문1) *no 용법은 'Unit 8 형용사, 3 수/양에 다 쓰이는 표현'참고
none of ～: (셋 이상) ～중 아무(것)도～아니다	＋불가산 명사＋단수 동사(예문 2) ＋가산명사 복수＋단수 또는 복수 동사(3에 'has' 가 왔음.) *이 경우 단수동사파와 복수동사파로 나누어지는데, formal 한 영어에서는 none을 not one으로 여겨 단수 동사를 사용.
neither: (둘 중) 어느 것도 ～아니다	＋단수 명사＋단수 동사(예문 4)
neither of ～: ～ (둘 중) 어느 것도 ～아니다	＋복수명사＋단수/복수 동사 (formal 한 영어에 서는 단수 동사)

해석 1. 나보다 손톱손질 하기를 좋아하는 사람은 없다. 2. 돈은 하나도 회수되지 않았다. 3. 이 멋진 사진 중 디지털 방식으로 수정된 것은 하나도 없다. 4. 두 후보 모두 이 문제들을 다룰 만큼 용감하지 않다. 5. 두 대통령 후보 모두 경제성장에 관해서는 언급하지 않고 있다.

🔍 Further Study

1. <u>No one takes</u> him to be a happy man.
2. Neither <u>design has</u> any means of providing privacy.
3. <u>None of the villagers was</u> displaced from their homes.
4. <u>Neither of the two men was</u> identified.
5. <u>Neither is persuasive</u>.

🫖 **Guide** 1 *take A to be～: A를 ～라고 여기다(보다) 3 *villager[vílidʒər]: 마을 사람 *displace[displéis]: (전쟁 등으로 살던 곳에서) 쫓아내다, 대신(대체)하다, 5 *neither 은 대명사로 '(둘 중) 어느 쪽도 ～아니다'는 뜻 *persuasive[pərswéisiv]: 설득력 있는

> 해석 1. 아무도 그를 행복한 사람으로 여기지 않는다. 2. 두 디자인 모두 프라이버시를 제공할 수단이 없다. 3. 자기 집에서 쫓겨난 마을 사람은 아무도 없었다. 4. 두 남자 모 두 신원이 확인되지 않았다. 5. 양쪽 다 설득력이 없다.

⊘ somebody's neck of the woods
'～가 사는 곳, 지역'을 뜻하는 표현으로 "We have a lot of snow in my neck of the woods."라면 내가 사는 곳에는 눈이 많이 온다는 뜻이 된다.

2 부분부정

1. **Not everyone** is cut out to be a caregiver.
2. **Not all** reading disabilities are dyslexia.
3. Experience is **not necessarily** required for the job.
4. Some say that democracy is **not always** the best form of government.

1 *cut out to be~: ~에 적합한(적격인) *caregiver[kɛ́ərgìvər]: 간병인, (아이, 노약자를) 돌보는 사람 2 *reading disability: 읽기 장애 *dyslexia[disléksiə]: 난독증, 독서장애 3 *be required for: ~를 위해 요구되다

*not every, not all, not necessarily, not always, not entirely 등은 부분부정으로 '모두다, 반드시, 항상, 전적으로 ~는 아니다'의 뜻이다.

해석 1. 모든 사람들이 다 간병인 적임자인 것은 아니다. 2. 읽기 장애라고 해서 모두가 난독증은 아니다. 3. 그 일에 반드시 경험이 요구되는 것은 아니다. 4. 일부 사람들은 민주주의가 반드시 최고의 정부 형태인 것은 아니라고 말한다.

🔍 Further Study

1. Homer's conclusions are <u>not entirely</u> without merit.
2. Life with a new baby is <u>not always</u> what you expect.
3. Organic farming does <u>not necessarily</u> have lower overall environmental impacts than conventional farming.
4. <u>Not everyone</u> grows up to be an astronaut.
5. <u>Not all</u> of the victims were foreigners.

 Guide 1 *merit[mérit]: 가치, 훌륭함, 장점 3 *organic farming: 유기농업(농법)

해석 1. 호머의 결론이 전혀 장점이(근거가) 없는 것은 아니다. 2. 신생아와의 삶은 반드시 기대하는 것과 같지는 않다. 3. 유기농업이 재래식 농업보다 전반적으로 환경에 미치는 영향이 반드시 낮은 것은 아니다. 4. 모든 사람이 자라서 우주비행사가 되는 것은 아니다. 5. 피해자 모두가 외국인은 아니었다.

3 이중부정

1. **Rarely** a day goes by **without** someone being wheeled into the emergency room.
2. It's **never too** late **to** start exercising for health.
3. I **cannot** visit anyone's house **without** being told they grow their own vegetables.
4. **Never** a week passed that I **did not** visit them.

1 wheel[hwiːl]: v. (바퀴 달린 것에) 태우고 가다

*rarely A without~(~하지 않는 A는 거의 없다), never too A to ~(A 해서 ~ 못하는 것은 절대로 아니다), cannot/never A without ~(A하면 반드시 ~한다) 등과 같이 부정의 표현이 겹치는 문장은 긍정의 의미를 강조한다.

[해석] 1. 누군가가 응급실에 실려 오지 않고 지나가는 날은 거의 없다. 2. 건강을 위해 운동을 시작하기에 늦은 것은 절대로 아니다. 3. 나는 누군가의 집을 방문하면 반드시 그들은 자신의 채소를 기른다는 말을 듣는다. 4. 내가 그들을 방문하지 않고 지나가는 주는 한 번도 없었다.

⊘ **get something off one's chest**
고민거리 등을 가슴에서 털어놓으면 후련해진다. 이 표현은 '(말하고 싶은 것을, 가슴에 있던 것을) 말하여 마음의 부담을 덜다'는 뜻이다. 예 What's bothering you? Get it off your chest. (무엇이 당신을 괴롭히나요? 후련하게 털어놔요.)

1. He will <u>not</u> make a commitment to a four-year university <u>unless</u> he really feels strongly that it'll benefit him.
2. <u>Barely</u> a day has gone by <u>without</u> some decision from his office.
3. <u>Not unlike</u> other unpleasant things, crying happens.
4. You <u>cannot not</u> love this place.
5. <u>No</u> person will make you happy <u>unless</u> you decide to be happy.
6. It's <u>not too late to save</u> our shared cultural heritage.
7. It's <u>never too late to man up</u>.

📖 **Guide** 7 *man up: (informal) 남자답게 행동하다

> 해석 1. 대학공부가 유익할 것이라고 진정으로 강하게 느끼지 않으면 그는 4년제 대학 공부에 전념하지 않을 것이다. 2. 그의 사무실에서 어떤 결정을 내리지 않고 지나가는 날은 거의 없었다. 3. 다른 불쾌한 일들과 같이 울 일이 생긴다. 4. 이곳을 사랑하지 않을 수 없다. 5. 스스로 행복하겠다고 결심하지 않으면 아무도 당신을 행복하게 하지 않을 것이다. 6. 우리의 공유문화유산을 구하기에는 아직 늦지 않다. 7. 남자답게 행동하기에 결코 늦은 것은 아니다.

✅ keep someone on his/her toes

체중을 발가락(toe) 쪽으로 실으면 행동을 취할 준비가 되면서 긴장하게 된다. 위 표현은 '(예측할 수 없는 일 등이) ~를 긴장시키다, 방심하지 못하게 하다'는 뜻이다. 예 He always finds ways to keep his students on their toes. (그는 항상 학생들을 방심하지 못하게 할 방법을 찾는다.)

Unit

24

기타구조

기타구조

1 동격/삽입

1. There is no daylight between us and **our most reliable ally, the United Kingdom.**
2. **The fact that she is your friend** should not affect your decision.
3. **Despite the fact that it is difficult to obtain mining insurance**, it is not altogether impossible.
4. The teacher began drumming into the student **the idea that she should see herself as a regular, pretty girl.**
5. We justify sitting on the couch based on **the belief that it's good to rest**.
6. Children are succumbing to these illnesses **due to the fact that** they lack access to clean drinking water, proper sanitation and hygiene.
7. She swore at him and then, **to make matters worse**, she accused him of stealing her money.

4 *drum ~ into ...: ~를 ...에게 주입 시키다, 가르치다 6 *succumb to~: ~에 굴복하다 *sanitation[sæ̀nətéiʃən]: 하수설비, 위생 설비 *hygiene[háidʒiːn]: 위생학, 위생(상태)

*동격은 두 개의 명사(구)가 나란히 놓여 두 번째 명사(구, 절)가 앞의 명사(구)를 보충 설명하며 동등한 관계를 이루는 것을 말한다. 예문 1에서 the United Kingdom은 our most reliable ally와 동격관계이다.

*the fact that~(~라는 사실), despite/in spite of the fact that~(~라는 사실에도 불구하고), the idea/belief that~(~라는 생각/믿음), due to the fact that~(~라는 사실 때문에) 등의 구조에서 that은 앞 명사와 동격 관계의 절을 이끈다.

*삽입은 7과 같이 문장구조와는 상관없는 추가정보를 comma(,)로 덧붙이는 표현으로 다음은 그 예들이다: what is better(금상첨화로), what is worse(설상가상으로), on the other hand(한편으로는), in addition(게다가), by the way(그런데), at best(기껏해야), at worst(최악의 경우에), nevertheless(그럼에도 불구하도), accordingly(따라서), however(하지만), consequently(결과적으로), that is(즉), moreover(게다가), if any(설사 있다 하더라도), so to speak(말하자면), what is more important (더욱 중요한 것은) 등등.

해석 1. 우리와 우리가 가장 신뢰하는 동맹국인 영국과의 관계는 밀착되어있다. 2. 그녀가 당신의 친구라는 사실이 당신의 결정에 영향을 미쳐서는 안 됩니다. 3. 광업 보험에 가입하기 힘든 사실에도 불구하고, 전혀 불가능한 것은 아니다. 4. 교사는 그 학생에게 자신을 정상적인 예쁜 소녀로 보아야 한다는 생각을 심어주기 시작했다. 5. 우리는 휴식을 취하는 것이 좋다는 믿음에 근거하여 소파에 앉는 것을 정당화시킨다. 6. 어린이들은 깨끗한 식수와 적절한 하수설비 및 위생을 접할 수 없기 때문에 이러한 질병에 걸리고 있다. 7. 그녀는 그에게 욕을 했고 설상가상으로 그가 자신의 돈을 훔쳤다고 비난했다.

⊘ there is no daylight between A and B

두 사람이 떨어져 있으면 두 그림자(shadow) 사이에는 햇빛(daylight)이 비치지만, 밀착해 있으면 두 그림자는 하나가 되어 사이에 햇빛이 보이지 않는다. 'there is no daylight between A and B'는 'A와 B의 사이는 밀착되어있다, A와 B의 의견, 입장에는 차이가 없다'의 뜻으로, 여기서 daylight는 '견해나 입장 등의 차이, 거리(distance)'의 의미로 쓰이고 있다. 예 There's no daylight between the two countries when it comes to stopping North Korea from developing a nuclear weapon. (북한의 핵무기 개발을 막는 데 있어 두 나라 사이의 입장에는 차이가 없다).

1. What makes the house important is the fact that it was designed by one of the most prestigious architects. (the fact = that ∼ architects)
2. The news came over the weekend that the philosopher had died, at the age of 101. (The news = that ∼ 101)
3. The notion that an injured person has a right to his or her day in court is deeply ingrained in American culture. (The notion = that ∼ in court)
4. Due to the fact that Socrates wrote nothing regarding his philosophical insights and methods, we are left to glean the essence of his works from the writings of others. (the fact = that ∼ methods)
5. Because Thompson was born without a nose, he must use a tracheostomy tube, a tube that will assist his breathing. (a tracheostomy tube = a tube ∼ his breathing)
6. Few American cities, if any, can beat New Orleans for musical offerings.

Guide 1 *prestigious[prestídʒəs]: 유명한, 명망 있는 3 *injured [índʒərd]: 부상을(피해를) 입은 *day in court: 법정 출두일, 변론할 기회 *ingrain[ingréin]: 깊이 배게 하다, 심어주다, 뿌리내리게 하다 4 *philosophical insight: 철학적 통찰력 *method [méθəd]: 체계, 방법(론) *glean[gliːn]: (정보 등을 조금씩) 모으다, (이삭 따위) 줍다

해석 1. 그 집을 중요하게 만드는 것은 가장 유명한 건축가 중의 한 사람에 의해 설계되었다는 사실이다. 2. 그 철학자가 101세의 나이로 별세했다는 소식이 주말에 전해졌다. 3. 피해자가 법정에서 변론할 권리가 있다는 개념은 미국문화에 깊이 뿌리박혀 있다. 4. 소크라테스는 자신의 철학적 통찰력과 방법론에 관해 기록을 남긴 것이 없기 때문에 우리는 다른 사람들의 문헌들을 통하여 그의 작품의 본질을 얻어야 한다. 5. 톰슨은 코가 없이 태어났기 때문에 호흡 보조 튜브인 기관절개관을 사용해야 한다. 6. 미국 도시 중 음악 제공 부문에서 뉴올리언스를 능가하는 도시는 거의 없다.

2 감탄문/수사의문문

---

1. **How** intriguing!
2. **What** a guy!
3. **What** a small world!
4. **What** a cute couple you make!
5. If you wrong us, **shall we not revenge**?
1 *intriguing[intríːɡin]: (신비롭거나 특이해서) 아주 흥미로운 5 *wrong: ~에게 해를 끼치다, 모욕을 주다

---

*감탄문은 의문사 다음에 명사가 없으면 how + 형용사/부사 + (s + v)!, 명사가 있으면 what (a/an) + (형용사) + 명사 + (s + v)!의 어순으로 표현한다.

*예문 5와 같이 의문문이지만 yes/no의 답을 기대하지 않고, 말하는 사람의 표현을 강조하기 위해 반어적으로 쓰이는 의문문을 수사의문문(rhetorical question)이라 한다.

[해석] 1. 얼마나 흥미로운가! 2. 멋진 남자네! (빈정대는 의미로 쓰일 수도 있음) 3. 세상 참 좁구나! 4. 너희들 참 귀여운 커플이구나! 5. 당신이 우리에게 해를 가하면 우리는 복수하지 않겠습니까?

🔍 Further Study

1. <u>How</u> desperate he is to win!　2. <u>What</u> a horrible sight it was!
3. <u>What</u> a shame (it is)!　　　　4. <u>What</u> big eyes you have!
5. <u>What</u> an extraordinary thing to say!
6. <u>How</u> beautiful the budding flowers are!
7. What have you done for me? What haven't I done for you so far?

[해석] 1. 그는 얼마나 필사적으로 이기려고 하는지! 2. 얼마나 끔찍한 광경이었던지! 3. 참 수치스럽구나! 4. 눈이 참 크네요! 5. 얼마나 놀라운 말인가! 6. 싹이 트는 꽃들이 얼마나 아름다운지! 7. 나를 위해서 한 것이 뭐니? (한 것이 없다는 뜻) 지금까지 너를 위해서 안 한 것이 뭐니? (안 한 것이 없다는 뜻)

생략표현

---

1. They obviously crossed a line they **shouldn't have**.
2. **Those who could** made their way to the embassy.

---

*생략 가능한 반복표현은 생략하여 문장을 간결하게 한다. 예문 1은 shouldn't have 다음에 crossed가 생략되었으며, 2번의 경우 조동사 could 다음에는 동사원형이 와야 하는데 어디에 숨었을까 하는 의문을 가져보면 those who could 다음에 make their way to the embassy가 생략되었다는 답이 나온다. 즉 2번은 'Those who could make their way to the embassy made their way to the embassy.'가 생략된 표현이다.

[해석] 1. 그들은 명백히 넘지 말아야 할 선을 넘었다. 2. 대사관으로 갈 수 있던 사람들은 갔다.

✅ when pigs fly

돼지가 하늘을 날 리가 없다. 남의 말에 우스갯소리로 when pigs fly(또는 pigs can/might fly)라면 '가능성이 전혀 없다. (그런 일이 있으면) 내 손에 장을 지진다'의 뜻이 된다. 예를 들어 부모 속을 썩이는 골칫덩어리(black sheep) 아들이 "I'll make you happy one day."라는데 엄마가 "When pigs fly."라면 '어느 세월에'의 뜻이다.

Further Study

1. You should not mistreat an animal just because you <u>can</u>.
2. She didn't know their minds the way she <u>used to</u>.
3. 3,500 houses have been flooded and 2,500 people <u>forced</u> from their homes.
4. We are sisters but our personalities are as different as <u>Mom's and Dad's</u>.
5. There are many men who would love to spend more time raising their children, but they feel <u>unable to</u> because of the impact on their careers and earning ability.

Guide 1 *mistreat[mɪstríːt]: 학대하다 *can: can mistreat an animal 2 *used to: used to know (their minds) 3 *forced: have been forced 4 *Mom's and Dad's: Mom's and Dad's personalities 5 *unable to: unable to spend more time raising their children

---

해석 1. 동물을 학대할 수 있다는 이유만으로 학대해서는 안 된다. 2. 그녀는 예전처럼 그들의 마음을 알지 못했다. 3. 3,500채의 가옥이 침수되었으며, 2,500명이 그들의 집에서 대피해야 했다. 4. 우리는 자매지만, 성격은 엄마와 아빠의 성격만큼이나 다르다. 5. 자녀 양육에 더 많은 시간을 할애하고 싶지만, 자신의 직업과 수입능력에 미치는 영향 때문에 그렇게 할 수 없다고 느끼는 남자들이 많다.

⊘ under someone's thumb
엄지손가락 아래에 있는 것은 마음만 먹으면 눌러버릴 수 있다. 절대왕권과 힘없는 백성을 비유하던 위 표현은 '~의 통제/영향 아래에 있는'의 뜻이다. 예 She's got her husband under her thumb. (그녀는 남편을 꽉 잡고 있다.)

⊘ take something with a grain of salt
'~를 곧이곧대로 믿지 않다, 적당히 걸러 받아들이다'의 뜻으로 쓰이는 표현이다. 예 You'd better take anything he says with a grain of salt. He tends to exaggerate. 그가 말하는 것은 무엇이든 곧이곧대로 믿지 않는 것이 나을 것이다. 그는 과장하는 경향이 있어.

4 사물주어

> 1. **Puberty** put a crack in his voice.
> 2. **Gloom** had possessed him ever since Christmas Eve.
> 3. **The calendar** tells us that winter is over. **The snow** outside our windows suggests otherwise.
> 4. **Cheese thinks** it's far superior to bread.
>
> 1 *puberty[pjúːbərti]: 사춘기 2 *gloom[gluːm]: 우울(해지다), 어둠침침함 *possess [pəzés]: 소유하다

*영어에서는 사물이나 추상명사 등을 주어로 사용하여 이 주어를 강조, 의인화 (personification)하거나 문장을 간결하게 만드는 경우를 흔히 볼 수 있다.

해석 1. 사춘기가 그의 목소리를 갈라놓았다. 2. 크리스마스이브 이후로 우울증이 그를 사로잡았다. 3. 달력은 겨울이 끝났다고 우리에게 알리는데, 창밖의 눈은 달리 말한다. 4. 치즈는 빵보다 훨씬 우월하다고 생각한다.

🔍 Further Study

1. <u>Worry infected</u> him like a disease.
2. <u>Oliver Twist's ninth birthday found him</u> a pale thin child, somewhat diminutive in stature, and decidedly small in circumference.
3. <u>The prevailing theories assert</u> that the dictator regards nuclear weapons as the only effective deterrent to all outside enemies.
4. <u>The harvest moon was playing hide and seek</u> with the clouds.

Guide 1 *infect[infékt]: 감염시키다 2 *diminutive[dimínjutiv]: 작은, 왜소한 *stature [stǽtʃər]: 키, 명성, 지명도 *decidedly[disáididli]: 명백히, 뚜렷이 *circumference[sərkʌ́mfərəns] : 원주, 주변, 몸 둘레 3 *prevailing theory: 일반적 이론 *assert[əsə́ːrt]: 주장하다 *deterrent[ditə́ːrənt]: 제지하는(것), 전쟁 억지력(수단)

해석 1. 근심이 그를 질병처럼 감염시켰다. 2. 9번째 생일을 맞이했을 때 Oliver Twist 는 창백하고 여위며, 다소 왜소한 키에 둘레가 현저하게 작은 어린이가 되어있었다. 3. 일반적 이론에 의하면 그 독재자는 핵무기를 모든 외부의 적을 저지할 수 있는 유일한 효과적인 수단으로 간주한다. 4. 한가위 보름달은 구름과 숨바꼭질을 하고 있었다.

5 부가의문문

부가의문문은 상대방에게 질문이나 동의를 구하는 표현으로 질문의 경우 끝을 올려 발음하고 동의를 구할 때는 끝을 내리며 다음의 rule에 따른다: *명사는 대명사로 변화된다(예문 1에서 Conrad는 대명사 he로 바뀜). *앞 문장이 긍정이면 부가의문문은 부정동사의 축약형을 사용하며 긍정의 답을 상대방으로부터 기대한다(예문 1~3). *앞 문장이 부정문이면, 부가의문문은 긍정 동사를 사용하며 부정의 답을 기대한다(예문 4~6). *앞 문장이 be동사면 부가의문문은 be동사를(예문 1,4), 조동사이면 조동사를(예문 3,6) 각 사용한다. *일반 동사는 앞 문장이 긍정이면 부가의문문은 don't/doesn't/didn't + 주어(예문 2), 부정이면 do/does/did + 주어(예문 5)를 사용한다. *부가의문문의 답에서 사용하는 동사는 예문들에서 보듯이 의문문과 일치시키며, 대답의 내용이 긍정이면 yes(예문 1~3), 부정이면 no(예문 4~6)를 사용한다.

해석 1. Conrad가 너의 새로운 파트너이지, 그렇지? 그래. 2. 너는 열심히 일하지, 그렇지? 그래. 3. 너는 스코틀랜드에 가본 적이 있지, 그렇지? 그래. 4. Stacy는 그 결혼식에 초대받지 않았지, 그렇지? 맞아, 받지 않았어. 5. 너는 비행 편을 예약하지 않았지, 그렇지? 맞아, 안 했어. 6. 너는 사물을 보는 방식을 바꿀 수 없는 거지, 그렇지? 맞아, 없어.

7. Have a seat, **will** you/**won't** you?
8. **Don't** fidget, **will you**?
9. **Let's/Let's not** talk about it, **shall we**?
10. **I'm** improving, **aren't I**?/**am I not**?
11. **This/That** is interesting, isn't **it**?
12. **These/Those** are yours, aren't **they**?
13. **Everybody** was happy, weren't **they**?
14. **There**'s something suspicious going on here, isn't **there**?

8 *fidget[fídʒit](불안, 초조, 지루함 등으로) 손발을 약간씩 움직이다, 안절부절못하다 14
*go on: 일어나다, 벌어지다

*7을 보면 알 수 있듯이 명령문의 부가의문문은 표현을 부드럽게 만들며, 긍정문
에서는 will you나(would you, could you도 가능) 부정의 답을 들을 가능성이 있
는 경우 won't you를 쓸 수 있다. 8의 부정명령문에서는 will you가 쓰인다.
*9에서 Let's/Let's not의 부가의문문은 shall we?이며, 10의 I am은 aren't
I가 일반적이며, formal 한 상황에서는 am I not?도 사용된다.
*11,12에서 This/That은 it로, These/Those는 they로 바뀌고, 13의 nobody,
no one, somebody, someone, everybody, everyone 등은 they로 변화되며,
14에서 there는 그대로 사용된다. (*-thing은 it로 변화: **Everything** is okay, **isn't it**?)

해석 7. 앉으세요. 8. 가만히 좀 있지 않겠니? 9. 그것에 대해서 이야기 하는 것이/하지 않는
것이 어때? 10. 내가 나아지고 있지, 그렇지? 11. 이것은/그것은 흥미롭구나, 그렇지? 12. 이
것들/저것들은 너의 것이지, 그렇지? 13. 모든 사람이 즐거웠지, 그렇지? 14. 뭔가 수상쩍은
일이 여기서 일어나고 있는 거지, 그렇지?

INDEX

저자약력

학력
- 영어교육학 전공(한국)
- 언어학 전공(캐나다)

교직경력(전)
- 중/고교 영어교사(1급 영어 정교사, 한국)
- SIS 학원 운영(TOEFL/IELTS 강의, 캐나다 밴쿠버)

교직 외 경력(전)
- 캐나다 Quebec 주 이민국 통역
- 캐나다 BC주 통 번역사 협회(STIBC) 회원
- Investors Group 근무(mutual fund advisor, Montreal)
  *Canadian Security Course 수료, license 취득
- Sutton West Coast Realty 근무(Realtor, Vancouver)
  * University of British Columbia의 Sauder School of Business과정수료, license 취득
- 캐나다 21년 거주

KeyGram. – 중급영문법

초판발행	2022년 3월 30일
지은이	Guy Whang
펴낸이	안종만·안상준
편 집	김윤정
기획/마케팅	이후근
표지디자인	이현지
제 작	고철민·조영환
펴낸곳	(주)**박영시**
	서울특별시 금천구 가산디지털2로 53, 210호(가산동, 한라시그마밸리)
	등록 1959. 3. 11. 제300-1959-1호(倫)
전 화	02)733-6771
f a x	02)736-4818
e-mail	pys@pybook.co.kr
homepage	www.pybook.co.kr
ISBN	979-11-303-1470-9 13740

정 가   23,000원